転換期にある
借地権・借家権
の評価と補償

著者 大野 喜久之輔
　　 仲肥 照暁
　　 嶋田 幸弘

住宅新報社

転換期にある
借地権・借家権の評価と補償

著者　大野 喜久之輔
　　　仲肥 照暁
　　　嶋田 幸弘

住宅新報社

思考と表現の習慣的な方法からの脱却の闘い…
　　　　　　　　　　J. M. ケインズ

まえがき

　本書は、借地権及び借家権の性質（法的及び経済的）と価格形成要因について明らかにし、その鑑定評価や補償の実務において留意すべき事項について述べようとするものである。

　ところで、借地権や借家権は土地や建物の賃貸借契約によって設定される特定の不動産についての部分的な権利利益であるが、同じ賃貸借契約から、同時に、対(つい)として（完全所有権であった更地や自用の建物とその敷地に賃借権が付着した結果）もう一方の部分的な権利である底地や貸家及びその敷地が造られる。

　本書では、これらの部分的な不動産権をすべて扱っているのであるが、標題としては借地権及び借家権だけを取り出して、主題として強調することにした。その理由の一つは、上記の不動産権をすべて羅列したのでは余りにも長大で、締まりのない書名になることによる。しかし、より本質的なもう一つの理由は、これからの議論で明らかになるように、対の一方である底地や貸家及びその敷地の性質並びにその価格形成要因については、もともと法的にも経済的にもしっかりとした基盤があり、またその評価理論や実務においても大要が定まっていて諸家の論じるところに大差がみられないのに対して、借地権及び借家権については事情が全く異なり、論ずべき点が多いからである。

　借地権や借家権について議論すべき点が多く残されていることの原因の一つは法的な面にある。これらの不動産権は対となっているもう一方の不動産権（底地や貸家及びその敷地）が物権であるのに対して、基本的には債権であって、もともとその安定性（固定性）や譲渡性が不確かであり、法による特別の保護を受けてようやく強固な権利として認められるものになったにすぎない。したがって、借地権や借家権の価格を考える場合、まずもってその権利としての強固さについて十分考慮することを要するが、このことの帰結として、法による特別の保護に関わる法制度の整備や裁判所の判断が上記の考慮に対して影響を及ぼすことになる。この関連での画期的な転換点は、本文で示しているように、平成3年10月4日の借地借家

法の制定（施行は平成4年8月1日、その眼目は定期借地制度の導入）であったと考えられる。

　借地権や借家権について、多くの問題点が残されていることのいま一つの原因は経済的な面にある。一般にどのような権利であれ、その権利に経済価値が生じるためには、その権利の安定性（固定性）や譲渡性に加えて、権利を行使する（借地権や借家権では、借地や借家を使用、収益する）ことによって何らかの純収益が得られる（将来にも得られる）と期待されることが必要である。わが国では明治期以来の近代的工業（産業資本主義）の発展、昭和中期からの産業の高度化に伴う高度成長と、これらと同時進行した人口増加、人口の都市集中によって、都市の不動産の利用価値は年々高まり、その価格や賃料が総じて上昇傾向を示した。このため、都市の不動産については将来にわたる利用価値の上昇による純収益増大の期待が持たれるところとなり、ここに借地権やそれよりは譲渡性についてはるかに制約のある借家権についても一部で価格が成立するところとなった。しかし、千年紀交代を前にして、わが国経済社会がポスト工業化局面に移行し、加えて土地バブルの崩壊、グローバリゼーションの進展、人口の少子高齢化の進行によって都市の成長が止み、都市の不動産についての純収益増大の期待が失われるところとなった。このような状況の下では、借家権はいうまでもなく、借地権についてもその価格形成要因に大きな変動が生じており、従来の習慣的な意識や議論では最早現実に対応できなくなってきている。

　本書は、このような二重の意味で転換期にある借地権及び借家権の性質と価格形成要因について、新たな問題意識をもって根本的に考え直してみることを試みたものである。このため本書は、通常の解説書やQ＆A形式のハンドブックとは異なる。それらの書物は簡潔で読みやすいという利点をもつことは認めるが、あくまでも既成の知識や実務処理モデルを前提とし、それを紹介しているにすぎない。しかしながら、主題をめぐる諸事情が大きく転換しているときには、反対に、そういった知識や処理モデルの妥当性を検証し、必要な場合、その再構築を試みることこそが求められるのである。

そこで、以下、本書の構成及び主要内容について述べる。

第1章「土地の賃貸借によって創設される諸権利利益」では、まず賃貸借一般の法的側面（処分する権利を留保したままで物を使用、収益する権限を移譲すること）、土地の賃貸借の経済的意義（土地の所有と利用との間のありうべきギャップを埋めるための、売買とは異なる、より軽便で実用的な仕組み）について述べる。次いで、土地の賃貸借によって創設される二つの部分的な不動産権（底地(権)と借地権）の相互依存的、互恵的であると同時に対立をはらんだ関係について述べ、都市の急成長、大震災、戦時、経済の高度成長の下で借地人による建物投資及び居住又は営業の安定を図るため、借地関係規制法が次々と制定、施行されたことを詳述する。しかし、「正当事由」及び「建物の譲渡と敷地賃借権の譲渡・転貸の許可」の制度化によって土地の賃借権が「物権化」するに至ったことで、地主側の嫌忌により土地の賃貸借が事実上制度として機能しなくなり、ここに借地法の大改正が行われるところとなった。そこでは従来型の普通賃貸借とは異なる、契約の更新、建物の築造による存続期間の延長、及び買取請求のない、全く新種の定期借地権等が導入されており、今後は借地関係が新しい形式のものに移行することが予測される。

第2章「賃料、底地(権)及び借地権の価格」では、先ず賃料（地代）の経済的性質、すなわち地代が土地の特性（農地にあっては肥沃度と大消費地との位置関係、市街地にあっては都市的集積とそれとの位置関係）によって個別生産者が獲得する余剰（平均的な利潤率を上回る超過利潤）の転化したものであることについて、リカードとマーシャルの所説によって明らかにする。次いで、マーシャルが企業活動の規模拡大に伴う経済（効率の向上）の中で、内部経済（組織や管理の改善によって生じるもの）よりも外部経済（産業の全般的な発展、外部環境の変化によって生じるもの）を重視していたことと関連して、市街地にあっては特に位置の重要性を強調していたことについても触れる。また、ロビンソンが市街地の使用における産業間競争の結果、長期においては最有効使用実現の傾向があることに着目していたことを述べる。

この章の後半では、土地が人間の手によって造られたものでなく、本来

的に経済価値をもつものではなかったにもかかわらず、その有用性（効用）と有限性に基づいて生産活動に伴い余剰（超過利潤としての純収益）が生じ、そういった土地を利用する者（最終的には所有する者）にそれが帰属することから土地に経済価値が生じるに至ったことに即して、土地の価格はそれを使用することによって得られる純収益を資本還元した価額であることを述べる。また、完全所有権が賃貸借によって底地（権）と借地権という二つの権利利益に分割された場合のそれぞれの権利利益についても、それぞれの権利利益に帰属する経済的利益に基づいて底地（権）及び借地権の価格が規定されることを示す。

　第3章「米国における賃借権付着不動産権、不動産賃借権の価格、鑑定評価及び補償」では、まず、権利の束とみられている不動産完全所有権が、賃貸借がなされることによって、賃借権付着不動産権及び不動産賃借権と呼ばれる二つの部分的不動産権に変わること、また、これら権利利益それぞれの権限と義務の内容について述べる。次いで、不動産賃貸借契約の分析として、種々のタイプの賃料とその特質及び賃料以外の賃貸借の条件について、米国での典型的なケースに即して説明する。なお、米国では契約にあたって免除条項や占有継続条項など、あらかじめ想定される具体的な条件が生じた場合の当事者間での問題処理についての特約が結ばれることがあるので留意する必要がある。

　また、鑑定評価すべき権利がある程度まで賃料をどのように分析し、見積もるかの方法を決めるとして、以下のことを示す。収益不動産の完全所有権の評価は、当該不動産がもたらしうる市場賃料に基づいてなされる。賃借権付着不動産権を評価するためには、賃貸されているスペースについては約定賃料、また空室並びに所有者自用のスペースについては市場賃料を考察しなければならない。不動産賃借権を評価するときは、賃貸借契約によって造り出されたすべての経済利益又は不利益について分析することが絶対に必要である（特に、賃貸借の条件、種々の条項及び約定に基づく特別の利益又は不利益の存在、譲渡可能性について）。

　この章の後半では、収用における不動産賃借権の補償を扱う。米国では不動産賃借権は憲法によって保障された財産権と認められているけれど

も、「未分割不動産」のルールによって賃借人は収用する当局と地(家)主とその補償交渉（第一段階とされる）には参加できない。しかし、そこで裁定された補償金の地(家)主との間の配分を定める第二段階では、自らの権利利益について主張することができる。損失金算定の要素は州ごとに異なっているが、一般に賃借人は当該不動産に対する賃借権の価値について補償金を受ける権利を有するとされており、その評価方法は（1）賃貸借契約期間末までの対象不動産の適正市場賃料と約定賃料との差額を算定し、（2）その差額を現在価値に割引くことと裁可されている。以上のほかに、米国では損失補償金に対する賃借人の権利について、それを排除するような特約が結ばれていることもあるので、そういった特約の文言とその有効性についての裁判所の判決例にも触れる。

　第4章「底地及び借地権の鑑定評価」では、まず、平成14年10月22日の東京高裁判決を引合いに出して、裁判所が長期にわたるわが国の経済成長下で、土地の市場価格は将来の値上がり期待を織り込んだものとなる一方で、借地法によって保護された借地の地代の増額が遅れることから借り得が生じ、その結果借地権価格が形成されるところとなったが、バブル崩壊以降、経済成長の期待は喪失し、土地の市場価格は収益還元価格に向かって低落しつつあり、また適正な地代の額と実際支払地代の間に差がなく、賃借人に借り得がなければ、借地権はあっても借地権価格は存在しないようになると判示していること、併せて、借地権割合を安易に用いている鑑定人の鑑定評価の信憑性に対して厳しい批判を加えていることを紹介し、鑑定評価にあたって、時代の転換についての認識を高めておく必要があることを強調する。

　次に、鑑定評価基準における底地及び借地権の評価理論の展開を、昭和39年、同44年、平成2年（それぞれ設定年次）の三代にわたる基準の内容に即して追いつつ、理論的に吟味する。その結果、底地については、その定義、経済価値の本質規定、評価方式論において大きな修正ないし変更がなく、おおむね妥当であって完成度の高いものであると評価できる一方、借地権についてはその反対に、定義はともかく、経済価値の本質規定、評価方式論においては確固とした視点ないし見識を欠き、主要な規定、規範

ですら二転三転している有様で、十全の信服を寄せがたいものとなっていることを指摘する。また、基準の完成度を高めるために、あえて修正すべき点について具体的に示す。

第5章「貸家及びその敷地、並びに借家権の鑑定評価」では、まず、借家権の法的側面について述べる。建物の賃貸借契約から生じる借家人の権利である借家権も、借地権と同様に法（借家法）による特別の保護を受けて、建物の引渡しを受けて使用・収益していれば対抗力を認められ、また賃貸人の更新拒絶には正当事由を要するとされたことによって著しく強固なものとなったが、建物への投資のような不動産への元本の投下を伴っていないので、あくまでも一つの債権であるに留まり、その譲渡又は転貸に賃貸人の承諾を要する点で大きな制約をもつ。加えて、借地に比べて、一般に借家は短期であることから、よほどの特殊な事情の下でなければいわゆる賃料差額も形成されにくく、通常では借家権に価格が成立するようなことはないとみる。

しかし、上述のように借家権が強固に保護されていることから、収用や不随意に立退きを求められた場合には、権利消滅の補償として居住・営業の基盤の再建に要する費用を補填するに足る補償金が支払われるのが普通である（世間ではこれを借家権価格と称しているようであるが、それは誤りである。）。

他方、貸家及びその敷地は、その権利が物権であり、その経済的利益も、約定賃料（現行賃料）の収受及び建物・敷地の復帰として安定したものがあるので、普通に市場で取引され、価格が形成される。

終わりに、前章の借地権の場合と同様に、三代にわたる鑑定評価基準における貸家及びその敷地、並びに借家権の鑑定評価手法論の展開を追って吟味する。そこから貸家及びその敷地の鑑定評価額は、現行賃料に基づいて求められる収益価格を標準として決定することにならざるをえないという方向性がみてとれる。逆にいうと、比準価格や積算価格には対象の性質の故に評価上困難なところがあるということである。これに対して、基準で借家権の取引慣行がある場合で、第三者に譲渡される場合の評価手法とされているものは二転三転しているようにみえる。これには借家権価格の

形成が特殊な状況下に限られるということが影響しているのではないかとも考えられるが、やはり基準において借家権価格についての本質規定や形成要因論として確固としたものが示されないままであることに基因しているのであろう。しかし、現行基準の規定のままでは、諸手法を適用する過程での補正や調整が暗中模索に陥るおそれがないとは言い難いように思われる。

　第6章「転換期にある借地権・借家権の鑑定評価における諸問題」は、その副題を「理論・基準・実務の不整合を正すために」としているとおり、現行の鑑定評価基準が、法改正や社会ニーズの変化に対応して加筆・修正が加えられてきた結果、従来その意味が曖昧であった部分や、実務の実態では形骸化している部分、さらには加筆修正部分と据え置き部分等に生じている「不整合（ズレ）」について問題提起するものである。

　まず、前半においては、借地権と借家権について、法との関係や市場実態から現時点における権利利益の内容を再吟味し、それぞれが異なった性格を有することを確認したうえで、これらの権利を鑑定評価する場合、求める価格の種類と実際に適用可能な評価手法、その実効性等について検証し、評価基準と実務の間に実態的な「不整合（ズレ）」があること、さらに不随意の立退きの場合における借地権価格、借家権価格と立退料との関係についても論じている。

　また、後半においては、鑑定評価基準の改正によって明確化された「正常価格」の定義が、近年、特に修正が加えられてこなかった借地権価格評価、借家権価格評価との間に「ズレ」が生じていることについての問題提起を行っている。

　第7章「補償における賃貸人と賃借人間の利害調整としての借家権価格」では、立退料等の名目で支払われている補償としての借家権価格について述べる。不動産鑑定評価基準では、借家権は賃貸人の承諾なしで第三者に譲渡しえないものであることから、市場価値を形成することがほとんどないことを指摘する。借家権に譲渡性が生じるとすれば、その要因は賃料差額が生じているからであることは論をまたない。新規賃料が継続賃料と同額あるいは下回る額であれば借家権価格は発生しないこととなる。しかしながら

現実的に借家権の経済価値が認識される事案として、立退料等補償としての借家権価格が存在する。その例として、公共用地の取得に伴い損失補償を受けるとき、市街地再開発事業において借家権消滅補償が支払われるとき、建物の明渡しの要求による不随意の立退きに伴う補償を受けるとき等がある。公共用地の取得に伴う損失補償や市街地再開発事業は、損失補償基準や都市再開発法によってその扱いが規定されているが、その考え方や借家権に対する補償の具体的算定手法について述べる。また、高度成長期に建設されたビルがいま建替えの時期を迎えていることに起因して、昨今多くなってきたビル建替えに伴う不随意の立退きに対して、借家権に対する補償が建物明渡しにおける正当事由の補完的要素として問われている。本章ではこうした補償額算定の考え方や手法について具体的な提案を行う。

　以上で述べた本書の内容、殊に第4章～第7章における問題点の指摘とその解決法の提案の当否については、もとより読者諸賢のご判定をまつほかはないが、「転換期にある」と筆者らが判断する借地権・借家権の評価や補償のあり方について、改めて専門的、学術的な検討の必要があると認識していただき、再考なさる際の一助となりうれば、筆者らとしてはもって満足すべきであると考えている。忌憚のないご意見を賜りたい。

　なお、お断りするまでもないことであるが、本書に盛られている意見はすべて執筆者個人の意見であって、所属する組織や機関のそれではない。そこで、念のために執筆担当者を示すと、第1～5章は大野、第6章は嶋田、第7章は仲肥である。

　終わりに、本書の出版にあたって、㈱住宅新報社 実務図書編集長の平井琢磨氏のご協力、また原稿整理のうえで㈱谷澤総合鑑定所の市原靖子さん、金丸友香さん、元同社職員の佐野和世さんのご援助を受けた。記して謝意を表すことにしたい。

2011年5月25日

大野　喜久之輔
仲肥　照暁
嶋田　幸弘

目　次

第 1 章　土地の賃貸借によって創設される諸権利利益

Ⅰ．賃貸借とは ……………………………………………… 18

1．賃貸借の法的側面 ………………………………… 18
2．土地の賃貸借の経済的意義 ……………………… 19

Ⅱ．土地の賃貸借によって創設される諸権利利益と借地制度 … 23

1．土地の賃貸借によって創設される諸権利利益 …… 23
2．借地借家法に基づいて土地の賃貸借によって創設される諸権利利益 …… 50

第 2 章　賃料、底地(権)及び借地権の価格

Ⅰ．賃料(地代) …………………………………………… 64

1．賃料(地代)についての経済理論 ………………… 64
2．賃料(地代)の構成要素及び支払時期等 ………… 80

Ⅱ．土地、底地(権)及び借地権の価格 ………………… 82

1．土地の価格 ………………………………………… 82
2．底地(権)及び借地権の価格 ……………………… 83

第3章　米国における賃借権付着不動産権、不動産賃借権の価格、鑑定評価及び補償

Ⅰ．米国における賃借権付着不動産権と不動産賃借権 90

1. 不動産の完全所有権はもろもろの権利の束である 90
2. 不動産に対する部分的な権利利益 91
3. 不動産賃貸借契約の分析 94
4. 賃料の分析 102
5. 賃借権付着不動産権及び不動産賃借権の鑑定評価 107

Ⅱ．米国における不動産賃借権の補償 109

1. 賃借権付着不動産権の収用手続と賃借人に対する補償 110
2. 損失補償金に対する賃借人の権利についての特約の効果 116

おわりに 120

第4章　底地及び借地権の鑑定評価

Ⅰ．東京高裁判決の提起した問題 124

1. 東京高裁判決の衝撃 124
2. 東京高裁判決の提起した問題 125

Ⅱ．底地、借地権の鑑定評価理論 132

1. わが国における底地、借地権評価理論の発展 132
2. まとめ 147

第5章　貸家及びその敷地、並びに借家権の鑑定評価

Ⅰ．借家権 ·· 152

Ⅱ．貸家及びその敷地、並びに借家権の経済価値（価格） ········ 158

Ⅲ．鑑定評価基準における貸家及びその敷地、並びに借家権の評価理論の展開 ··· 163

　１．鑑定評価基準における借家権価格理論 ························· 163
　２．貸家及びその敷地、並びに借家権の鑑定評価手法 ········ 169

第6章　転換期にある借地権・借家権の鑑定評価における諸問題
―理論・基準・実務の不整合を正すために―

はじめに ·· 184

Ⅰ．借地権・借家権とはなにか？
　　～法と基準の定義の「ズレ」～ ····································· 186

　１．借地借家法における借地権・借家権 ····························· 186
　２．不動産鑑定評価基準における借地権・借家権 ··············· 187
　３．都市再開発法における借地権・借家権 ························· 187
　４．借地権・借家権の定義のズレ ·· 188

Ⅱ．借地権・借家権の相違点　～権利利益の内容の「ズレ」～ 189

　１．借地権・借家権の権利としての相違点 ························· 189
　２．借地権・借家権の「価格」とはなにか？
　　　～価格概念のズレ～ ·· 191

Ⅲ. 借地権・借家権の価格形成要因
　　～基準と取引実態との「ズレ」～ ……………………… 197

1．借地権・借家権の評価基準 ………………………………… 197
2．取引の実態 ……………………………………………………… 215
3．評価基準と取引実態のズレ ………………………………… 221

Ⅳ. 借地権・借家権の鑑定評価実務の実際
　　～基準とその運用の「ズレ」～ ……………………………… 222

1．鑑定評価基準における鑑定評価手法 ……………………… 222
2．実務における鑑定評価手法適用の実態 …………………… 230
3．鑑定評価基準とその運用のズレ …………………………… 236

Ⅴ. 立退きと借地権・借家権
　　～権利補償の考え方の「ズレ」～ …………………………… 237

1．立退料とはなにか？ ………………………………………… 237
2．立退料が支払われる場合の具体例 ………………………… 240
3．勘案すべき「具体的事情」の例 …………………………… 245
4．立退料と借地権・借家権の関係 …………………………… 246

Ⅵ. 鑑定評価基準への提言
　　～改定により顕在化した価格概念の「ズレ」～ ………… 254

1．鑑定評価基準改定の変遷と正常価格の定義の改定 …… 254
2．鑑定評価で求める借地権価格・借家権価格 ……………… 259
3．借地権価格・借家権価格と改定「正常価格」とのズレ … 260

おわりに ……………………………………………………………… 261

第7章 補償における賃貸人と賃借人間の利害調整としての借家権価格

はじめに ……………………………………………………… 264

Ⅰ．借地・借家法制の変遷 …………………………………… 266

1．大正10年（1921年）「借地法」「借家法」制定 ……………… 266
2．昭和16年（1941年）「借地法」「借家法」の改正 …………… 267
3．平成3年（1991年）「借地借家法」制定 …………………… 268
4．平成11年（1999年）改正 …………………………………… 268

Ⅱ．不動産鑑定評価基準改定の変遷 ………………………… 270

1．昭和40年制定施行（昭和39年3月25日答申）の
　　鑑定評価基準 ………………………………………………… 270
2．昭和45年改定施行（昭和44年9月29日答申）の
　　鑑定評価基準 ………………………………………………… 272
3．平成3年改定施行（平成2年10月26日答申）の
　　鑑定評価基準 ………………………………………………… 275
4．平成15年改定施行（平成14年7月3日答申）及び
　　平成19年改定施行（平成19年4月2日答申）の
　　鑑定評価基準 ………………………………………………… 277
5．まとめ ………………………………………………………… 278

Ⅲ．借家権の財産価値について ……………………………… 281

Ⅳ．公共事業における借家人補償と借家権価格 …………… 283

1．公共用地の取得に伴う損失補償基準の内容 ……………… 283
2．公共事業において借家人補償が採用される理由 ………… 286

Ⅴ．市街地再開発事業における借家権評価 …………… 292

1．法に規定する借家権の扱い ………………………… 292
2．市街地再開発事業における借家権の扱いについて …… 294
3．市街地再開発事業における借家権配分割合について …… 297
4．標準借家権割合査定の手法 ………………………… 298

Ⅵ．ビル建替え等に伴う立退き補償としての借家権評価 …… 301

1．立退き補償における借家権の扱い ………………… 301
2．借家権評価の前提 …………………………………… 302
3．借家権価格の求め方 ………………………………… 303

Ⅶ．定期借家権について ………………………………… 308

1．定期借家契約 ………………………………………… 308
2．定期借家契約の中途解約 …………………………… 309

第 1 章
土地の賃貸借に
よって創設される
諸権利利益

Ⅰ 賃貸借とは

1. 賃貸借の法的側面

　わが国の民法は、その第601条において、「賃貸借は、当事者の一方がある物の使用及び収益を相手方にさせることを約し、相手方がこれに対してその賃料を支払うことを約することによって、その効力を生ずる。」と定めている。

　そこで、以下で主として土地の賃貸借の経済的側面について種々考察を進めるに先立って、この規定について、蛇足ながら少々説明を加えておくことにする。

　まず、条文には「ある物」とあるが、この「物」については、民法第85条において、「この法律において「物」とは、有体物をいう。」と定義されており、また、次の第86条第1項では「土地及びその定着物は、不動産とする。」、同第2項では「不動産以外の物は、すべて動産とする。」と定められているので、第601条の賃貸借の規定は、不動産、動産を問わず、広く一般に有体物の賃貸借に関わるものであることが分かる。

　次に、条文にある「使用及び収益」について説明する。民法第206条は、所有権の内容について、「所有者は、法令の制限内において、自由にその所有物の使用、収益及び処分をする権利を有する。」と定めている。

　ところで、ここでいう「法令の制限内」ということ自体が極めて広範囲の事項に及ぶものであるので、さしあたって説明を保留させてもらうと、ここでは、所有権の内容として、そういった制限内で使用、収益及び処分をする権利としているわけである。したがって、第601条の賃貸借の規定との関係では、賃貸借とは、ある物の所有者が、その所有物について自ら使用及び収益することなく、処分する権利を留

保したままで、それを相手方（非所有者）に使用及び収益させることを約し、相手方がこれに対して賃料（使用料）を支払うことを約することによって効力が生じると定められていることになる。

　ところで、使用及び収益という行為は、多くの場合、その目的とするところのことを達成するためには、一定の期間にわたって継続して実行されなければならない行為であるから、使用及び収益は、その開始（効力の発生）後一定の期間にわたる継続を予定したものでなければならない。したがって、賃貸借という方法を用いてなされる使用及び収益においては、賃貸借の存続期間として一定の期間が予定されている必要がある。

　例えば、賃貸借に関わる一般規定である民法第604条によれば、賃貸借の存続期間は20年である。そして、その期間が経過して、特に更新されるということがなければ、賃貸借は終了し、賃貸借の目的物はその所有者に返還されなければならない。

　最後に、冒頭の第601条の規定から明らかなように、賃料とは、他人が所有している物を使用及び収益することを容認された者が、これに対して支払うことを約定したものであるから、その本質は物の用役（有用な働き）に対する対価であるということである。したがって、また、用役一般が時間の流れの中でフロー量として計量され、通常定められた期間（時間、日、週、月、又は年など）ごとに区切って扱われるように、賃料も同様に定められた期間ごとに算定され、支払われることになる。

2. 土地の賃貸借の経済的意義

　以上、賃貸借一般について法の定めるところに従って説明を加えたが、以下、土地の賃貸借の経済的意義について述べておくことにする。

　土地の賃貸借は、土地の所有者が、自らが所有している土地を使

用、収益することなく、処分する権利を留保したままで、他人に使用、収益させることによって生じるが、それでは、そもそもこのようなことがどのような事情によって生じるのか、そしてまた、それがどのような意義をもつのかについて考察してみる。

　周知のように、土地は用途の多様性をもっていて、人間の活動と生活の全般にわたって欠くことのできない一般的な基盤である。しかし、他方で、土地はそもそも人間の手で増産することができず、有限であって、地理的位置の固定性、個別性など、他の財貨にはない特性を有している。

　そのため、土地が社会の内部でどのように人々によって所有されているかは個人にとっても、また、社会にとっても極めて重要な問題となる。いま近代以前の社会におけることはさしおいて、近代市民社会に限ってみても、このことは変わらない。

　土地が特定の人（例えば、自然人、法人の別で）、特定の階層の人（所得、資金力の別で）、特定の職業の人（農業、非農業の別で）、特定のセクターの主体（公共、民間の別で）などに偏って所有されていて、他の人々や主体がそれから外れている場合には、土地を有効利用するうえで多くの障害が生じる。というのは、土地を所有している者が、その土地の潜在的効用を十分に発揮させるうえで必要となる能力（資金力、経営力、技術力）と意欲とを持ち合わせているとは限らないからである。もし、不幸にも、そういった土地を所有しているがそれを利用する能力あるいは意欲を欠くということが現実に生じた場合には、そのような土地は有効に利用されないことになる。土地はただ所有しているだけでは無意味で、それを有効に利用してはじめて真価が発揮されるとする立場からすれば、これは由々しい事態であるとしなければならない。

　もとより、近代市民社会が依拠する市場経済では、本来的に、身分、宗教、公私などの区別によらず、市民が自由にその所有する物を交換しうることが前提となっているので、前述のような場合には、そういった土地を所有している者が土地を売りに出し、それを取得して

利用したいと願っている人に売却すれば、問題はそれによっておのずから解決されることになる。市場経済における交換ないし取引の仕組みは、それによって社会の資源が最適に利用されるためのかけがえのない制度であるというのは古典派以来の経済学の主要教義の一つである。

　上記のように、交換ないし取引を通じて、土地所有における偏りから生じる問題を解決できる方途があることは事実である。しかしながら、これだけではまだ問題がすべて片付くというわけにはいかないことに注意する必要がある。というのは、土地の所有者にとって、土地は売却できない、又は売りたくないという事情があるかもしれないし、他方で、土地を利用したい者にとって購入するだけの資金はない、あるいは資金はあっても、できるだけ資金を節約したいといった事情があるかもしれないからである。

　土地の所有者が、期間を限って土地を他人の利用に供してもよいが、売却することはできないとする理由としては、いずれ将来自ら又はその後継者が利用することになるからとか、歴史的にゆかりの土地だからといったことがあげられるし、また、売りたくはないとする理由としては、地域の発展に伴い将来地価が上昇すると見込まれていることなどがあげられる。

　ともあれ、このような事情が土地所有者の側、利用希望者の側のそれぞれにある場合には、前記の取引市場を通しての解決方法が有効に機能すると期待するわけにはいかなくなる。

　そこで、取引市場を通じる方法（土地の売買、交換）に代わって登場してくるのが賃貸借である。この方法では、1.で述べたように、土地の所有者は、それを処分する権限を留保したままで、その土地の使用及び収益を希望する者に土地を貸す形で提供することができ、他方、土地の非所有者は、土地を購入しなくても、土地を使用、収益することができるようになる。したがって、この方法は、先の方法（売買、交換）に比べて、経済的にははるかに容易に、かつ社会の広い範囲にわたって、土地の所有と利用との間に生じ得べきギャップを架橋

するものとして機能することが期待されるというべきであろう。その意味では、制度としての賃貸借が、期待されている役割を十分に果たせるよう、現実においてその法制度を整備することが極めて重要となるが、以下では節を改めてその点について考察する。

Ⅱ 土地の賃貸借によって創設される諸権利利益と借地制度

1. 土地の賃貸借によって創設される諸権利利益

(1) 土地の賃貸借によって創設される諸権利利益とそれら相互の利害関係

前述のように、土地について建物の所有を目的として賃貸借（契約）が結ばれると、その土地に借地権が設定され、契約の一方の当事者である土地所有者は、借地借家法の定義を用いると、借地権設定者となる。他方、契約のもう一方の当事者として借地権の設定を受けた者は、その土地の借地権者となる。

このようにして、借地権の設定（賃貸借契約の締結）によって、同一の土地に対して二人の人（法人を含めて）がそれぞれ権利利益（interest）を有するという事態が生じることとなる。借地権設定者は、土地を依然として所有しているのであるが、もはや自らは土地を使用、収益することはなく、むしろ借地権者が当該土地を占拠し、使用、収益できる状態に土地を維持する義務を負う[1]。いうまでもなく、借地権の存続期間が満了し、借地権が消滅した場合には、所有権は元の完全な所有権に復帰するのであるが、そのことを含めて以上のような状況にある土地の所有権のことを借地権の設定された（もしくは付着した）土地の所有権（leased fee interest）、もしくは簡単に底地権と称することにすると、借地権設定者は底地権を所有するにすぎないわけである。

他方、借地権者は借地権を得ることによって、当初の目的どおりにその土地に建物を築造して使用、収益することができるようになる。

---

1 民法第606条（賃貸物の修繕等）は、第１項で、「賃貸人は、賃貸物の使用及び収益に必要な修繕をする義務を負う。」と定めている。

もっとも、借地権者はこのような便益を受けることに対して、当然にその対価としての使用料（地代）を支払う義務を負うばかりでなく、借地権の存続期間が満了し、借地権が消滅した場合には、通常、土地を元の状態に戻して、土地所有者に返還しなければならない。

　ところで、このように一つの土地の上に二つの権利利益が併存するような仕組みをつくることによって、前節で述べたように土地所有のありうべき偏在にもかかわらず、土地の有効利用が図られるようになることはよいのであるが、併存する権利利益が往々にして相互に対立し、果ては争いにまで発展して、この仕組みそのものが機能しなくなる危険性をはらんでいることに留意する必要がある。

　利害の対立は、基本的には、上述したばかりの二つの権利利益に内在するそれぞれの権利と義務が、一方に有利な場合には必ず他方に不利となるという関係にあることに起因する。具体的には賃料（地代）の授受、借地権存続期間（契約の更新によるその延長も含めて）に関してそれが明白に現れる。

　借地権設定者（貸手）と借地権者（借手）との間で賃料の授受がなされる場合、貸手にとっては賃料が高ければ高いほうがよく、逆に、借手にとっては安いほうがよいのは決まっている。しかし、それぞれが自己にとって都合がよいことにこだわっていては、そもそも、契約が成立しないことになるから、当初においては双方が適正と受けとめることができる水準の賃料（市場経済においては市場賃料）で折り合うことになろう。しかしながら、賃料をめぐる問題はそれで終わるわけではない。むしろ、その後に難問が控えている。というのは、賃貸借（契約）が結ばれた時点で定められた賃料（約定賃料）は、その後は固定されて、賃料支払時ごとに定額で支払われるのに対して、市場賃料のほうは、市場経済の常として、需給関係の変化及び一般物価水準の変化から、さらには租税公課の変更の影響を受けて変動するからである。もし、前者が固定しているにもかかわらず、後者が大きく変動した場合、とりわけそれが趨勢的な変動としてはっきりと認められる場合には、約定賃料の妥当性をめぐって貸手と借手との間で意見対

立が表面化するのは避けられない。もちろん、このような場合を想定して、借地借家法第11条として「地代等増減請求権」（家賃については第32条「借賃増減請求権」）の定めがあり、それにのっとって当事者の一方が賃料の増額（又は減額）を請求することができるが、もう一方の当事者からすれば、信義誠実の原則に基づき契約を履行すべきとの主張がなされることになって、既に存在している賃料の改定（鑑定評価の用語では継続賃料の改定）をめぐる問題は、先述した新規に賃料を決定する場合ほど簡単ではない。殊に、賃貸借契約が結ばれるまでの事情、賃料改定についての特約に通常見られるものとは異なるものがある場合は、問題は極めて困難となる。しかし、本書はこういった賃料の問題を扱うことを目指すものではないので、ここでは問題を指摘するだけにとどめさせていただく[2]。

　一つの土地の上に二つの権利利益が併存することによって、借地権設定者と借地権者との間でしばしば生じるもう一つの利害対立は、賃貸借の存続期間ないしその延長（契約の更新）をめぐるものである。

　前述のように、借地権者は、借地権の存続期間が満了し、借地権が消滅した場合には、通常、土地を元の状態に戻して、土地所有者に返還しなければならない。しかし、その時点で既に建物が老朽化していたり、その建物を利用してなされてきた居住や営業が他所でも同様に達成できるというのであればともかく、建物がまだまだ利用可能であり、居住や営業についても他所では簡単に再現しにくいとか、再現できないことはないがそれには特別の経費なり努力を要するというようなことがあれば、借地権者としては存続期間の延長（契約の更新）を願うのが人情であろう。

　他方、借地権設定者としては、長い年月にわたって自己の所有物を他人の使用に任せてきたが、ようやく期間満了によってそれが自らのもとに復帰するのであり、これまであった契約によって縛られない形

2　継続賃料の鑑定評価に含まれる諸問題について関心を抱いておられる方は、拙著『継続賃料鑑定評価を再考する』（住宅新報社、2006年）を参照いただきたい。

での利用なり、処分が可能となるのだから、契約の更新などまっぴら御免ということになるのもやむをえない。いわんや、短くはない従前の契約期間の間に、経済社会の全般的な変化に伴って土地利用をめぐる諸般の状況が大きく変わり、なかんずく自己所有地の近隣地域の状況にそれが見られる場合には、更新拒絶の姿勢を貫こうとすることが十分に考えられる。このようになってくると、この問題を当事者間で円満に解決することは容易ではなくなる。

　もっとも、この問題においても、他の多くの問題の場合と同様に、金銭によって解決を図ることができないわけではない。そのような方法として、契約の更新にあたって、賃料を増額したり、それとは別に更新料ないし借地条件変更承諾料のような一時金を授受する方法がある。これによって、通常であれば、具体的な問題解決の糸口が見いだされるはずである。しかし、それでもなお、その適正な金額がいかほどであるかについて当事者だけで定めることは困難である場合には、鑑定の専門家の判断や司法の判断を仰ぐことにもなってくる。

　状況が通常でなく、新しい産業が立地することによって都市が急速に拡大していったり、戦時中もしくは戦後のような特殊な時期では、居住用をはじめとして多くの土地需要がいっせいに高まり、需給逼迫が激しくなるが、このような状況の中では、金銭的解決を図るにしても、貸手によっては法外な要求をするものがあって、とても通常の能力の借手では手に負えなくなるような出来事が頻発し、はてはそれが社会問題にまで発展するということにもなりかねない。

　このため、わが国に限らず、先進諸国においても、このような状況の中では、建物への投下資本の回収を保障したり、社会的弱者としての借地人の利益を守るために、本来であれば契約自由の原則にゆだねるべきはずの賃貸借関係に、国家権力が介入して強行的に規制するという法的措置がとられるところとなっている。

　本書は賃貸借の法的側面を究明しようとするものではなく、筆者もその任に当たれるものではないが、後続の議論を進めるうえで、上記の強行的な規制法規の内容とその効果の概要について触れないわけに

はいかないので、以下、わが国における展開について簡単に回顧しておくことにする。

(2) 土地の賃貸借によって創設される諸権利利益相互のあり方（借地関係）に関する規制法規

　前述のごとく、市民社会や市場経済を前提とする近代社会においては、土地の所有や利用についても、本来、契約自由の原則に基づいて、その売買なり、賃貸借がなされるのが建前であり、そのために必要な法律や制度が整備されておれば事足りるはずである。しかし、経済発展の時期（初期工業化や高度成長の時期など）や経済社会の状況（バブル、戦時や戦争直後、大震災など）のいかんによっては、需給が著しく逼迫し、持てる者（土地、資産など）と持たざる者との間の力の差が余りにも広がりすぎて、市場経済を通じての資源配分機能が正常に機能することを期待しえなくなる。このため、建物への投下資本の回収を保障したり、社会的弱者としての借地人の利益を守るために、特別法を制定して契約の自由に対して特別の方向に向けて制限を加えることになるが、わが国では、その第一歩となったものが建物保護ニ関スル法律である。

建物保護ニ関スル法律（明治42年法律第40号）

　この法律は、わずか2条のみからなる短い法律であるが、そのねらいは、第1条で、建物の所有を目的とする地上権又は土地の賃借権によって地上権者又は土地の賃借人がその土地の上に登記した建物を有するときは、地上権又は土地の賃借権は、その登記がなくとも建物の登記を以て第三者に対抗することができるとする点にある。したがって、また、その第2条は、これを受けて、売主の担保責任、すなわち、売買の目的物（ここでは土地）が地上権等の目的である場合に買主がこれを知らず、かつ、そのために契約をした目的を達することができないときは契約の解除又は損害賠償の請求をすることができると定めている。

この法律は、立法当時、土地の賃借権が物権ではなく、債権であることを悪用して、いわゆる「地震売買」なる悪行が横行していたことに対して借地権者が建物に投下した資本の保全を図るために制定されたものであり、現行の借地借家法においても第10条「借地権の対抗力等」として明記されるところとなっている。

借地法（大正10年法律第49号）
　上述のように、建物保護法の制定によって、建物の所有を目的とする地上権又は土地の賃借権については、その登記がなくとも、地上権者又は土地の賃借人がその土地の上に登記した建物を有するときは、建物の登記を以て第三者に対抗できることにしたため、借地権の対抗力は確かなものとなった。しかし、本章の冒頭に述べているように、一般に物の賃貸借について定めている民法においては、賃貸借の存続期間の上限を20年とし、「契約でこれより長い期間を定めたときであっても、その期間は、20年とする。」（第604条）と規定し、逆に下限については規定していないため、建物の登記によって建物に投下した資本の対抗力がいかに保障されていようが、賃貸借の存続期間が十分に長くなく（一部の地主は借地契約の短期化を図りさえした。）、かつその更新についても不確かであったことから、投下資本の回収に関して重大なリスクが存在することが露呈するところとなった。
　このため、借地権の安定性を確保し、借地の上に築造された建物に投下されている資本の回収をより確実ならしめるために、契約自由の原則を破り、強行法規性を付与した規定を以て借地関係に国家が介入することとなったのが借地法の制定である。

借地権の存続期間　借地法制定のねらいの一つは、建物の所有を目的とする地上権及び賃借権（以下、これらを借地権と総称する）の存続期間についてその下限を定め、かつそれに反する契約条件で借地権者に不利なものは無効とする強行規定性を付与することにあった。
　すなわち、借地法第2条（借地権の存続期間）は第1項で「借地権

ノ存続期間ハ、石造、土造、煉瓦造又ハ之ニ類スル堅固ノ建物ノ所有ヲ目的トスルモノニ付テハ六十年、其ノ他ノ建物ノ所有ヲ目的トスルモノニ付テハ三十年トス但シ建物カ此ノ期間満了前朽廃シタルトキハ借地権ハ之ニ因リテ消滅ス」と定めているが、続く第2項で「契約ヲ以テ堅固ノ建物ニ付三十年以上、其ノ他ノ建物ニ付二十年以上ノ存続期間ヲ定メタルトキハ借地権ハ前項ノ規定ニ拘ラス其ノ期間ノ満了ニ因リテ消滅ス」と規定していることから、実際的には借地権の存続期間としては、堅固な建物の場合で30年、その他の建物で20年と定められているということがわかる。

そして、同法第11条（強行規定）では「第二条、・・・・ノ規定ニ反スル契約条件ニシテ借地権者ニ不利ナルモノハ之ヲ定メサルモノト看做ス」と規定していることから、堅固な建物の場合で30年、その他の建物の場合で20年の借地権存続期間がそれぞれ保障されることになった。これは借地権の安定性という視点から見れば大きな一歩であったといえる。

契約更新請求権　　上述した借地権の最短存続期間を堅固な建物の場合に30年、その他の建物の場合に20年とする規定で、借地権の安定性が増し、借地権者が建物に投下した資本の回収がより確実となったことは疑いをいれない。しかし、建物が30年ないし20年の経過によって朽廃しているのであればともかく、上質の資材と施工で築造され、また維持・管理もよく、適宜補修されている建物であるがために、まだまだ使用に耐えるような場合では、契約期間が満了したとしても、借地権者としてはまだまだ継続して建物を使用したいと希望するのはごく自然の成り行きであると考えられる。そこで生じてくるのが契約更新をめぐる問題である。

賃貸借一般を規定する民法では、契約更新について、第604条（賃貸借の存続期間）第2項で「賃貸借の存続期間は、更新することができる。ただし、その期間は、更新の時から20年を超えることができない。」と定めており、また、第619条（賃貸借の更新の推定等）第1項

で「賃貸借の期間が満了した後賃借人が賃借物の使用又は収益を継続する場合において、賃貸人がこれを知りながら異議を述べないときは、従前の賃貸借と同一の条件で更に賃貸借をしたものと推定する。この場合において、各当事者は、第617条の規定により解約の申入れをすることができる。」と規定しているにすぎない。ちなみに、その第617条というのは、期間の定めのない賃貸借の解約の申入れについて定めるもので、その第1項は「当事者が賃貸借の期間を定めなかったときは、各当事者は、いつでも解約の申入れをすることができる。この場合においては、次の各号に掲げる賃貸借は、解約の申入れの日からそれぞれ当該各号に定める期間を経過することによって終了する。

　　1　土地の賃貸借　　　　　1年
　　2　建物の賃貸借　　　　　3箇月
　　3　動産及び貸席の賃貸借　1日　」

と規定している。要するに、民法では契約の更新についても、契約自由の原則にのっとり、期間満了に伴い、当事者が合意するのであれば契約は更新できるし、合意が得られないのであれば、賃貸人、賃借人のどちらの側からも解約の申入れができると定めているにすぎず、賃貸人による更新拒絶について何らかの制限を設けるようなところは全く存在しない。

　また、更新された賃貸借の存続期間についても、上に示したように「その期間は、更新の時から20年を超えることができない。」と定めるのみで、逆に、その期間の下限を定めるようなところは全く見られなかった。

承前――地代家賃統制令とその波紋　このような自由主義的色彩の強い制度設計は市場経済が十分に発達しており、また、平常時であればよく機能したであろうが、経済基盤がまだそれほど強固でない段階で、わが国が満州事変から日中戦争に突入し、戦時経済が長期化するにつれて様々な問題を露呈するようになっていく。

限られた経済力のなかでの軍需生産の増強は、経済統制の有る無しにかかわらず必然的に諸物価の高騰をもたらす。殊に、軍需生産を担う労働者の都市への集中は、都市における激しい住宅難を生じさせ、空家の払底と家賃の高騰を招くことになった。
　このため、当時の政府は、戦時統制経済の一環として、昭和14年に地代家賃統制令を発布して、地代、家賃の高騰に歯止めをかけて民生の安定を図ろうとしたが、統制令の主な内容は次のようなものであった。すなわち、
㈠　昭和13年8月4日に地代家賃のあった借地借家については、同日の地代、家賃
㈡　㈠に該当しない場合において、昭和13年8月5日以降本令施行前に地代、家賃が新しく定められた借地、借家については同日以後の最初の地代、家賃
㈢　㈠、㈡に該当しない場合においては、本令施行以後に家賃ができた貸家については、本令施行後における最初の家賃
以上を最高額として、それ以上の増額を禁止するというものである。
　もっとも、上記の㈠、㈡、㈢で規定されている上限としての約定家賃そのものが不当に高額のものであるということもありうるわけであるので、統制令においてはそれを検証するための月額家賃適正標準が定められていて、地方長官はこれに照らして適当と認められる減額を命ずることができるとも規定されていた。これも重要な規定であるが、これからの議論の展開に関係するものではないので、ここではこれ以上、触れないでおく。
　さて、先述のような、時期を分けての地代、家賃の最高限度の規定は、それ自体としては物価統制の一環であって、かつ生活や活動の基盤（居住や営業の場所）に関わる経費の上昇を抑えるものとして重要な意味をもっていたのであるが、思いがけないところで、困った副作用を引き起こすことになった。というのは、地主のほうとしては、古い貸地に関わる不利な地代統制を回避するために、とりあえず解約の申入れを行い、それによって新しい賃貸借契約に切り替える行動にで

るようになったからである。もしそのようなことを放置すれば、地代、家賃を統制しようとしたことがかえってあだとなって、多くの借地人や借家人が生活や活動の基盤を失う危険にさらされることになりかねない。そこで、戦時体制に入っている当時の政府としては、昭和16年（1941年）に「正当事由」を更新拒絶の要件とする借地法、借家法の改正を行うこととなった。

借地法の改正――正当事由　この改正では、まず、第4条第1項（更新の請求）において「借地権消滅ノ場合ニ於テ借地権者カ契約ノ更新ヲ請求シタルトキハ建物アル場合ニ限リ前契約ト同一ノ条件ヲ以テ更ニ借地権ヲ設定シタルモノト看做ス但シ土地所有者カ自ラ土地ヲ使用スルコトヲ必要トスル場合其ノ他正当ノ事由アル場合ニ於テ遅滞ナク異議ヲ述ヘタルトキハ此ノ限ニ在ラス」とするように改められ、また、第5条（同前）では、第1項で「当事者カ契約ヲ更新スル場合ニ於テハ借地権ノ存続期間ハ更新ノ時ヨリ起算シ堅固ノ建物ニ付テハ三十年、其ノ他ノ建物ニ付テハ二十年トス此ノ場合ニ於テハ第二条第一項但書ノ規定（この期間満了前に建物が朽廃すれば、これによって借地権は消滅するとの規定――筆者）ヲ準用ス」とし、さらに同第2項では「当事者カ前項ニ規定スル期間ヨリ長キ期間ヲ定メタルトキハ其ノ定ニ従フ」とまで定められた。

　借地権消滅の場合（債務不履行による消滅の場合は、その後の判例によって除かれることになったので、事実上は契約による存続期間の満了の場合に限られる――筆者）において、借地権者が契約の更新を請求したときは、建物がある限り前契約と同一の条件をもってさらに借地権を設定したものとみなすという規定は、借地権に絶大な権限を付与するものであり、借地権者はこれによって借地の上の建物に投下した資本の回収に関して、権利関係から生じうるリスクについてほぼ完全に回避できることになった。他方、その反面として、土地所有者としては、一度他人に土地を貸した限り、建物がある間は、たとえ契約による存続期間が満了しても土地は返ってこないということとな

り、復帰についてのリスクが極めて大きなものと意識されざるをえないものとなった。

　土地所有者への貸地の復帰は、以上により、その土地の上の建物の朽廃を待つか、いま一つ、先の条文（前ページ参照）にあるただし書きにいう「土地所有者カ自ラ土地ヲ使用スルコトヲ必要トスル場合其ノ他正当ノ事由アル場合ニ於テ遅滞ナク異議ヲ述ヘタルトキハ此ノ限ニ在ラス」の規定による以外にはないということになる。

　なお、ここで上記ただし書きの部分について補足すると、上記では「土地所有者カ自ラ土地ヲ使用スルコトヲ必要トスル場合」というのと「其ノ他正当ノ事由アル場合」というものの関係が必ずしも明らかではないように思われるが、この点についてはその後の法改正及び判例の積み重ねを経て、正当事由について今日では現行の借地借家法第6条（借地契約の更新拒絶の要件）において「前条の異議（借地権の存続期間が満了する場合において、借地権者が契約の更新を請求したことに対する借地権設定者の異議——筆者）は、借地権設定者及び借地権者（転借地権者も含む。以下でも同じ。）が土地の使用を必要とする事情のほか、借地に関する従前の経過及び土地の利用状況並びに借地権設定者が土地の明渡しの条件として又は土地の明渡しと引換えに借地権者に対して財産上の給付をする旨の申出をした場合におけるその申出を考慮して、正当の事由があると認められる場合でなければ、述べることができない。」と規定されていることから、要件の内容については疑問の余地がないものにまでなっている。くどいようであるが重要なことであるから繰り返すと、正当事由の有り無しの判定は、(イ)借地権設定者及び借地権者が当該土地の使用を必要とする事情、(ロ)借地に関する従前の経過、(ハ)土地の利用状況、並びに(ニ)借地権設定者が土地の明渡しと引換えに借地権者に対して行うと申し出ている財産上の給付をそれぞれ要件として検討し、それらを総合的に考慮してなされるのである。

　このように解釈される正当事由がなければ借地権設定者が借地権者の更新請求に対して異議を述べることができないという第6条の規定

は、土地所有者の側からすると、賃貸借の存続期間の満了による貸地復帰の可能性を極めて小さなものとするだけでなく、そのうえさらに少なからぬ出費をも要することになった。その結果、土地は人に貸したならば、建物が朽廃するまでは容易に戻ってこないという意識が土地所有者たちの中に生まれ、その延長線上に借地の提供への嫌忌、並びに提供する場合における代償（権利金）の要求が生じることになったと解される。

　なお、前記㈡で述べられている借地権設定者の申出に関わる財産上の給付は、世間一般にいうところの立退料に相当するものと解されるが、これについての詳細は、後の第５、６、７章にゆだねることにする。

承前──更新による借地権の存続期間　　昭和16年（1941年）の借地法改正によって、契約を更新する場合の「借地権ノ存続期間ハ更新ノ時ヨリ起算シ堅固ノ建物ニ付テハ三十年、其ノ他ノ建物ニ付テハ二十年トス此ノ場合ニ於テハ第二条第一項但書ノ規定（此の期間中の建物の朽廃による借地権の消滅──筆者）ヲ準用ス」（第５条第１項）と定められており、また、先述の第４条第１項による更新についてもこの規定が準用されることになっている（第４条第３項）。

承前──法定更新　　以上に加えて、改正借地法は、新たに第６条（法定更新）の規定を設け、「借地権者借地権ノ消滅後土地ノ使用ヲ継続スル場合ニ於テ土地所有者カ遅滞ナク異議ヲ述ヘサリシトキハ前契約ト同一ノ条件ヲ以テ更ニ借地権ヲ設定シタルモノト看做ス此ノ場合ニ於テハ前条第一項ノ規定（先述の更新による借地権の存続期間の規定──筆者）ヲ準用ス」と定め、さらに同条第２項では「前項ノ場合ニ於テ建物アルトキハ土地所有者ハ第四条第一項但書ニ規定スル事由アルニ非サレハ異議ヲ述フルコトヲ得ス」とまで定めている。これら法定更新の規定を前提にすれば、こと更新については、借地権は極めて強化され、土地所有者の側での正当事由の具備がなければ、結局の

ところ建物の朽廃にいたるまで継続することを保障されたといっても過言ではないものになった。

　一方、借地権の消滅前に建物が滅失した場合において、借地権者による借地権の残存期間を超えて存続するような建物の築造（再築）についてはどのようになるのか。これについては、法第7条（法定更新）は「借地権ノ消滅前建物カ滅失シタル場合ニ於テ残存期間ヲ超エテ存続スヘキ建物ノ築造ニ対シ土地所有者カ遅滞ナク異議ヲ述ヘサリシトキハ借地権ハ建物滅失ノ日ヨリ起算シ堅固ノ建物ニ付テハ三十年、其ノ他ノ建物ニ付テハ二十年間存続ス但シ残存期間之ヨリ長キトキハ其ノ期間ニ依ル」と定めている。前述の第6条と同じく、法定更新である。

　この場合において、土地所有者が異議を述べれば、この規定による更新はなく、残存期間の満了によって借地権は一応消滅することになる。しかし、実際においてはそれから先が問題で、こういった借地関係のあり方については、前条（第6条）、なかんずく第2項の規定によることになる。したがって、結局のところ、建物のある限り、借地権者による土地の継続使用を止めるためには、土地所有者は正当事由の具備を要するというほかはない。

建物等の買取請求権　　上述のように建物の朽廃によって借地権が消滅するのではなく、借地権設定者の異議に基づき契約が更新されないことによって消滅する場合について、改正借地法は第4条第2項として建物等の買取請求権を定めている。すなわち、「借地権者ハ契約ノ更新ナキ場合ニ於テハ時価ヲ以テ建物其ノ他借地権者カ権原ニ因リテ土地ニ附属セシメタル物ヲ買取ルヘキコトヲ請求スルコトヲ得」というのがそれである。

　この規定の意味するところは、借地権者とすれば借地の上にまだまだ使用可能な建物等があるにもかかわらず、借地契約が更新されないことによってその使用を断念せざるを得ない。したがって、そういった建物の時価、換言すれば使用を継続できた場合に建物が貢献するこ

とによって得られたであろう収益の部分について、土地所有者からの支払を求めることができるということである。

　もっとも、この場合の時価についてどのように考えて評価するか、必ずしも明らかではないので、あとあと法廷でも争われるところとなったことは周知のとおりであるが、ここではその問題に立ち入らない[3]。

建物の譲渡と敷地賃借権の譲渡・転貸の許可もしくは建物等の取得者の買取請求権　ここまでの議論は、借地権者が、借地上に築造した建物が朽廃するまで、もしくは借地権存続期間が満了するまで所有し続ける場合における借地権の安定ないし建物（に投下された資本）の保護に関わるものであった。その限りでは、確かに借地権の安定は法的に保障されることになったとみてよいであろう。しかし、借地権者が上述の期間の最後までずっと建物を所有し続けることができる場合には問題はないが、もし何らかの理由によってそれができないようになった場合にはどのようになるのか。この場合には借地権者としては建物を売却する以外に途はないであろう。ここで、借地権が地上権である場合には何ら支障は生じないが、それが土地の賃借権である場合には問題はそれほど簡単ではない。こういった場合のことを定めているのが、昭和41年の借地法改正によって新たに設けられた、第9条の2（建物の譲渡と敷地賃借権の譲渡・転貸の許可）の規定である。

　その第1項は「借地権者ガ賃借権ノ目的タル土地ノ上ニ存スル建物ヲ第三者ニ譲渡セントスル場合ニ於テ其ノ第三者ガ賃借権ヲ取得シ又ハ転借スルモ賃貸人ニ不利トナル虞ナキニ拘ラズ賃貸人ガ其ノ賃借権ノ譲渡又ハ転貸ヲ承諾セザルトキハ裁判所ハ借地権者ノ申立ニ因リ賃貸人ノ承諾ニ代ハル許可ヲ与フルコトヲ得此ノ場合ニ於テ当事者間ノ

---

[3] 建物の時価について争いが起こる主因は、建物が存在する場所（立地）が考慮に入れられるべきか否か、入れるとすればどのように入れるべきかの点に関わる。この「場所的利益」の問題について関心をもっておられる方は、松田佳久『判例と不動産鑑定』（プログレス、2008年）の第2章を参照されたい。

利益ノ衡平ヲ図ル為必要アルトキハ賃借権ノ譲渡若ハ転貸ヲ条件トスル借地条件ノ変更ヲ命ジ又ハ其ノ許可ヲ財産上ノ給付ニ係ラシムルコトヲ得」というものであって、前半で賃貸人の承諾に代わる裁判所による許可の付与がありうること、後半で、許可の付与によって賃貸人が被る可能性のある不利益を考慮して、衡平を図るため裁判所が借地条件の変更を命じたり、財産上の給付と結びつけることもありうることを定めている。

　そして第2項では「裁判所ハ前項ノ裁判ヲ為スニハ賃借権ノ残存期間、借地ニ関スル従前ノ経過、賃借権ノ譲渡又ハ転貸ヲ必要トスル事情其ノ他一切ノ事情ヲ考慮スルコトヲ要ス」と規定している。この点からも容易に推察できるように、第1項で定める賃貸人の承諾に代わる裁判所の許可の裁判は、多くの事情に依存していて、各事案ごとに結果が異なることにならざるをえないものと思考される。

　そのうえ、本条では第3項として「第一項ノ申立アリタル場合ニ於テ裁判所ガ定ムル期間内ニ賃貸人ガ自ラ建物ノ譲渡及賃借権ノ譲渡又ハ転貸ヲ受クベキ旨ノ申立ヲ為シタルトキハ裁判所ハ同項ノ規定ニ拘ラズ相当ノ対価及転貸ノ条件ヲ定メテ之ヲ命ズルコトヲ得此ノ裁判ニ於テハ当事者双方ニ対シ其ノ義務ヲ同時ニ履行スベキコトヲ命ズルコトヲ得」との規定を設けて、第1項の裁判が進行する中での賃貸人による優先的な譲受又は転借への途を開いているので、第1項でいうところの借地権者の申立ての結果がどのような決着をみせるのか、全く予断を許さない。

　さらに言えば、本条では第6項として「裁判所ハ特ニ必要ナシト認ムル場合ヲ除クノ外第一項又ハ第三項ノ裁判ヲ為ス前鑑定委員会ノ意見ヲ聴クコトヲ要ス」とまで規定していて、この問題に対する適正な判断を得るには前記第2項に示されている「賃借権ノ残存期間、借地ニ関スル従前ノ経過、賃借権ノ譲渡又ハ転貸ヲ必要トスル事情其ノ他一切ノ事情」について鑑定委員会を開き、その意見を聴取する必要があるとしていることから明らかなように、ここでもこの種の案件は事案ごとに、司法の判断が異なりうることを示唆している点に注意を要

する。

　その結果として、もしも借地権者が当初に企図したように借地上の建物の譲渡とともに敷地賃借権の譲渡又は転貸について賃貸人の承諾が得られないということになった場合の措置として、次に示すように、借地法は建物を取得した第三者に、賃貸人に対する建物等の買取請求権を与えている。法第10条（建物等の取得者の買取請求権）「第三者カ賃借権ノ目的タル土地ノ上ニ存スル建物其ノ他借地権者カ権原ニ因リテ土地ニ附属セシメタル物ヲ取得シタル場合ニ於テ賃貸人カ賃借権ノ譲渡又ハ転貸ヲ承諾セサルトキハ賃貸人ニ対シ時価ヲ以テ建物其ノ他借地権者カ権原ニ因リテ土地ニ附属セシメタル物ヲ買取ルヘキコトヲ請求スルコトヲ得」がそれである。

　なお、最後に念のために一点だけ注意を喚起しておきたい。それは、法第4条が定めている「借地権消滅ノ場合ニ於テ借地権者カ契約ノ更新ヲ請求シタルトキハ建物アル場合ニ限リ……」で始まる借地権者の更新請求に対する土地所有者の異議、及び第6条が定めている「借地権者借地権ノ消滅後土地ノ使用ヲ継続スル場合ニ於テ」同第2項「建物アルトキ」の土地所有者の異議には正当事由のあることが必要とされているのに対して、法第9条の2が定めている建物の譲渡に伴う敷地賃借権の譲渡又は転貸についての承諾の求めに対する土地所有者の拒絶には、何らそのような定めがないという点である。これまでるる述べてきたように、借地法の制定と度重なる改正を経て借地権がますます強化され、土地の賃借権の「物権化」とまでいわれたのであるが、借地権が債権である以上、その譲渡又は転貸には所有者の承諾が必要という基本線を踏み越えることができないのはやむを得ないというべきであろう。逆にいえば、土地賃借権の「物権化」はその極限まできたということである。

借地借家法（平成3年法律第90号）

　振子ではないが、世事万端一方向への揺れが極端に進むと、後でその反動として揺り戻しが生じる傾向がある。ここでの主題である借地

制度もその例外ではない。

　上述のように、借地法の制定及び改正を経て、借地権はその存続期間（第2条、第5条）、期間満了時の契約の更新（第4条）、借地権消滅後の土地使用の継続及び借地権消滅前の建物滅失に伴う建物の築造の場合の法定更新（第6条及び第7条）並びに更新されない場合の建物買取請求権（第4条第2項）の定めにより著しく強化され、第三者に対する建物の譲渡に際して敷地の賃借権の譲渡又は転貸についても土地所有者の承諾に代わる裁判所の許可を得る途が開かれるなど（第9条の2）、その「物権化」がいよいよ顕著になった。

　しかしながら、同一の土地の上に併存し、かつ利害が相対立する二つの権利、すなわち借地権と底地（権）との間での前者の強化は、必然的に後者の弱化をもたらす。土地所有者は、このような借地制度のうえでは、ひとたび自らの土地の上に借地権を設定すれば、正当事由がなければ、建物が朽廃するまではその土地の復帰は望めず、また、正当事由が認められるためにも、土地の明渡しに対して相当の財産上の給付を要することを覚悟しなければならなくなった。こういった事情がいわゆる「土地所有者の側に借地による宅地供給を嫌忌する傾向」を生じさせることは容易に想像できる。その結果は、借地による宅地供給の極端な減少であり、また、渋々その求め（需要）に応じる場合の高額の対価（いわゆる権利金）の要求である。いずれにしろ、わが国の借地制度はここにきて重大な隘路に落ち込んだというべきである。

　それでは、ここから脱却し、借地制度を再活性化するためにいかにすればよいか。答えは事物の流れからおのずと明らかで、一つは、これまでの借地権（以下「普通借地権」ともいう。）について認めていた更新後の存在期間をできるだけ短縮するように借地法を改正すること、いま一つは、普通借地権以外に、異なった土地賃貸借（契約）が可能であるとして、借地権のメニューを増やすことがそれである。新しい借地借家法の制定は、まさにそれを実現しようとしたものであった。

更新後存続期間の短縮　平成3年に制定された借地借家法は、普通借地権に関わる制度のうち、更新された借地権の存続期間をできるだけ短縮する方向での新規定を盛り込んでいる。その一つは、法第4条（借地権の更新後の期間）であって、そこでは「当事者が借地契約を更新する場合においては、その期間は、更新の日から10年（借地権の設定後の最初の更新にあっては、20年）とする。ただし、当事者がこれより長い期間を定めたときは、その期間とする。」とされていて、当事者の自由な契約に任されている部分を別とすると、更新の日から10年（設定後、最初の更新のみ20年）ということである。この規定を、借地法第5条の規定、「当事者カ契約ヲ更新スル場合ニ於テハ借地権ノ存続期間ハ更新ノ時ヨリ起算シ堅固ノ建物ニ付テハ三十年、其ノ他ノ建物ニ付テハ二十年トス」と比較すると、短縮されている部分が明らかであるし、後者の規定では2回目の更新以後の存続期間についての規定がなく、したがって、文意からは以後も同じことが繰り返されると解釈されることも加味すれば、借地権の更新に関連して借地権はかなり不安定な要素をもつことになった（逆に、それだけ底地（権）が強化されることになった。）といえる。

　いま一つは、借地権の存続期間が満了する前に建物が滅失した場合において、借地権者による建物の再築による借地権の期間の延長に関する第7条の規定である。そこでは、第1項「借地権の存続期間が満了する前に建物の滅失（借地権者又は転借地権者による取壊しを含む。）があった場合において、借地権者が残存期間を超えて存続すべき建物を築造したときは、その建物を築造するにつき借地権設定者の承諾がある場合に限り、借地権は、承諾があった日又は建物が築造された日のいずれか早い日から20年間存続する。ただし、存続期間がこれより長いとき、又は当事者がこれより長い期間を定めたときは、その期間による。」と定めている。同様の規定が借地法第7条（法定更新）として設けられていたが、そこでは「借地権ノ消滅前建物カ滅失シタル場合ニ於テ残存期間ヲ超エテ存続スヘキ建物ノ築造ニ対シ土地所有者カ遅滞ナク異議ヲ述ヘサリシトキハ借地権ハ建物滅失ノ日ヨリ

起算シ堅固ノ建物ニ付テハ三十年間、其ノ他ノ建物ニ付テハ二十年間存続ス但シ残存期間之ヨリ長キトキハ其ノ期間ニ依ル」と定められていた。

　これらを比較して言えることは、まず、要件等で異なる点があることである。後者の借地法では、借地権者の建物再築について借地権設定者が遅滞なく異議を述べないと、従前の建物が滅失したときから堅固な建物については30年、非堅固な建物については20年の期間で法定更新されるものと定めていた。これに対して、前者の借地借家法では、借地権者の再築について借地権設定者が承諾をした場合に限り法定更新されるものとし、更新後の期間は、承諾のあった日又は建物を再築した日のいずれか早い日から、建物の堅固・非堅固の区別なく一律20年とすると定めている。ここでの本質的な差異は、借地法が借地権設定者の遅滞なき異議がないと（積極的な承諾がなくても）法定更新となるとしていたことに対して、借地借家法では積極的な承諾の意思表示を要件としている点である。

　また、上記から既に明らかなように、更新される期間についても、一方の堅固建物30年、非堅固建物20年というのに対して、他方の一律20年という相違がある。

　さらに、第三の点として、借地借家法では第8条（借地契約の更新後の建物の滅失による解約等）として、借地法では存在しなかった新しい規定が設けられているが、土地の賃貸借の解約に関するものであるだけに注意を要する。まず、条文は、「契約の更新の後に建物の滅失があった場合においては、借地権者は、地上権の放棄又は土地の賃貸借の解約の申入れをすることができる。」というものであるが、更新前の建物の滅失の場合には、当事者として契約を維持すべきであって解約の申入れをすることはできないが、更新後にはそれができることを定めたものである。立法の趣旨としては「更新後の存続期間が短縮され（4条）、また、更新後の建物の再築が制限された（後出8条2項）のに伴い、借地権者が更新後に滅失した建物の再築を諦め、又は再築について借地権設定者の承諾又は裁判所の許可（18条）が得ら

れない場合に、なお賃料を支払い続けなければならない借地権者の不利を解消するために設けられた規定と解することができる[4]。」とされている。土地賃貸借市場の状況及び当事者間での約定賃料のいかんによって、実際にこの規定が活用されるかどうかは今から予見することはできないが、借地権者にとっては、この規定は「自らができる」規定であるのでそれほどの問題はない。

　これに対して、次の第8条第2項は実質的に大きな影響力をもつ。それは「前項に規定する場合において、借地権者が借地権設定者の承諾を得ないで残存期間を超えて存続すべき建物を築造したときは、借地権設定者は、地上権の消滅の請求又は土地の賃貸借の解約の申入れをすることができる。」とするものであり、そのうえ、続く第3項では「前2項の場合においては、借地権は、地上権の放棄若しくは消滅の請求又は土地の賃貸借の解約の申入れがあった日から3カ月を経過することによって消滅する。」とされていることから、借地権者の再築の意思決定に重大な影響を及ぼさないわけにはいかない。なお、念のために付け加えれば、上記第2項の借地権設定者による土地の賃貸借の解約の申入れには正当事由を要しない、ということも思い合わせておかなければならない。

　以上から、借地借家法では、普通借地権の存続期間について、更新後はできるだけ短縮するように、別の言い方をすれば、借地の復帰を早めるように改正されていることは明らかである。とはいうものの、これらはいずれも更新後の存続期間を短縮する効果をもつものにすぎず、土地所有者の側からすれば、強固な更新制度（正当事由）そのものが、なお前面に立ちはだかっているという事態を変えるものではないという点でいかにも不十分であり、満足できるものではない。そこで、土地所有者が借地による宅地供給を嫌忌せず、前向きに考えるようになるための抜本的な新制度として導入されたのが、次に述べる定

---

[4] 稲本洋之助・澤野順彦編『コンメンタール借地借家法〈第2版〉』（日本評論社、2003年）55ページ。

期借地権の制度である。

定期借地権　正当事由がなければ更新請求を排除できないことから、本来有期限のものであるべきはずの借地関係が（建物がある限りは）いつまでも続いてその消滅の時期が確定できないことは、土地所有者からすればいかにも不都合である。そこで、正当事由の有無にかかわらず、土地の賃貸借の存続期間が満了すれば借地権が消滅するような借地関係を制度として新たに容認するようにしたのが定期借地権の制度である。

　存続期間が満了すれば借地権が消滅するような借地関係をつくるためには、（1）土地の賃貸借について更新請求を容認するわけにはいかない。それを認めるのは、有期限という点からしてまさに背理だからである。また、（2）この点を徹底しようとすれば、借地権の存続期間が満了する前に建物の滅失があって、そういった状況の中で借地権者が残存期間を超えて存続すべき建物を借地権設定者の承諾なしで築造した場合にも、期間の延長は一切認めないという立場を貫く必要がある。そのうえ、さらにこの立場を明確にするためには、（3）普通借地権に認められていた、借地権の存続期間が満了し、契約の更新がないときの借地権者による建物買取請求権さえも否定しておく必要があろう。

　新たな借地制度として借地借家法で導入された定期借地権は、まさにこれら（1）～（3）の要件を具備するものとして概念されたように思われる。このことは、俗に一般定期借地権といわれている借地借家法第22条（定期借地権）の規定をみれば明らかである。すなわち、「存続期間を50年以上として借地権を設定する場合においては、第9条及び第16条（いずれも強行規定――筆者）の規定にかかわらず、契約の更新（更新の請求及び土地の使用の継続によるものを含む。）及び建物の築造による存続期間の延長がなく、並びに第13条の規定による買取りの請求をしないこととする旨を定めることができる。この場合においては、その特約は、公正証書による等書面によってしなければな

らない。」との規定がそれである。

　しかし、この一般定期借地権にみられる前記三つの要件が、いずれも定期借地権であるための、ワン・セットの不可欠な要件であるのかという点については疑問が残る。というのは（1）を欠くことは明白な背理であり、（2）も同様に背理につながるので、これらはまさに要件であるが、（3）についてはいささか趣が異なるからである。法律の専門家は既に文理上そのことを指摘しておられるが[5]、筆者は別の視点から（1）、（2）を具備していて契約更新等を排除しつつ、（3）の点（建物買取請求権の排除）を欠く特約であっても、直ちに普通借地権として扱うのではなく、定期借地権としての設定を許容すべきであることを主張したい。こういった主張に対して建物買取請求権を排除しない定期借地権を許容しても、建物買取りをめぐって予想される煩わしさのために、実際にはそれほど活用されないのでは無意味ではないか、という反論がありそうなことは承知している。確かに、買取請求権を排除した場合に比べて、すっきりしないのは明らかである。しかし、買取請求権の排除はそういったプラスをもつ反面、重大なマイナスをももつことを指摘しておく必要がある。それは買取請求がなく、いずれ建物を収去しなければならないのだからということで築造される建物には良質のものがなく、結局、それがスクラップ・エンド・ビルドの文化的（？）慣行につながるということである。この慣行の問題は、一つは環境学上の視点から近年ますます重大視されるようになってきているし、いま一つは、それが地域の活性化を図るうえでもマイナスにこそなれプラスにはならないという点にある。

　第一の点について少し説明を加えると、それが資源の浪費、廃棄物の増加、エネルギーの多用（温暖化ガスの増加）につながるということであり、第二の点については、それが文化的で、歴史的な価値をもつまちづくりに逆行する薄っぺらな市街地を形成するものにすぎないということである。したがって、筆者の主張は当事者間のミクロの問

---

[5]　前掲書、156-157ページ。

題に限定しての議論というよりは、むしろ、大は地球環境から、小は地域経済というマクロないしメゾのレベルの議論であるということを訴えておきたい。なお、もう一言つけ加えさせてもらえば、こういったマクロないしメゾのレベルのメリットを評価するような文化的慣行が育ってくれば、上述した建物買取りにあたって懸念される当事者間での交渉においてもそれが当然の前提となるので、煩わしさは著しく軽減されるものと思考される[6]。

以上から結論として、筆者は法第22条の定期借地権の規定について、前記（1）～（3）の排除を重畳的に解するのでなく、少なくとも（3）については、それを欠く特約であっても定期借地権として許容するような解釈及び運用がなされることを望んでやまない。

建物譲渡特約付借地権　平成3年の制定になる借地借家法は、前記一般定期借地権のほかに第二の類型の定期借地権として建物譲渡特約付借地権なるものを定めている。すなわち、法第23条第1項「借地権を設定する場合においては、第9条の規定にかかわらず、借地権を消滅させるため、その設定後30年以上経過した日に借地権の目的である土地の上の建物を借地権設定者に相当の対価で譲渡する旨を定めることができる。」というのがそれである。法第23条は、また、続く第2項及び第3項で、前項の特約によって借地権が消滅した場合において、借地権者又は建物の賃借人であって借地権消滅後も使用を継続しているものが請求したときは、借地権設定者との間で期間の定めのない賃貸借がなされたものとみなすという規定（第2項）と、第1項の特約がある場合において、借地権者又は建物の賃借人と借地権設定者との間でその建物について法第38条第1項の規定による賃貸借契約（定期建物賃貸借契約）を結ぶこともできるという規定（第3項）を含むものであるが、これらの規定についてはさしあたってここでは取

---

[6]　なお、建物の環境性能の向上を図るための政策、制度づくり、評価の面での最近の取組については拙稿「地球温暖化、グリーン・ビル、及び鑑定評価」『不動産鑑定』（住宅新報社、2008年12月号、2009年1月号）を参照されたい。

り上げないで議論を進めることにする。

さて、建物譲渡特約付借地権は、その設定後30年以上を経過した日という定期における確定的消滅が予定されているという意味では、前述の一般定期借地権や後述の事業用定期借地権（第24条）と並んで、広い意味での定期借地権の一類型と考えられる。しかし、建物譲渡特約付借地権は、存続期間の満了によって借地権が消滅するのではなく、建物の譲渡によって、建物所有権とともに借地権も借地権設定者に移転し、司法用語での「混同」によって借地権が消滅するとされていることに注意を要する。このため、建物所有権移転による借地権消滅という仕組みが予定どおりに機能しない場合（建物消滅の場合にはそのおそれがある。）には、その借地権は通常の普通借地権又は一般定期借地権としての扱いに服することになる。この意味では、建物譲渡特約付借地権の定期借地権性は、相対的に不安定な基盤の上にあるといえる。

なお、普通借地権に建物譲渡特約を付けることができ、また、前記のように一般定期借地権の設定に際して、建物買取請求権の排除を明記しないこともできるとの解釈のもとでは、定期借地権の一類型として建物譲渡特約付借地権がもつ独自性の意味はそれだけ希薄になるといえよう。

最後に、借地借家法施行後10年ほどの間に、一般定期借地権が居住用建物、特に共同住宅所有の目的で広く活用されたのに比べて、建物譲渡特約付借地権のほうはほとんど利用されていないように見受けられる。思うに、その理由は、いつにかかって譲渡に際して支払われるべき「相当の対価」がはっきりしていないということにあるのであろう。

もとより、借地権設定の際に「30年以上を経過した日」の価格を予測することは不可能というべきであろう。しかしながら、この対価を時価とし、その評価法も適切な鑑定評価法によるとして特約に明記することで、さしあたっては十分であり、それで何ら問題は生じないように考えられる。加えるに、右肩上がりの地価上昇の時期は別とし

て、現代のわが国のように成熟ないし安定した社会においては、建物譲渡の時点で、借地権者又は建物の賃借人が建物の使用を継続している（将来にわたる借家人がいる。）ほうが、新たに土地を開発する場合に出くわすリスクを回避できるため、土地所有者にとってより好ましく、それを適正な時価で取得するのに特別の危惧は無用と思われる。また、そういった将来にわたっての借家人がいないような建物であれば、それだけ時価が低く評価されるわけであり、その点でも「相当の対価」について案ずることはないはずである。

事業用借地権　平成3年の制定になる借地借家法は、前記一般定期借地権、及び建物譲渡特約付借地権のほかに、いま一つ、第三の類型の定期借地権として事業用借地権なるものを定めている。すなわち、法第24条「第3条から第8条まで、第13条及び第18条の規定は、専ら事業の用に供する建物（居住の用に供するものを除く。）の所有を目的とし、かつ、存続期間を10年以上20年以下として借地権を設定する場合には、適用しない。第2項　前項に規定する借地権の設定を目的とする契約は、公正証書によってしなければならない。」というのがそれである。

　この規定にあるように、専ら事業の用に供する建物の所有を目的として、かつ、存続期間が10年以上20年以下であるという実体上の要件、及び公正証書によって設定契約をするという形式上の要件を充足する借地権（それがここでの事業用借地権であるが）にあっては、普通借地権について認められる借地権の保護が三つの点、すなわち、契約の更新（第3条から第8条の規定）、建物の再築による存続期間の延長（第18条）、及び建物買取請求権（第13条）について否定される。

　そこで、この場合の実体上の要件について少し考察を加えてみると、専ら事業の用に供する建物の所有を目的とするということで、まず、用途上の制限（すなわち、居住用を除くこと）を加えたうえで、さらに（かつ、という重畳的であることを示す接続詞を用いて）存続期間を10年以上20年以下という（建物投資を伴う行動という点からす

ると）極めて制限された範囲でのみ新しいタイプの借地権の設定を許容しようとする立法者の意図を示したものと理解されるが、用途上の制限は一般定期借地権の規定（特にその存続期間を50年以上と定めている。）との関係上、是非とも必要なものとみられるのに対して、存続期間上の制限は必ずしもその年数で制限すべきものであったとは思われない。むしろ、後者は便宜上、いわばそういった比較的短い存続期間であっても借地の需要があって、経済計算も確実に実施しやすい業種に限って、社会実験的に実施してみようということで設けられた制限であるように理解される。

　というのは、借地として土地を提供しようとするものにとっては、存続期間が短いことは何ら問題を含むものではなく、地代収入が約束されていて、かつまた、定まった時点で確実に土地が復帰するというのであれば嫌忌する理由は全くないというべきである。したがって、問題があるとすれば借地希望者の側においてということになるが、この点でも、当初から10年以上20年以下で建物を所有して事業を行う（自らが行うか、貸家として事業者に賃貸するかのいずれかで）ということで事業採算がとれそうな業種、例えば自動車道路に接面している土地での量販店、アウト・レット、自動車及び部品の販売店、ガソリンスタンド、ファミリーレストラン等の外食店などがあるわけで、これらの業種からのニーズも考えると、実験的に導入するのにまさに打ってつけであったといえよう。

　最後にいま一つ、事業用借地権の設定にあたって、その形式的要件として契約は公正証書によることとされているが、それは前記の二重の制限が契約において順守されていることを、証拠力の最も強い証書の形で明示しておくことを求めたものにほかならない。

　事業用借地権の導入は、立法者が考えていたように大成功であって、上記業種での用地取得は、現在では事業用借地権の設定によるものが主流をなしているように聞く。

　そこで出てくる問題は、それではなぜ事業用借地権の活用が、こういった一部の業種に限られるようなものでなければならないのかとい

うことであって、ここに事業用借地権の存続期間の延伸が借地借家法改正の喫緊の課題となり、それに応えたのが平成19年の法改正である。

事業用定期借地権等　この法改正は、定期借地権に関わる規定に関する限り、事業用借地権の部分に限られている。まず、大きな変更としては、改正前では事業用借地権は第24条において規定されていたのであるが、これが改正後は第23条において規定されることになった（そして、以前第23条とされていた建物譲渡特約付借地権の規定が替わって第24条となっている。）。このような法律の条文の番号の入替えは比較的に珍しいことではないかと思われるが、ここでは、事業用借地権が、この法改正によって、改正前のそれのように極めて限定された業種の範囲でしか活用できない特別の権利としてではなく、（事業専用という制限付きではあるが）広く一般に活用できる、言わば一人前の権利として、規定されたことによるものと思考される。新しい第23条は三つの項から成り、その第1項は「専ら事業の用に供する建物（居住の用に供するものを除く。次項において同じ。）の所有を目的と・・し、かつ（上点は筆者）、存続期間を30年以上50年未満として借地権を設定する場合においては、第9条及び第16条の規定にかかわらず、契約の更新及び建物の築造による存続期間の延長がなく、並びに第13条の規定による買取りの請求をしないこととする旨を定めることができる。」として事業用定期借地権を規定している。

　この規定と、いわゆる一般定期借地権について定める第22条とを比較すると、第23条第1項では第22条にはない「専ら事業の用に供する建物、云々」の用途を限定する文言がつけられており（これは規定の目指すところからして当然であるが——筆者）、いま一つ上記引用文・・中で上点を付しておいた所で、かつという重畳的な並記であることを強調する接続詞でつないで存続期間の限定（30年以上50年未満）がなされていることが分かる。このような規定の仕方の意味するところは、以上の二つの限定を同時に具備することによってはじめて、一般

定期借地権であれば許容されない存続期間での定期借地権の設定を容認するということであると解される。

一方、これら二つの条文の比較から、契約の更新、建物築造による期間の延長、及び建物買取請求権の排除を、当事者が特約で定めることができるとする点では全く相異するところがない。ただし、第23条第3項では事業用借地権の設定契約は公正証書によるべきことと定められていることによって、それが二重の実体的制限の順守のうえでのみ許容されうる特別の借地権であることが示されているといえよう。

2. 借地借家法に基づいて土地の賃貸借によって創設される諸権利利益

これまで、建物保護法、借地法、借地借家法の制定と改正（借地法では主に昭和16年及び41年の改正、借地借家法では主に平成19年の改正）を通じて、わが国における借地権強化の経緯とその結果生じた（行き過ぎ是非の意味合いのものも含めて）新しい現行の借地制度について述べてきた。

現行法制の下では、借地権としては普通借地権、一般定期借地権、事業用定期借地権（法第23条第1項によるものと同第2項によるもの）及び建物譲渡特約付借地権として規定されている五つの権利の内容が明確に示されている。これら個々の権利の内容については、上記で既に触れたところであるが、記述箇所が散らばっていて相互比較には不便であるので、その点を考慮してこれらを表の形にまとめてみたのが表1-1である。

この表については、そこに関係する借地借家法の条項の番号が示されているため、改めて説明するまでもないと思われる。しかし、この表はあくまでも借地権の側からみた権利の内容を示すものであって、借地権の設定行為によって同時に生じる借地権の付着した土地の所有権（以後「底地権」と呼ぶことにする。）について直接明らかにするものではない（写真のネガのように潜在的には示されているのである

第1章 土地の賃貸借によって創設される諸権利利益

表1-1 借地借家法に基づいて設定できる各借地権の権利内容の比較

事項 借地権の名称	根拠条項	存続期間		更新請求権	再築による期間の延長	建物買取請求権	第三者の建物買取請求権	土地の賃借権の譲渡又は転貸の許可	契約の実体的要件		契約の形式的要件
		存続期間	更新後の期間	5条、6条	7条、8条	13条	14条	19条	用途	存続期間	
		3条、4条							23条	3条	22条、23条、24条
普通借地権（普通借地権）	第3条～第21条	原則は30年、より長期は可。	20年、10年	更新請求したら更新したものとみなされる（建物のある限り）。満了後土地使用を継続時も同様（　）。異議には正当事由を要する。	満了前、滅失と築造について承諾あれば延長*1。築造の通知後2カ月以内の異議なしは承諾*2。更新後の建物滅失には正当事由による解約権。	あり	あり	ありうる	制限なし	30年以上	特になし
定期借地権（一般）定期借地権	主に第22条	50年以上		なし	不可	なし	なし	ありうる	制限なし	50年以上	左記三つの排除についての公正証書等書面による特約
事業用定期借地権（1項による）	主に第23条1項及び3項	30年以上50年未満		なし	不可	なし	なし	ありうる	事業専用	30年以上50年未満	左記三つの排除についての公正証書による特約
事業用定期借地権（2項による）	主に第23条2項及び3項	10年以上30年未満		なし	不可	なし	なし	ありうる	事業専用	10年以上30年未満	公正証書
建物譲渡特約付借地権	主に第24条	30年以上		なし	不可	なし	あり	ありうる	制限なし	30年以上	特になし

*1 承諾がなければ期間は延長せず、従来の契約がそのまま維持される。その後の展開については本文35ページ及び40ページ以下で述べている。
*2 ただし、更新後の通知では、その限りでない。なお、更新後の建物の滅失の場合、解約の申入れにより3カ月経過で借地権は消滅する（第8条3項）。これは当事者双方向でできる。
また、第18条の規定に基づく裁判所による再築の許可がありうる。

が）という欠点をもっている。そこで、この点をカバーする意味で、これから、この表を念頭におきながら、底地権の側からその権利及び義務の内容について顕在的に説明することにする。

普通借地権の付着した底地権　　まず普通借地権が付着している底地権から始めることにする。普通借地権の存続期間は法第3条の規定によって、普通は30年と定められるであろう。それよりも長い期間の契約も可能であるが、借地権設定者の側からすると、特別の事情でもない限り、より長期の契約を結ぶインセンティブはないと思考される。契約を更新する場合のその存続期間は、法第4条の規定によって、初回更新についてのみ20年、あとは10年である。

　借地権者が契約の更新を請求した場合、底地権者もそれに同意すれば何も問題はない。しかし、現実においては、長期にわたる借地関係存続期間中に様々な事情が生じ、底地権者としてはそのために生じたと思われる問題について期間満了の機会に改善したいと願うのは至極当然なことであろう。そのようなことで底地権者が地代（賃料）の増額や一時金（更新料として）の支払いを求めることがかなり一般的に認められるかもしれない。その金額が合理的に説明できて納得のいくようなものであれば、借地権者としてもそれに応諾して当事者間での合意が得られ、契約が更新されることとなろう。しかし、求められた金額が余りにも高額で借地権者が応諾できないような場合には、当事者間での意見の対立から、ついには更新をめぐっての争いに至るということになるかもしれない。ここで、底地権者として、それでは契約の更新はお断りとして更新拒絶を貫くことが司法の場でも認められるかどうかあらかじめ考慮しておかなければならないことになるが、こういった場合の判断基準として示されているのが、法第6条（借地契約の更新拒絶の要件）である。要件は、既述のように、(イ)借地権設定者及び借地権者が当該土地の使用を必要とする事情のほか、(ロ)借地に関する従前の経過、(ハ)土地の利用状況、並びに(ニ)借地権設定者が土地の明渡しと引換えに借地権者に対して行うと申し出ている財産上の給

付となっていて、それらが総合的に考慮されるわけであるが、文理（当事者が当該土地の使用を必要とする事情のほか──上点筆者）から、中でも(イ)が主たる判断基準であると見られることから、建物がある場合には、借地権設定者の拒絶の主張に正当事由があると認められるのは相当困難であると考えられる。そのうえ、(イ)で拒絶には相当の理由があると認められることに加えて、借地権設定者には(ニ)で土地の明渡しと引換えに財産上の給付（世間でいう立退料）の提供も求められている。こういったことから、建物がまだまだ十分に使用できる状態にある時期に来る一回目の更新（その結果、存続期間は20年延長されることになる。）は、よほどの事情がない限り、行われることになると思考される。

　なお、この点では、法第5条第2項が「借地権の存続期間が満了した後、借地権者が土地の使用を継続するときも、建物がある場合に限り、前項と同様とする。」として法定更新の適用を定めていることも考慮されるべきであろう。

　借地権の存続期間に関連して、上述の更新請求及び土地の使用の継続のほかに、いま一つ、借地権の存続期間が満了する前に建物の滅失（これには借地権者又は転借地権者による取壊しも含まれる。）があった場合において、借地権者が残存期間を超えて存続すべき建物を築造したときはどうなるのかという問題がある。法第7条（建物の再建による借地権の期間の延長）はそういった場合のことについて定めたものであるが、その第1項は「その建物を築造するにつき借地権設定者の承諾がある場合に限り、借地権は、承諾があった日又は建物が建造された日のいずれか早い日から20年間存続する。ただし、残存期間がこれより長いとき、又は当事者がこれより長い期間を定めたときは、その期間による。」と定めていて、借地権設定者が明確に承諾を与えている場合の期間の延長については問題ない。

　次に同条第2項は、同様の条件の下で、借地権者が借地権設定者に対して「残存期間を超えて存続すべき建物を新たに築造する旨を通知した場合において、借地権設定者がその通知を受けた後2月以内に異

議を述べなかったときは、その建物を築造するにつき前項の借地権設定者の承諾があったものとみなす。」とも定めているので、こういった場合における借地権設定者の承諾又は不承諾の意思表示は、明確に、かつ、遅滞なく行われることが必要である。なお、上記規定にはただし書きがついていて、「契約の更新の後に通知があった場合においては、この限りでない。」とも定めていて、借地権者有利の上記の規定も「賞味期限」つきのものであるから、借地権者としても期限についてのうっかりは許されないといえる。

　法第7条の最後の項である第3項は、「転借地権が設定されている場合においては、転借地権者がする建物の築造を借地権者がする建物の築造とみなして、借地権者と借地権設定者との間について第1項の規定を適用する。」と定めるもので、ここでのわれわれの議論に直接関わるものではないので、以後は取り上げないことにする。

　さて、上記の第7条の規定と同趣旨の規定を含んでいた旧借地法の規定（旧法7条）とを比べると、そこにかなり大きな差異があることに気づく。その第一は、新法では、旧法にはなかった第1項が新たに加えられ、「その建物を築造するにつき借地権設定者の承諾がある場合に限り、借地権は………20年間存続する。」として、借地権の存続期間の延長には、借地権設定者の積極的な承諾の意思表示（旧法での「土地所有者カ遅滞ナク異議ヲ述ヘサリシトキハ」の規定と比較してみよ。）をその重要な要件としていることである。そして、第二に、旧法の上記の趣旨を受けついだ新法の第2項において、旧法では単に遅滞ナク異議ヲ述ヘサリシトキとされていたものを、新法ではその通知を受けた後2月以内に異議を述べなかったときとその期限を明確にしているのと、さらに、既述のように、ただし書きを加えて、「契約の更新の後に通知があった場合においてはこの限りでない。」として第2項の規定が有効である期間についても期限を設けていて、全体として限られた時間内で問題の決着をつけようとする立法者の意図がみられるように思われる。

　以上で第7条において法が規定していることについて述べた。しか

し、この条において、明示的に示されていないことであって、ここで若干補足しておいたほうがよいと思われる点があるので、それについて触れる。その点というのは、本条１項で定めている場合において承諾を与えるのでなく拒絶しようとする場合、並びに２項で定めている場合において異議を述べようとする場合、借地権設定者に対して更新拒絶の際のように正当事由のあることが求められているのかということである。法において明示されていない点の問題であるから、勢い解釈ということにならざるをえないが、ここで私見を述べさせてもらえば、このような重大事項について要件としての明示の規定がないということは、立法者がそのようには考えていなかったことを示すものと思われるということである。したがって、上記二つの場合において、借地権設定者の拒絶又は異議によって存続期間は延長されず、当初の契約がそのまま残るということになる。ここまでは比較的明らかであるが、問題はそれから先はどうかという点である。建物の滅失後再築にあたって承諾を得ることができず存続期間の延長とならなかった借地権者は、当然、当初の契約による存続期間の満了にあたって契約更新の請求を行うであろう。そして、ここまできた段階において、問題は法第５条、第６条が規定している更新請求権の問題に還元されることになる。そして、その際、正当事由の要件の一つとしての「借地に関する従前の経過」の中に、滅失後の再建に関しての当事者のやりとりも含めて考慮されることになる。しかし、そこでの経過がプラスに働くか、マイナスに働くかは個々のケースごとに異なるであろう。

　さて、上記の、建物再築による借地権の期間の延長について定める法第７条に比べて、続く法第８条（借地契約の更新後の建物の滅失による解約等）は、当事者間の関係について極めて明快である。その第１項は、契約更新後に建物の滅失があった場合、借地権者は地上権の放棄又は土地の賃貸借の解約の申入れをすることができるとしている。これに対して第２項は、前項に規定する場合において、借地権者が借地権設定者の承諾を得ないで残存期間を超えて存続すべき建物を築造したときは、借地権設定者は、地上権消滅の請求又は土地の賃貸

借の解約の申入れをすることができると定めている。しかも、その第3項は「前二項の場合においては、借地権は、地上権の放棄若しくは消滅の請求又は土地の賃貸借の解約の申入れがあった日から3月を経過することによって消滅する。」と規定していて、条文としてはこの上なく明快であって説明をつけるまでもない。

この個条の意義については議論される向きがいくつかあるようであるが、筆者としては、その趣旨を、この個条単独で考えるのでなく、前記法第5条、第6条の契約更新請求権との関連でとらえるようにしてみてはと考える。すなわち、これら両条の趣旨は、借地権者が借地権の存続期間が満了する場合において、契約の更新を請求したときは、建物がある場合に限り、借地権設定者としては、正当事由（その最大のポイントは自己使用の必要性である――筆者）がなければ、異議を述べることができないということにある。

一方、第7条の規定によると、「借地権の存続期間が満了する前に建物の滅失（借地権者又は転借地権者による取壊しを含む。）があった場合において、借地権者が残存期間を超えて存続すべき建物を築造したときは」借地権設定者が承諾を与えれば借地権は改めて20年間存続することになり、不承諾の意思を表明すれば従前の契約のままで続くことになっているが、既述のように、契約が満了する時期にまでくると今度は更新請求を受けることになり、建物がある場合に限り正当事由がなければ異議を述べることはできないということになってしまって、借地権設定者の立場からすれば不承不承にも契約が更新されることになる。そして、またその借地権の存続期間が満了する前に、建物の滅失（上記のように取壊しも含めて）があった場合において借地権者が残存期間を超えて存続すべき建物を築造したときは……という具合で前回と同じようなことになれば、これら三条だけの世界では、契約→存続期間中の滅失（取壊しも含めて）→築造→不承諾→存続期間の満了→正当事由ない場合の契約更新→存続期間中の滅失→築造→不承諾……の際限なき連鎖の繰り返しにならざるをえない。

このような無限連鎖の可能性を断ち切るために、借地借家法で新た

に設けられた個条が第8条（借地契約の更新後の建物の滅失による解約等）第2項であると解される。この条項によってはじめて、借地権設定者が最早存続することを望まない借地関係に終止符を打つ（正当事由が認められない場合であっても）ことができるのである。もっとも、当事者双方の間の衡平を図るために同条第1項は同じ条件の下での借地権者の解約権を定めている。

のみならず、このように更新後の建物の滅失があった場合において、借地権者が借地権設定者の承諾を得ないで残存期間を超えて存続すべき建物を築造したときに、借地権設定者に法第8条第2項が認めた解約権の行使が、当事者双方の事情からみて果たして衡平な結果をもたらすものであるか否かを、いわば最後のよりどころとして検証し、衡平性の実現を図るための司法上の安全ネットとして、法は第18条（契約の更新後の建物の再築の許可）を定めていることにも留意を要する。

すなわち、第18条第1項「契約の更新の後において、借地権者が残存期間を超えて存続すべき建物を新たに築造することにつきやむを得ない事情があるにもかかわらず、借地権設定者がその建物の築造を承諾しないときは、……中略……、裁判所は、借地権者の申立てにより、借地権設定者の承諾に代わる許可を与えることができる。この場合において、当事者間の利益の衡平を図るため必要があるときは、延長すべき借地権の期間として第7条第1項の規定による期間と異なる期間を定め、他の借地条件を変更し、財産上の給付を命じ、その他相当の処分をすることができる。」というのがそれである。

また、続く第2項は「裁判所は、前項の裁判をするには、建物の状況、建物の滅失があった場合には滅失に至った事情、借地に関する従前の経過、借地権設定者及び借地権者（転借地権者を含む。）が土地を必要とする事情その他一切の事情を考慮しなければならない。」とも定めていて、更新後の建物の再築についての承諾やそれに代わる裁判所の許可がどのような事項を考慮したうえのものであらねばならないかの基準を示すものである。

これら両項の規定から、筆者には、これが、更新及び建物再築による期間の延長について法が用意した最後のよりどころであるように思えてならない。

建物買取の請求権　　上述した借地契約の更新請求及び建物の再築による借地権の期間の延長のほかに、いま一つ借地権設定者の権利（底地権）を制約するものとして、借地上に借地権者が築造して、借地権の期間満了時になお存続している建物について、借地権者の請求に応じて買い取るべき責務がある。すなわち、法第13条（建物買取請求権）第1項は、その趣旨を「借地権の存続期間が満了した場合において、契約の更新がないときは、借地権者は、借地権設定者に対し、建物その他借地権者が権原により土地に附属させた物を時価で買い取るべきことを請求することができる。」と定めている。

　賃貸借に関する一般法である民法の規定（民法第608条第2項）では、賃貸借終了の際に賃借人が賃借物について有益費を支出したときはその償還を請求できるが、賃貸人に対して請求できる有益費の償還は、賃借人の費用投下の成果が土地に付合（民法第242条）している場合に限られていて、建物のように土地に付合しない場合には適合しない。そのため、民法の規定によると、借地権者は建物等を取り壊して、土地を明け渡さなければならないこととなる。これに対して、借地借家法第13条では、借地権者が借地上の建物に投下した費用の回収ができるように、民法の例外として、借地権者に借地権設定者に対する時価での建物買取の請求権を認めたものである。それゆえ、この権利は形成権であると解され、これが行使されると相手方との間に売買契約が成立したと同一の効果を生じるので注意を要する。なお、ここでの時価については本章の脚注3（36ページ）を見ていただきたい。

　第13条第2項は「前項の場合において、建物が借地権の存続期間が満了する前に借地権設定者の承諾を得ないで残存期間を超えて存続すべきものとして新たに築造されたものであるときは、裁判所は、借地権設定者の請求により、代金の全部又は一部の支払につき相当の期限

を許与することができる。」と定めているが、これは前述の請求権を借地人に認めたものの、借地権設定者が承諾を与えていないものについては借地権設定者に時間上の猶予を与えたものである。

　これらの規定があるために、借地権設定者がその債務（建物買取代金相当額）を負うことを免れようとすれば、事前に再築を承諾するしかないということになる（また、事後的に、裁判所による再築の許可が出た場合も同じ結果になる。）。なお、買取代金未済の間は借地権者又は転借地権者に対して明渡しを求めにくいことは言うまでもない。

第三者の建物買取請求権　　建物買取請求権に関しては、続く法第14条に第三者の買取請求権の規定がある。すなわち、「第三者が賃借権の目的である土地の上の建物その他借地権者が権原によって土地に附属させた物を取得した場合において、借地権設定者が賃借権の譲渡又は転貸を承諾しないときは、その第三者は、借地権設定者に対し、建物その他借地権者が権原によって土地に附属させた物を時価で買い取るべきことを請求することができる。」とするのがそれである。

　この規定で留意しておくべき点は、それが前条と異なって、借地権が存続期間中のことについての規定であるという点である。

　したがって、借地権者としては、当然に自己の所有物である建物その他上記附属物について、譲渡することができるのであるが、土地の賃借権については地上権と異なりそこまではいえない（借地権設定者の承諾を要する。）ということで、承諾がない場合に生じる問題への対応が問われているわけであるが、この買取請求権の規定により、法は建物に投下された費用の回収について重要な支持を与えたといえる。このため、この規定は普通借地権のみならず、建物譲渡特約付借地権を除いて、すべての定期借地権にも適用されると解される。

　これまで検討してきた結果を踏まえて、借地借家法に基づいて設定される各借地権に対する底地権の権利及び義務の内容を相互比較しうるように、表の形にまとめたものが61ページの表1－2である。

　これによると、用途を特に事業専用としない場合（居住用その他の

用途も想定されている場合）には、設定できる借地権としては普通借地権、一般定期借地権及び建物譲渡特約付借地権の三つがある。いまこれらについて借地として宅地を供給しようとする土地所有者の立場に立って考えてみると、普通借地権は30年という比較的短い存続期間で設定できるが、更新請求権、再築による期間の延長、並びに建物買取請求に関連して、将来、対応に苦慮しなければならない事態が生じるリスクが多い。特に、建物がまだまだ十分に使用可能な状態であることが予想される最初の更新請求の場合には、借地権設定者（底地権者）の側での正当事由がよほど合理的で説得力のあるものでないと借地権者の更新請求権を跳ね返すまでにはならないので、結局、更新されることになり、存続期間が20年延長される。このようなことであれば、当初からの存続期間が50年とやや長くなるが、更新の問題も含めて、再築による期間の延長並びに建物買取請求権の問題でも一切対応を要しない一般定期借地権の設定を選択するほうが、より合理的で、より確実性が高いとみられることになるのではなかろうか。

また、一般定期借地権と建物譲渡特約付借地権との比較では、存続期間の点では後者にメリットがあるものの、建物等の買取価格が予測できないことに加えて、前述のように第三者に建物が譲渡されることに関連して生じるもろもろのリスクを考えると、ここでも前者の場合の20年間の余分の存続期間はそれほどマイナスではないと判断されるのではなかろうか。

以上から、筆者としては、用途を事業専用としない場合の借地権の設定は、今後は一般定期借地権の設定の形式をとるほうが支配的となると考える。

一方、専ら事業の用に供する建物の所有を目的とする場合の借地権の設定は、その存続期間の選択に応じて、法第23条第1項の規定による事業用定期借地権、又は第23条第2項の規定によるものになるのは疑いがないと思われる。

第1章 土地の賃貸借によって創設される諸権利利益

表1－2　借地借家法に基づいて設定される各借地権に対する底地権の権利及び義務の内容の比較

事項 借地権の名称	根拠条項	存続期間		更新請求、土地の使用継続への対応（建物有り）承諾又は不対応 5条	異議 5条、6条	再築による期間延長への対応 承諾又は不対応 7条	異議 7条、8条	建物買取義務 13条	第三者への買取義務 14条	土地の賃借権の譲渡又は転貸の許可 19条
		3条、4条	更新後の期間							
普通借地権（一般）（普通）借地権	第3条～第21条	原則は30年、より長期は可。	20年、10年	更新される。	正当事由を要する。結果はケースごとに異なる。	新たに20年間存続。ただし、契約更新後の再築の場合はこの限りでない。	異議はもちろん、承諾を与えないと延長されない。契約更新後に再築があった場合は解約の申入可。3カ月経過で借地権は消滅する*1。	あり	あり	ありうる
定期借地権（一般）定期借地権	主に第22条	50年以上		不	要	不	要	なし	あり	ありうる
事業用定期借地権（1項による）	主に第23条1項及び3項	30年以上50年未満		不	要	不	要	なし	あり	ありうる
事業用定期借地権（2項による）	主に第23条2項及び3項	10年以上30年未満		不	要	不	要	なし	あり	ありうる
建物譲渡特約付借地権	主に第24条	30年以上		不	要	不	要	あり	あり*2	ありうる

*1　ただし、後述のように、第18条の規定に基づく裁判所による再築の許可があることに注意。
*2　一般論としてはそうであるが、特約の内容によって借地権者が建物等を第三者に譲渡できるか問題とされることもありうる。

第2章

賃料、底地(権)及び借地権の価格

I　賃料(地代)

1. 賃料(地代)についての経済理論

　前章では土地の賃貸借によって生じる諸権利利益（その代表的なものは借地権と底地権である。）と、その相互関係の主として法的側面について述べた。この章ではそれらの経済的側面について考察する。

　賃貸借契約が結ばれると、借地人は他人が所有している土地について使用、収益する権利（借地権）を与えられ、一方、借地権を設定することにした借地の提供者（土地所有者）は、それを許容するばかりでなく、借地権者が借地を実際に使用、収益できるように、当該土地の状態を維持する義務を負う。しかし他方で、その反対給付として借地権者（以下「借地人」と略称）は、契約において定められた支払時期ごとに定められた賃料（地代）を支払うばかりでなく、時と場所によっては、契約時に権利金、保証金などの名目で一時金を支払うことを求められる。

　この章の目的は、このような借地をするうえでの対価（各期ごとに支払われる賃料及び一時金）の性質と、その大きさに影響を及ぼす諸要因について明らかにすることにあるが、さしあたり、最も重要な要素である賃料（地代）について考察することから始める。

(1) リカードの差額地代論

　土地の賃貸借とそれに伴う地代受払いの慣行は文明の歴史とともに古いものと考えられるが、資本主義的市場経済に基づく社会における地代の性質並びにその大きさに影響を及ぼす諸要因についてはじめて理論的に明らかにしたのは、イギリスの古典派経済学者のD.リカードである。彼の所説は差額地代論として名を馳せているが、それは農業において典型的にみられる土地の性質（肥沃度と位置の点で）の差

異、及び同一土地に対する資本と労働の追加的な投入に伴う収穫の逓減に着目して展開されたものである。

その所説を追うと次のごとくである。彼は、まず、議論の出発点として想定される無地代社会の状態を描き出す。すなわち、「豊かで肥沃な土地が十分に存在し、現存人口を養うためにはその一小部分を耕すだけで足りるか、あるいはその人口が自由に使いうる資本を用いて実際にその一小部分を耕しうるにすぎない国に、最初の植民が行われるに際しては、地代というものはないであろう。というのは、いまだ占有されないで、したがって、また誰でも任意に取って耕作できる十分な量の土地が存在する場合には、誰も土地の使用に対して代価を支払わないであろうからである[1]。」というのがそれである。そして、そこからの推論として次のように説く。

「もしもすべての土地が同じ性質をもっていて、その量は無限で、その品質が均一であったなら、それが特殊の位置の利点をもたない限り、その使用に対して何らの代価が求められるはずはない。したがって、土地の使用に対してそもそも地代が支払われるのは、ひとえに、土地が量において無限ではなく、品質において均一ではなく、そして、人口が増加する過程で品質が劣るか、あるいは位置が比較的便利でない土地が耕作に招集されることによる。社会の発展の過程で、第二級の肥沃度をもつ土地が耕作されるようになったときは、地代は直ちに第一級地に始まり、その地代額はこれら二つの土地の品質の差異に依存するであろう[2]。」

「第三級品質の土地が耕されるようになれば、地代は直ちに第二級地に始まり、そしてそれは、前と同じく、その生産力の差異によって調整される。同時に、第一級地の地代は騰貴するであろう。なぜなら、それは常に一定量の資本と労働とをもって産出される収穫の差だ

1　D. Ricardo, On the Principles of Political Economy and Taxation, in *The Works and Correspondence of David Ricardo,* ed. by Piero Sraffa, Cambridge Univ. Press, 1951, p. 69. 小泉信三訳『経済学及び課税の原理（上）』（岩波書店）58ページ。

2　ibid., p.70, 訳書、59ページ。

け、第二級地の地代以上に上がらなければならないからである。人口増加の一歩ごとに、一国はその食物供給を産出しうるようになるため、必ず品質劣等の土地に頼ることを余儀なくされ、それと共にすべてのより肥沃なる土地の地代は騰貴するであろう[3]。」

このように、社会における人口増加とともに、より劣等地への耕作の拡張と優等地での地代の騰貴について説いた後で、リカードは一転して、同一の既存耕地での資本と労働のより集約的な投下に伴う現象について述べている。すなわち、「しばしば起こり、また実際普通に起こることは、第二、第三、第四、第五級もしくはそれ以下の土地が耕されるまでに、既耕の土地に資本が一層生産的に使用されるということである。すなわち、第一級地に投ぜられた当初の資本を倍加すれば、生産物は倍加しないとしても、すなわち100クォーターだけ増加しないとしても、85クォーターだけ増加せしめうること、そしてこの増加量は、同じ資本を第三級地に投じて獲得できるものを超過するということが見出されるかもしれない。このような場合には、資本はむしろ古い土地に投ぜられて、そして同じく地代を作り出すであろう。というのは、地代は常に二つの等量の資本と労働の投下によって獲得される生産物の差額だからである[4]。」と。

この引用文の後半の部分の議論、すなわち、より集約的な資本と労働の投下に伴って生産物の増加量は減少するであろうが（収穫の逓減）、それでもなお耕作をより劣等の土地に広げるよりは有利な結果が得られる場合にはそちらが選択され、そしてこの場合でも、集約的な資本と労働の投下に伴って生産性が低下することによって地代が生じることになる。最初の資本と労働の投下から得られる生産物との差額分が地代として支払われることになるということについて、リカードは、個々の資本家的農業経営者間の競争が作用して資本の利潤率は均等にならざるをえないからであるとする。すなわち、上記引用文に

---

3 ibid., p.70, 訳書、59-60ページ。
4 ibid., p.71, 訳書、61ページ。

続いて、「もしも、ある小作人が1,000ポンドの資本をもって、その土地より100クォーターの小麦を収穫し、そして、第二の資本1,000ポンドをもってさらに85クォーターの収穫を加えるものとすれば、地主は小作期限の満了に際し、彼をして15クォーター、もしくは、それに等しい価値を追加的な地代として納付することをやむなくせしめる力をもつであろう。というのは利潤率が二つあるということはありえぬことだからである。……もしも当初の小作人が拒絶するなら、誰か他の者で、喜んでこの利潤率を超過するものを、ことごとくそれを生じた土地の所有者に提供することを辞さないものが見出されるからである[5]。」そして、結局のところ、「この場合においても、いまひとつの場合（すなわち、耕作の拡張的増大の場合——筆者）におけるのと同じく、最後に投じられた資本は地代を納めない[6]。」というわけである。

　このように、新しい土地の耕作への資本の追加的投入においても、また、既耕の土地でのより集約的な耕作のための資本の追加的投入においても、生産性の低下（収穫の逓減）が生じることに基づいて、それぞれの限界的な資本の投下以外の資本投下では余剰が発生し、それが地代として地主に支払われることを明らかにしたうえで、リカードは、交換価値（価格と読み替えてもらってよい——筆者）、投下労働量（生産費と読み替えてもらってよい——筆者）及び地代の関係について重要な命題を述べている。すなわち、「すべての商品の交換価値は、それが製造品なると、鉱産物なると、または土地生産物なるとを問わず、常に生産上特別の便宜をもつ者だけが享有する極めて有利な事情の下において、その生産に十分足りるより少ない労働量によって左右されないで、このような便宜をもたない者、すなわち最も不利な事情の下に生産を継続する者にとって必然的にその生産に投ぜられるべき、より大きな労働量によって左右される。ここに最も不利な事情

5　ibid., pp.71-72, 訳書、61ページ。
6　ibid., p.72, 訳書、61ページ。

とは、生産物に対する需要に応じるためにはなお、その下に生産を行うことを余儀なくされる、その最も不利な事情のことをいうものである[7]。」と。そして、「したがって、原料の状態の生産物の比較的価値が騰貴する理由は、その取得される最終部分の生産に一層多量の労働が投ぜられるからであって、地主に地代が納められるからではない。穀物の価値は、地代を支払わない土地において、もしくは地代を支払わない資本部分をもって、生産を行う場合の、その生産に投ぜられる労働量によって左右されるものである。穀物は地代が支払われるから高価なのではなく、穀物が高価だから地代が支払われるのである[8]。」と理論上重要な命題を述べている。

　以上、差額地代論と称されることになったリカードの地代論の要旨を、リカード自身の言葉をできるだけ引用するようにして追ってきた。しかし、ここで一つだけ補足しておきたいことがあるので、その点について触れておく。というのは、以上でリカードが論じているのは、彼の言葉でいえば、「土壌の、本源的で不滅の力の使用に対して地主に支払われる地代」についてであって、俗用語で言われている地代ではないということである。後者は、農業家によって年々地主に納付されるものには、何に限らず適用される傾向があり、その中には土地品質の改良、生産物を確保・保存するために必要な建物の建築のために、地主によって投ぜられた資本の使用に対して支払われるものを含んでいることがしばしばである。しかし、「土壌の、本源的で不滅の力の使用に対して地主に支払われる地代」、いうならば純粋な地代のほかに「地代」に含まれているものは、その性質に応じて投下資本の減価償却費ないし資本利子として扱われるべきものであるから、地代論においては峻別することを要する。

　このことを踏まえて、ここでリカードの地代論をまとめてみると次のごとくになろう。

7　ibid., p.73, 訳書、62-63ページ。
8　ibid., p.74, 訳書、64ページ。

(1)　土壌の、本源的で不滅の力の使用に対して地主に支払われる地代は、豊かで肥沃な土地が現存人口を養うのに必要とされる以上にあり余って存在せず、反対に、それが有限で、人力をもって増加することができないことに基づいて生じる。
(2)　土地からの生産物の生産において、土壌の本源的で不滅の力であって特に重要とみられているものは、その肥沃度と位置である。
(3)　産業が発達し（資本の蓄積）、都市が成長（人口の増加）するにつれて、農産物（特に穀物）の需要が増加するが、豊かで肥沃な第一級地が限られていることから、第二級地、第三級地へと穀物生産のための耕作が拡張されることになる。しかし、耕作がより劣等地で行われる場合、土地の等級の違いに応じて同一量の資本と労働の投下に見合う生産量は減少（逓減）する（同じことであるが、反対の見方をすると、生産物一単位当たりの生産費は増加する。）。
(4)　(3)と同じ状況の下で、穀物生産のために既耕の土地に資本と労働がより集約的に投下される場合でも、通常、同一量の資本と労働の追加的投下に見合う生産量は減少（逓減）する（反対の見方をすると、同様に生産物一単位当たりの生産費は増加する。）。
(5)　穀物の価格は、市場において、耕作される限りでの最劣等地での資本と労働の投下、又は既耕地での最後の単位の資本と労働の投下によって生産される穀物を含めて、その需要と供給によって定められるものであって、これらの条件の下での生産費（リカードは、生産に必要とされる労働量といっているけれども）に等しいところに落ち着く。
(6)　耕作地の拡張の限界、又は集約的耕作の限界に至る手前の、限界内の穀物の生産では、その生産費は限界における生産費よりも低いので、そのようなところでは余剰が生じるが、それは生産費に含まれる資本に対する通常の資本利子、及び資本家的農業経営者の通常の報酬を上回るものであり、超過利潤（リカードの言葉では通常の利潤率を超過するもの）であるといえる。
(7)　限界内の生産で生じる余剰、又は超過利潤は、それをもたらすよ

うな有利な土地での生産を願う農業経営者相互の競争を通じて、そういった土地の使用料（地代）として土地所有者に支払われるようになる。
(8) したがって、地代は、そもそも優等な土地の有限性に基因して生じるものであり、その大きさは、土地を使用して営まれる個々の経営の生産性の差異から生じる余剰によって左右される。

（2）マーシャルの地代論

　近代経済学の創始者の一人であり、ケンブリッジ学派の総帥でもあったA.マーシャルは、地代に関するリカードの理論を基本的に継承してそれを理論として精緻化するとともに、その一般化を進めた。

　具体的には、リカードがその理論を専ら農地を対象として展開していた制約を超えて、それを市街地についても妥当するものとして拡充するとともに、土地の本源的で不滅の力の使用に対して支払われる真実の地代のほかに、短期においては土地の上になされる改良物（建物、施設など）についても、そこからの生産物の価格いかんによって、準地代が生じることを明らかにした。以下では、これらの点におけるマーシャルの貢献について順を追って説明することにする。

　まず、農産物の価格、限界生産費及び純生産物（余剰）の地代と、農業経営者の利潤とへの分割（分配）の間の関係が、長期競争均衡の状況の下でどのようになるのかについて、マーシャルは次のように結論づける。すなわち、「(1)生産される生産物の量、したがってまた耕作限界（すなわち、優等地や劣等地へ資本と労働を投下して収益を上げうる限界）の位置は、ともに一般的な需要と供給の状態によって定まる。それらは、一方では需要によって定まる。すなわち、その生産物を消費する人口の数、それに対する人々のニーズの強さ、そしてそれに対する彼らの支払手段（の大きさ）によって。それらは、他方では供給によって定まる。すなわち、利用可能な土地の広さとその肥沃度、そしてその土地を耕作する用意ができている人々の数と資力によって。このようにして、生産費、需要の強さ、生産限界、及び生産

物の価格は相互に一が他を定めるのであり、そのどれであれ、一つが部分的に他のものによって定められると表現することに循環論法は含まれていない。(2)地代として支払われることになる生産物の部分も、もちろん、他の部分と同様に市場に出され、価格に影響を及ぼす。しかし、需要と供給の一般的な状態、又はその相互関係は、地代の取り分及び農業経営者の支出を利益あるものにするのに必要となるその取り分への（純）生産物の分割によって影響を受けない。その地代の額は決定するほうの原因ではなく、それ自身土地の肥沃度、生産物の価格、及び耕作限界の位置によって決定されるのである。すなわち、それは、土地に投下された資本と労働とがもたらす総収益の価値が、耕作限界における状況と全く同様の不利な状況のもとで、それらがもたらしたであろう価値を上回る余剰である。(3)耕作限界からもたらされるのではない生産物の部分について生産費を見積もるのであれば、その見積りに地代のための費用を算入する必要がある。そして、もしこの見積りが生産物の価格を決定する原因の中に用いられるのであれば、この推論は循環論であろう。というのは、完全に結果であるものが、それ自身がその結果であるにすぎないものの原因の一部であるとみなされるからである。(4)限界での生産物の生産費は循環論法に陥ることなく確定できる。他の部分の生産物の生産費についてはそうではない。資本と労働の、利益がある投下の限界における生産費は、全生産物の価格がそれに向かうところのものである。需要と供給の一般的な状態が支配する下で、それが価格を決定するのではない。しかし、それは価格を決定する諸要因に焦点をあてて見えるようにする[9]。」と。

やや長い引用であったが、(1)ではマーシャル流の長期均衡状態での需要と供給による価格と生産量の同時決定論を述べており、(2)では地代となる余剰部分も含めて生産物の価格は市場での需要と供給の状態によって決まるものであって、余剰の大きさ、余剰の地代への分割

9　A. Marshall, *Principles of Economics,* 8th ed., London (Macmillan) 1959, pp.354-355.

（分配）は価格に影響を及ぼすものではない。むしろ、その大きさと分割はそこに示された諸要因によって決められることを明らかにしている。(3)と(4)では、利益がある資本と労働の投下の限界内と限界点での生産費と価格との対比で、価格の説明原理としての単純な生産費説を排して需給説を強調するとともに、地代が土地の本源的で不滅の力に基づいて土地からの生産物の生産において生じる余剰にほかならないことを浮き彫りにしているといえるであろう。

しかし、地代論の発展におけるマーシャルの功績は、地代論を農業地代論としての制約から解き放って市街地にも適用できること明らかにした点に求められる。したがって、次に、この点に関する彼の所説に注目してみることにする。

ここでのマーシャル理論の特徴は、個別企業が享受できる経済（費用節減、効率向上のこと）のうち、外部経済を重視し、また、それとの関係で、企業立地の位置の重要性から、位置の価値を明らかにしている点にある。これらを順に追ってみると、まず、「われわれはすでに、高度な産業組織から生じる経済が、しばしば、ほんのわずかにしか個々の企業の資源に負うところがないかをみてきた。各事業所が自ら手配しなければならない内部経済は、しばしば、産業上の環境の全般的発展から生じる外部経済に比べると極めて小さい。企業の位置は、ほとんど常に、企業が自ら利用できる外部経済の大きさを決めるうえで重要な役割を演じる。そして、一つの敷地がそれに近い豊かで活動的な人口の成長から、又は既存市場との鉄道その他の交通手段の開設から受けとる位置の価値は、産業上の環境における変化が生産費に及ぼすすべての影響の中で最も顕著なものである[10]。」と述べて、経済効率を向上させるうえでの外部経済の重要性と、それとの関係における企業立地上の位置の価値を強調している。

そのうえで、位置の価値そのものについては次のような説明を加えている。すなわち、「農業であるか否かを問わず、もし何らかの産業

10　ibid., pp.365-366.

において二人の生産者が、そのうちの一人が他の者に比べてより便利な位置を占めていて、同一の市場においてより少ない輸送費で売り買いできるという点を除いて、すべての点で同等の設備をもっているならば、その位置が彼に与える有利さの格差は、彼のライバルが余儀なくされる輸送費の超過負担額の合計である。そしてまた、例えば、彼の業種に特に適合した労働市場への近接のような、位置の他の有利さも同様に貨幣価値に換算されると想定することもできよう。そしてそのようにして、それらが合計されたならば、第一の企業が第二の企業に対してもつ位置の有利さの貨幣価値が得られ、もし第二企業が何らの位置の価値ももたず、その敷地がただ農地としての価値しかみられないようなものであったならば、それが敷地の特別の位置の価値となる。より好ましい敷地で得られる余分の収益は、特別の位置の地代と呼ぶことができるものを生ぜしめる。そして、一つの建物用地の総敷地価額は、建物が取り払われて自由市場で売却された場合にそれが得るであろう価値である。「年々の敷地価値」——厳密には正しくはないが便利な表現法を用いると——は、その価格が現行の利子率でもたらすであろう収益である。それは、明らかに農業用の価値の分だけ特別の位置の価値を上回る。もっとも、後者はしばしば比較上ほとんど無視できるほどの数値のものにすぎないのであるが[11]。」というのがそれである。

　なお、外部経済との関連で位置の価値を強調するマーシャルは、当然ながら、それが土地所有者個人の努力や出費と必ずしも結びついているものでないことにも触れているので、ここでそれを指摘しておく。すなわち、「この土地の年々の価値は一般にその「本源的価値」又は「固有の価値」と呼ばれている。しかしその価値の大半は、その個々の保有者のではないにしても、人間の活動の結果なのである。例えば、不毛の荒地がその近くでの産業人口の増加によって突然高い価値をもつということがありうる。所有者たちはその土地を、自然が

11　ibid., p.366.

造ったままに、手をつけないでおいていたにもかかわらずである。したがって、土地の年々の価値のこの部分をその「公共の価値」と呼ぶほうがおそらくより正しいであろう。一方、その個々の保有者の努力や出費に帰すことができる部分は「私的価値」と呼ぶことができる。しかしながら、「固有の価値」や「本源的価値」といった古い用語は、それらが部分的に不正確であることについての注意を付記して、一般的な使用に残しておいてもよかろう。そして、それに有利な先例があるもう一つ別の用語を使用して、われわれは土地のこの年々の公共的価値のことを「真実の地代」と称してよいであろう[12]。」というのがそれである。ここにおいては、リカードの農業地代論が市街地の地代論として見事に転換（土地における自然の恵みから外部性に基因する公共の価値の具現への余剰の転換）されているというほかはないであろう。

　終わりに、マーシャルの地代論への貢献として、準地代概念の提唱があるので、その点について触れておくことにする。

　英国においては土地のほかに、建物や機械の賃貸借においても、それらに対する支払いはすべて地代(レント)と呼ばれている。しかしマーシャルによれば、それらにも真実の地代と類似する点があるので一理はあるものの、やはり重要な相違点（土地のように不増ではなく、長期においては増加しうること）があることから、それらを準地代として区別するのが妥当とするものである。彼自身の言葉では次のように表されている。「土地と人工の設備との間には類似点と非類似点とがある。非類似点があるのは、古くからの国の土地はほぼ（また、ある意味では絶対的に）永続的であって固定された貯量である一方、人工の設備は、土地又は建物への改良物であれ、機械であれ、それらが生産物の生産に役立てられるその生産物に対する有効需要の変化にしたがって増加又は減少させうる流量（原文のまま――筆者）である。しかし、他方、次の点では類似点がある。すなわち、それらのうちのあるもの

12　ibid., p.360.

は速かに生産することができないために、それらが短期においては実際的に固定した貯量であるということ、そして短期においてはそれらから生じる収益は、それらによって生産された生産物の価値に対して、真実の地代と同様の関係に立つというのがそれである[13]。」

マーシャルは、準地代論をこれ以上に進めていないので、これから先は筆者の推論ということになるが、議論の筋からすれば次のことがいえるように思われる。一つは、短期においては、ある設備を利用して生産される生産物の需要が小さい場合、その設備に生じる準地代（約定賃料ではない。）が負になることもあるのではないかということで、いま一つは、長期均衡においては準地代がゼロになるものとして、その場合に設備に帰属される収益は何かということである。前問については、答えは当然にそのとおりで、その結果として当該設備の貯量（先の引用文では流量とあったが——筆者）が減少に向かうものと考えられる。また、後問については、筆者は設備に投下された資本についての資本利子であろうと考えている。

いずれにしろ、地代論を、これまで述べてきたように、近代的地代論たらしめるため、その道筋を拓いたのがマーシャルの功績であったといえる。

（3）ロビンソンの地代論

ケンブリッジでのマーシャルの高弟の一人であったJ.ロビンソンは、『不完全競争の経済学』及び『資本蓄積論』の著者として有名であるが、その前著の中で、地代について独自の議論を展開していて参考となるところが多いので、ここで紹介しておくことにする。

ロビンソンは、リカードやマーシャルの後を承けて出てきているだけであって、土地に地代が発生するのは何故かの地代のそもそも論や、土地以外の人工物にも地代に類似した準地代が生じるのは何故かの準地代論を新たに展開しようとしているのではない。そうではな

---

[13] ibid., p.358.

く、彼女は二人の先行者とは全く異なった視点に立って地代のもとになる余剰の発生を解明しようとするものである。その視点とは、一つの産業（農業、製造業、商業のいずれであってもよい。）の立場に立ってみるということであって、経済全体の問題はさしあたり背後に置かれる。そのうえで、生産要素の産業間の移動に注目しつつ、ある産業の生産物に対する需要変動（例えば、増加）に応じる供給の適応（増加）過程での生産費（殊に生産要素の調達価格に関連した）の変化の仕方（したがって供給曲線の形）に注目して、どのような場合に余剰が生じるかを明らかにしようとするのである。これだけの前置きをして、以下、彼女の所説の要点をたどってみる。

　産業としての観点から考察を進める場合、同一の生産要素が一つの経済社会の異なった産業においていかに評価されているかが問題となる。もしある特定の産業で、ある生産要素を利用しようとするならば、その産業は少なくとも他の産業において当該生産要素に支払われている価格を支払わなければならないであろう。この価格のことを「移動価格」と呼ぶことにする[14]。当該生産要素を現実に利用することによって得られる実際の収益（いうまでもなく、当該生産要素と協働した他の生産要素に関わる費用を差し引いたもの）は必ずしもその移動価格に等しくなく、時にはこれを上回るであろう。実際の収益と移動価格との差が賃料（レント）と呼びうる余剰を構成する[15]。

　このような余剰はいろいろな場合に生じうる。そのいくつかを挙げると、第一に、他産業からすれば異質とされるある生産要素が、その産業からすると同質である場合には、移動価格の最も低いものから利用されるが、その産業が拡大するにつれてより移動価格の高いものを誘引しなければならなくなり、このためにその産業にとっての当該生産要素の供給曲線が右上がりとなる。このような場合には、利用された生産要素の移動価格と実際の収益との間には開差が生じるから、そ

14　J. Robinson, *Economics of Imperfect Competition*, London (Macmillan) 1961, p.104.
15　ibid., p.105.

こに余剰が生じる。例えば、町で食料品店が増加するにつれて、その店舗用に供される敷地が、たとえ食料品販売にとってより優れたものでなくても、他の用途においてはそれがますますより好適になるということがあり、移動価格が上昇する。この場合、限界の敷地の移動価格よりも低い移動価格のものには余剰が生じることとなる[16]。

第二に、上とは反対に、他産業からすると同質の生産要素が、その産業からすると異質である場合には、その生産要素のすべての自然単位の価格は等しいが、能率単位当たりの価格は上昇し、その産業が拡大するにつれて能率単位で測られた供給曲線は右上がりになる。この場合にもやはり余剰としての賃料が生じる。例えば、食料品販売業者たちは、その店舗の数が増加するにつれて、敷地に対して同一の価格を支払う。しかし、食料品店にとっての敷地の収益性は次第に低下する。したがって、移動価格が同じであっても、実際の収益がより大きな敷地については余剰が生じる[17]。

第三は、ある生産要素が、他産業からしても、当該産業からしても異質であって、しかも自然単位の相対的な能率が産業によって異なっている場合には、当該産業に対する生産要素の供給曲線は右上がりとなり、その産業では余剰が生じる。すなわち、一般に、同じ生産要素の範疇に属しながら、異質である生産要素に対する種々の産業の評価における差異は余剰を生じさせる[18]。

以上で、産業の視点からみて、生産要素の産業間移動に伴って余剰が生じる場合があると説くロビンソンの立論を紹介した。もしそれを承認してもらえるのであれば、筆者には、土地については、種々の産業間ないし用途間における、このような質の評価における開差は、特に顕著であると思われる。それは土地の地質、位置などが、異なった用途においてそれぞれ異なった重要性をもつからである。したがって、土地については典型的に余剰が生じることになるし、また、その

16　ibid., pp.111-112.
17　ibid., p.113.
18　ibid., p.113.

不増性のゆえに、生起した余剰がかなりの長期にわたって消滅又は減少することなく維持されることになると考えられる。

　終わりにもう一言つけ加えさせてもらえば、ロビンソンも土地のこのような性質に注目しつつ、一つの敷地が競争の行きつくところで最有効使用される傾向のあることを指摘して、次のように述べている。「このようにして、個々の敷地は階層状になった多数の可能な用途をもつであろう。そして、摩擦のない世界においては、各敷地はその最も利益のあがる用途に向けられるであろう[19]。」と。これは、経済学者が土地の最有効使用について述べた最も古い事例といえるのではないだろうか。

（4）まとめ

　以上、古典派経済学及び近代経済学の代表的なエコノミストによる地代についての経済理論をみてきた。ここではその要点をまとめるとともに、そこから得られる地代（賃料）評価にあたってのいくつかの示唆に触れることにする。

　まず、最も基本的なこととして、経済学では地代（賃料）を、土地に本来備わっている（固有の）属性に基づいて、特定の土地を使用・収益する業者が、他の土地を利用する同業の他業者に対して、輸送費を含めた生産費の点で有利となることによって生じる余剰に基因するものとする。なお、付記すれば、異業種間の土地利用に関わる競合においては、移転価格の上昇に適応できない産業が次第に撤退していくことによって、長期においては土地を最も利益の上がる用途で利用できる産業が土地を使用することになるとみる（最有効使用）。

　こういった見方からすると、地代（賃料）の評価にあたっては、対象である土地の最有効使用（用途）を見極めることと、その使用（用途）における当該土地の利点・不利点について詳細に調査することがその要諦となる。

---

[19]　ibid., p.106.

第二に、リカードでは、特定の土地のもつ有利性を、土壌の肥沃さと位置（特に輸送の観点からの）といった「土地の、本源的で不滅の力」に基づかせていたけれども、これは、彼が生きていた時代は世界に先駆けて産業革命が勃興しつつあったイギリスにおいてもなお農業が最大の産業であったこと、及び農業では土地の等級別の格差と地代の格差との関係がかなり明瞭になっていたことによるのではないかと思われる。

　特定の土地が本来もっている自然的な属性（地質、形状、位置、水運の利用可能性など）は、農業においてはその有利性を左右するうえで決定的な役割を果たすことは疑いないが、農業以外の業種ではその重要性は多かれ少なかれ減じると考えてよいであろう。

　第三に、農地から市街地に目を転じたマーシャルは、企業活動の効率を高めるうえでの外部経済の重要性を強調したこととあいまって、個別敷地の特性の中でも特にその位置のもつ意味を重視した。「企業の位置は、ほとんど常に、企業が自ら利用できる外部経済の大きさを決めるうえで重要な役割を演じる。」というわけである。ここから、位置の違い→企業が享受できる外部経済（効率）の違い→余剰（地代の源泉）の発生＝位置の価値という規定関係をみてとることができる。

　ただ、こういった大きな規定関係のあることは認められても、現実にはロビンソンが指摘しているように、それぞれの業種ごとに外部経済の内容や、それとの関係で具体的な位置の良否が異なるので、地代（賃料）の評価にあたっては、評価主体が業種ごと、さらには業態ごとに、製造、販売全般にわたって、ある程度の知識をもっていることが必要となるといわなければならない。

　最後に、企業が特定の敷地に立地することによって享受できる外部経済は、そのかなりのものが公共の価値とみられるが、それらが生じる元となっているものについても留意する必要がある。この点ではマーシャル自身も「鉄道その他の交通手段の開設」という具合に、いわゆるインフラの整備を指摘するだけでなく、都市人口の成長や労働

市場への近接といったもっと広い範囲の産業にとっての環境にも言及していることから明らかなように、評価の事案によってはそれぞれに応じた広・狭の地域分析を通じて、特定の敷地の有利性について具体的に、かつ説得力がある形で明確に示すことが必要であると思われる。

2. 賃料（地代）の構成要素及び支払時期等

　これまで賃料（地代）の経済理論について述べてきたが、そこでいうところの賃料は、借地人が借地を利用して得ることができる超過利潤（余剰）が賃料（地代）として借地権設定者である地主に対して支払われる場合における借賃を指すものであり、真実の地代ないし純粋の地代ともいえるものである。しかし、現実において借地人が地主に対して支払う賃料は、これだけで成り立つのではなく、そのほかに土地の賃貸借を継続するために通常必要とされる諸経費等（以下「必要諸経費等」という。）が加算される。したがって、通常、賃料といわれているものは、純粋の賃料（以下「純賃料」という。）及び必要諸経費から成り立っていると理解しておかなければならない。
　賃料にこのような必要諸経費が加算されるようになるのは、民法第606条に「賃貸人は、賃貸物の使用及び収益に必要な修繕をする義務を負う。」と定められていることから明らかなように、賃貸人としては、賃借人が賃貸物を目的どおりに使用及び収益できる状態に保っておく義務を負っているわけで、その代わりに、そのために要した費用、すなわち必要諸経費を含めた賃料を受け取る権利を得るということである。賃貸物が土地である場合には、建物である場合に比べて必要諸経費の項目はそれほど多くはないが、それでも維持管理費（維持費、管理費、補修費等）、公租公課（固定資産税、都市計画税等）等の項目をあげることができる。
　次に賃料の支払時期については、同じく民法第614条に「賃料は、

動産、建物及び宅地については毎月末に、その他については毎年末に、支払わなければならない。」と定められていることによって、建物所有を目的とする土地の賃貸借の場合は毎月末である。ただし、賃貸人が望み、賃借人がそれに同意する場合には、何年か分の賃料をまとめて契約締結の当初において一時金の形で前払いするようなことは可能である。

また、上記の賃料の前払いとは別に、保証金、敷金等の名目で何カ月分かの賃料を賃借人が賃貸人に預託することを賃貸借契約で定めることもできる。

このような一時金の授受がある場合には、各支払時期ごとに支払われる賃料（鑑定評価上、「支払賃料」と呼ばれる。）のほかに、各期ごとに算定される一時金の運用益やその償却額を賃料に加算してその総額（鑑定評価額上、「実質賃料」と呼ばれる。）を求める必要がある。

Ⅱ　土地、底地（権）及び借地権の価格

1. 土地の価格

　土地（大別すると素地及び用地となるが、特別の場合を除いて特に区別することなく総称されることが多い。ここでもその慣行に従う。）は、ごく特殊のものを除いて、一般に人間の手によって造られたものでなく、用地として整備する費用を別にすれば、生産費を要したものではないので、本来的に経済価値をもつものではなかった。しかし、前節で述べたような特定の土地の有用性（効用）とその有限性（希少性）に基づいてその利用（使用）に対する需要が高まることによって、それぞれの土地に経済価値が認められるようになった。そして、近代になって私有財産制度や市場経済制度といった制度的なインフラが国によって整備されると、土地を所有するには、その経済価値に見合った対価（交換価値を貨幣額で表示した価格ないし価額）の支払いを要することになった。

　このように、土地を保有して使用・収益することによって発揮される土地の有用性（具体的には余剰又は純収益）が土地の経済価値の基礎となることから、土地の経済価値はそれから得られる余剰又は純収益によって定められるということがいえる。

　ところで、土地は「不滅」であって、永続的と考えられるので、土地の経済価値はそこから得られる永続的な純収益に基づくとしなければならない。しかし、市場経済では、将来得られる経済価値は、将来のことには不確実性が伴うということから、一般に、現在手にしている又は手にし得る経済価値よりもその価値が低いとみられて割り引かれるので、土地から得られる純収益の総体を考える場合にもそのような配慮が必要になる。

　このように考慮すると、土地からの純収益の総体としての経済価値

は、次の式の形で示されることになる。

$$P_L = \frac{A_1}{1+r} + \frac{A_2}{(1+r)^2} + \frac{A_3}{(1+r)^3} + \cdots\cdots \quad (1)$$

ここでP_Lは土地の価格、A_1、A_2、A_3は1年目、2年目、3年目の土地からの純収益、rは土地からの純収益を割り引く際に適切とみられる割引率である。

この式は右辺の項が無限に続くとみられるので、ここでもしA_1、A_2、A_3……を安定した純収益Aに置き換えることができるとすると、無限等比$\left(\dfrac{1}{1+r}\text{が公比}\right)$級数の和の公式を用いて、

$$P_L = \frac{A}{r} \quad (2)$$

と書き換えることができる。(2)式は鑑定評価でいう永久還元又は直接資本還元の式である。

もちろん、このように簡単な式に当てはめて土地の価格を表現できるようになるためには、そこに至るまでの実務上の各段階における緻密な作業が必要となるわけであるが、ここではそれらに触れないで先に進ませていただくことにする。

2. 底地(権)及び借地権の価格

第1章で述べたように、土地所有者が自らその所有地を使用・収益するのではなく、それを他人に賃貸して、賃借人が使用・収益することを容認した（借地権を設定した）ときは、土地の完全所有権が底地(権)と借地権に分割されることになる。

そこで、以下で底地(権)と借地権の経済価値（価格）を考えるにあたって、改めて土地に関わるこれらの権利の主な内容（義務も含めて）について示してみると、次のごとくである。

底地（権）

権　利	必要経費を含めた約定賃料の収受	期間満了時に土地の復帰
義　務	貸地についての維持管理	
差引き	純賃料	期間満了時に土地の復帰

借地権

権　利	借地使用による純収益	
義　務	必要経費を含めた約定賃料の支払	期間満了時に土地の明渡し
差引き	上記の差額＞０、又は＝０、又は＜０	期間満了時に土地の明渡し

　上記について少し説明を加えると、地主と借地人との間で受け渡しされる賃料（必要経費を含む。）は約定賃料である。この賃料は、合理的に考える限り、当初においては、当然市場賃料相等のものであるはずであるし、それはまた、通常の能力をもつ借地人であれば、借地を利用して上げうる純収益（土地に帰属できる純収益）に見合ったものであるはずである。しかし、賃料についての合意をみてから時間が経って市場賃料が変動すれば、約定賃料との間で乖離が生じることとなる。また、借地人が現実に借地使用によって上げる純収益も、個々のケースにより、また時間の経過により様々に変動する。このため、借地権の表の差引きの欄では、表示が一定していない。なお、念のため付言すれば、不動産（に関わる権利利益）の価値を考える場合には、当然のことながら、その利益が不動産に帰しうるものでなければならないので、借地人の能力の違いについても然るべき考慮を払っておく必要がある。

　そこで、上記の表に基づいて底地(権)及び借地権の経済価値（価格）を表示するため、ここで以下のように記号を定めることにする。

　　まず、価格群（１m²当たり）………完全所有権価格 P_s、底地権価格 P_f、借地権価格 P_h、借地権存続期間（n年）満了時の土地の復帰価格 P_{sn}

　　次に、純賃料群（１m²当たり）……市場(経済的)賃料 R_m、約定賃料 R_c

最後に、土地に関わる純収益の割引率 r

これらの記号を用いて、また、簡単化のために、借地権の設定に際して、地主が賃借人の土地の使用に関して、特に制限を加えなかった（換言すれば、借地人が土地を最有効使用することを了承していた）とすると、先の(2)式は、

$$P_s = \frac{R_m}{r} \quad (3)$$

と書き直すことができる。

また、借地権の設定に伴い完全所有権が底地権と借地権に分割されることは、

$$P_s = P_f + P_h \quad (4)$$

と表現できる。

さて、底地権の価格は、前記の表に示す底地権の経済的利益に基づくものであるから、それを式の形で表すと次のごとくになる。

$$P_f = R_c \frac{1}{r} \left\{ \frac{(1+r)^n - 1}{(1+r)^n} \right\} + \frac{P_{sn}}{(1+r)^n} \quad (5)$$

右辺の第1項は、借地権存続期間（n年）にわたる約定賃料が固定しているとする単純化の下で、複利年金現価率を用いてそれらの現在価値を求めたものである。また、その第2項はn年先の土地の復帰価格の現在価値を示している。もし、約定賃料について改定がなされるであろうことを考慮に入れるのであれば、第1項はそれに合わせて変化した約定賃料とその時期ごとに割引計算されたn個の項からなるものとして表される。また、借地権存続期間満了時の土地の復帰価格 P_{sn} について何らかの想定を設けるのであれば、それに合わせて別の記号で表すことができる。普通一般的には評価時点での土地の価格 P_s が想定されるようであるから、その場合は第2項は $\frac{R_m}{r} \times \frac{1}{(1+r)^n}$

と表されよう。

一方、借地権のほうはどうか。借地権でも地上権である場合は、物

件であるから、借地権設定者の承諾なしに、単独で自由に取引できるので、単独の取引価格が成立すると考えられる。これに対して、土地の賃借権である場合には、その譲渡、転貸には借地権設定者の承諾が必要であるという制約を受けることになり、単独での取引はそれほど多数にみられることがないように推定される。しかし、借地人の所有する建物の譲渡に伴って賃借権も譲渡されるというケースは、ごく普通にみられるところである。いずれにしても、このような譲渡における借地権の価格がここでの問題である。

借地権の価格も、前記の表に示す借地権の（借地を使用して得られる）経済的利益に基づくものであるから、さしあたって、それは「借地使用による純収益」から「必要経費を含めた約定賃料支払額」を控除した額として把握されることになる。しかし、この純収益の中に借地人の特別の能力による超過利潤が含まれているようなことがあれば、それは土地に帰属できるものではないので、除外して取り扱われなければならない。したがって、結局のところ、上記の純収益を土地に帰属しうる純収益と限定することになるが、それならば市場（経済的）賃料で置き換えてもさほどの差し支えはないであろう。もしそうするのであれば、借地権の価格は市場賃料と約定賃料という二つの賃料の差額（$R_m - R_c$）及びその持続期間に依存することになる。

これを式の形で表せば次のごとくである。

$$P_h = \frac{R_m - R_c}{r} \left\{ \frac{(1+r)^n - 1}{(1+r)^n} \right\} \quad (6)$$

なお、念のためにいえば、一国が産業化若しくは産業高度化、並びに人口増加による拡張期にある場合は、新規に設定される借地権に伴う（新規）賃料は一般に上昇趨勢をもつが、約定賃料のほうは、認知ラグ、賃料改定に要する交渉期間、とりわけ交渉力（特にわが国では借地権に対する借地法による保護の効果に留意）のために仮に改定されるにしても遅れを伴い、また、小幅になりがちであるので、$R_m - R_c$は正の値をとって、いわゆる借り得が生じるのが常態である。しかし、いわゆるポスト工業化の時代に入り、人口も少子高齢化によっ

て減少気味の成熟社会にあっては、$R_m - R_c$がいつでも正値をとるとは限らず、地域によっては負値に転換するようなところも出てくるようになる。こうなれば、借地権はあっても借地権価格はないという事態が各地にみられるようになると思われる。こういった事情については次章以後に改めて考察することにしたい。

第3章

米国における賃借権付着不動産権、不動産賃借権の価格、鑑定評価及び補償

I 米国における賃借権付着不動産権と不動産賃借権

　第1章で述べたように、わが国では戦前及び戦後を通じて一貫して建物及び借地権の保護、強化が進められ、その行き過ぎのゆえに借地制度が十分機能しえなくなるような事態になったので、ようやくその是正、修正が図られることになった。その成果といえるものが借地借家法の制定であるが、その眼目は定期借地権、定期借家権の導入である。他方で、わが国は敗戦の辛酸をなめた後、官民あげての欧米に追いつけ、追い越せのたゆまぬ努力（具体的には生産性向上、省エネ等における創意工夫と努力）の結果、30年近くの長期にわたって高度成長を達成して、「ジャパン・アズ・No.1」と称賛される[1]ほどになった。しかし、その後はポスト工業化の時代に入り、また、ほぼ同時に人口についても少子・高齢化が進行して、いまでは急速に安定成長で、かつ成熟した社会に移行しつつある。

　筆者には、これらの事象はすべてこれからのわが国の借地、借家制度の作動様式に根本的な変化をもたらすものであると思われる。そこで、定期借地・借家制度が定着しており、かつ経済的にも比較的に安定成長が続いているとみられる国において、借地・借家制度がどのように機能しているのかを調べてみることは、あながち無駄ではないと考えられるので、以下では米国の事情について紹介するとともに、そこから得られる示唆について私見を付け加えてみることにする。

1. 不動産の完全所有権はもろもろの権利の束である

　米国においては、不動産の最も完全な私的所有権は、fee simple in-

1　Ezra F. Vogel, *Japan as Number One: Lessons for America,* Harvard Univ. Press, 1979. エズラ・F・ヴォーゲル著、広中和歌子、木本彰子訳『ジャパン・アズ・ナンバーワン：アメリカへの教訓』（TBSブリタニカ、1979年）。

terest（以下では「不動産完全所有権」の訳語で表す。）と呼ばれ、次に示す制約を受けることを除いて、他のいかなる権利利益又は所有権によっても妨げられることのない絶対的な所有権である。その制約とは、課税、収用、警察、及び（所有主のない財産についての）国庫帰属に関わる政府の権限によって課せられる制約をいう[2]。

以上のようであるから、具体的にいえば、完全所有権の中には次のような諸権利が含まれる。

・そのうちの一つの権利利益を売却する権利
・そのうちの一つの権利利益を賃貸する権利
・その不動産を占有する権利
・そのうちの一つの権利利益を抵当に入れる権利
・そのうちの一つの権利利益を贈与する権利

したがって、米国では、逆に、完全所有権をこれらの「権利の束」とみなすような理解が一般に受け入れられているように見受けられる。

現実においては、市街地で完全所有権の不動産（土地だけの場合は、わが国では「更地」と呼ばれることになる。）が存在するのはまれであろうが、鑑定評価上はもろもろの評価方法の適用にあたっての基準として欠くことのできない概念である。

2. 不動産に対する部分的な権利利益

一つの不動産に対する部分的な権利利益は、所有権の形態、資金調達の方法等に関連して形成されることもあるが、以下では賃貸借という法律行為によって形成される不動産に対する二つの部分的な権利利益、すなわち leased fee interest（土地だけの場合は、わが国では

---

[2] The Appraisal Institute, *The Appraisal of Real Estate*, 13th ed., The Appraisal Institute, 2008, pp.111-113.

「底地」と呼ばれ、建物も含む場合は「貸家及びその敷地」と呼ばれている。以下では「賃借権付着不動産権」と総称する。）及び lease-hold interest（わが国では「借地権又は借家権」となるが、以下では「不動産賃借権」と総称する。）について述べることにする。

なお、特別の場合には不動産賃借権から追加的に subleasehold（「不動産転借権」と訳出する。）と称される権利利益が作り出されることもある。

賃借権付着不動産権は、賃貸人又は地（家）主（ランドロード）の権利利益である。地（家）主は、賃貸借契約によって他人に使用及び占有の権限を譲渡した特定の不動産権を有する。貸主（賃借権付着不動産所有者）及び借主（不動産賃借権者）の権利は賃貸借契約に含まれている契約条項によって定められる。賃貸借契約の、それぞれ独自の細目は異なるが、一般に貸主が賃借権付着不動産から得るものは次のものである。

・明記された条件に従って借主が支払う賃料
・賃貸借契約の満了時に不動産を取り戻す権利
・債務不履行条項
・借主の権利には従うが、賃貸借期間中に、不動産を売却、抵当入れ、又は遺贈する権利を含めて、処分する権利

賃貸借契約書が法律的に交付されると、貸主は、賃貸借期間中賃借人に当該不動産を明け渡し、賃貸借契約条項に従わなければならない。

賃貸借契約の期間中、特定された賃料、契約当事者、又は賃貸借契約中のいかなる条項にもかかわらず、不動産に対する貸主の権利利益は賃借権付着不動産権とみなされる。賃貸借された不動産は、市場賃料と一致した賃料をもつものであっても、完全所有権ではなく賃借権付着不動産権として鑑定評価される。賃料又は賃貸借条件が市場の条件と一致しない場合であっても、賃借権付着不動産権は特別の考慮を払われるべきであって、賃借権付着不動産権として鑑定評価される。

不動産賃借権は、借地人又は借家人（以下では、特別の場合を除いて「賃借人」と総称する。）の不動産権である。賃貸借契約が締結さ

れると、通常、賃借人は賃貸借の存続期間にわたって目的の不動産を占有し、(もしそれが賃貸借契約によって許容されていて、賃借人がそれを望むのであれば) その不動産を転貸し、また、おそらくは、賃貸借契約において定められている制約の下でその不動産を改良する権利を得る。その代わりに、賃借人は賃料を支払い、賃貸借期間の満了にあたりその不動産を明け渡し、(もしその定めがあるのであれば) 賃借人が修正又は建造した改良物を取り除き、そして賃貸借契約の条項に従う義務を負う。賃借人の最重要な義務は賃料を支払うことである。

約定賃料と市場賃料との間の関係は不動産賃借権の価値に大きな影響を及ぼす。もし約定賃料が市場賃料よりも低く、賃借人に借り得が生じているのであれば、不動産賃借権が価値をもっているかもしれない。このような関係は、次には、賃借権付着不動産権の価値に影響を及ぼすことになりそうである。市場賃料よりも低い固定賃料が負担となっている賃借権付着不動産権の価値は、何の妨げもない不動産完全所有権又は市場水準の賃料をもった賃借権付着不動産権よりも低いかもしれない。約定賃料が市場賃料よりも高いときは、不動産賃借権はマイナスの価値を持つといわれる。しかしながら、賃借権付着不動産権のこの貸し得は市場性をもたないかもしれない。このような状況においても、賃借人はなお当該不動産を占有する権利をもっており、借り損であるにもかかわらず、占有を続けることをよしとする他の利益を得ているかもしれない。また、借り損が賃借人の事業を危ういものとし、占有継続のリスクを高めることもありうる。

権利の束理論の下では、一つの契約は権利の束を変えるものではないが、不動産の価値に影響を及ぼす厄介物になるかもしれない。賃借権付着不動産権及び不動産賃借権の双方にマイナスの影響を及ぼす出来の悪い賃貸借契約は、これらいずれの権利の市場価値をも減少させることになり、その負担と契約が定める要件によっていずれもが価値のないものになることもありうる。同様に、市場賃料を上回る約定賃料は賃借権付着不動産権の所有者にとって貸し得をつくり出すが、こ

の貸し得は、不動産完全所有権の市場価値を変えはしない。変えられるかもしれないものは、賃借権付着不動産権がつくられ、それがその賃貸借契約によって負担をかけられるようになった、そういう賃借権付着不動産権の価値である[3]。

3. 不動産賃貸借契約の分析

　不動産賃貸借契約に基づくもろもろの権利に帰属する収益は、一般に賃貸借契約書の交付と効力によってもたらされる。賃貸借契約書は、特定された賃料の反対給付として、特定された期間、所有者が他人に土地又は建造物を占有して使用する権利を譲渡することを定めている文書である。このため、それらの権利の経済価値を鑑定評価するためには、まずもって、対象不動産に適用されるすべての既存の契約書及び提案されている契約書を調査・研究することを要する。これらの賃貸借契約書から、賃料及びその他の収益についての、また、賃貸人と賃借人との間での費用の分担についての情報が得られるからである。加えに、賃貸借契約の特質を十分に理解するためには、対象不動産と競合する不動産の賃貸借契約書について調査・研究することが必要である[4]。

(1) 賃貸借のタイプ

　賃貸借契約書はどのような状況にでも合うように作成できるが、大抵の賃貸借は次の大分類のうちのどれかに分類される。すなわち、固定賃料型、傾斜賃料型、再評価賃料型、指数賃料型及び歩合賃料型がそれである。賃貸借は、貸主が当該不動産の運営費用のすべてを支払う総賃料ベースでか、又は借主がすべての運営費用を支払う純賃料

---

[3] ibid., pp.114-115.
[4] ibid., pp.450-452.

ベースで適用されうる。賃貸借条件がこれら両極端の中間にきて、貸主と借主の間での費用の分担について定めるのはよくあることである。賃貸借は、また、その存続期間によっても分類されうる。すなわち、月極め、短期（5年又はそれ以下）、又は長期（5年以上）がそれである。

固定賃料型　固定賃料型賃貸借契約では、ある高さの賃料を定め、その賃料が賃貸借の存続期間を通して継続して適用される。安定した経済においては、このタイプの賃貸借が典型的であり、受容されやすい。しかし、変化する経済においては、変動する市場条件により反応しやすい賃貸借契約が好まれる。インフレが進む時代においては、固定賃料型賃貸借は短期のものとなる傾向がある。

傾斜賃料型　傾斜賃料型賃貸借契約は、賃貸借存続期間中の一つ又はそれ以上の時点での賃料額の定まった変更について規定する。

　当初において低めの賃料支払いを容認する逓増型賃貸借契約は、新しい立地で企業を起こそうとしている借主にとって有利なものであろう。この型の賃貸借契約は、賃貸借の当初の期間において、効果的に償却される不動産への借主の支出に考慮を払ったものとして活用することができる。土地の長期の賃貸借契約には逓増する賃料についての規定を含めることもある。それは、将来における不動産価値の増大の予想を反映し、貸主の投資の購買力を保護するためにである。不動産の価値は、通常、増大すると予想されるので、賃借人がそれに見合って、より高い賃料を支払うことが予想されているというわけである。

　逓減型賃貸借契約は逓増型賃貸借契約ほど多くはみられない。それは、一般に将来における賃借人の魅力の減退の可能性のような特殊な不動産と結びついた例外的な状況を、又は長期賃貸借の当初の数年間での内部造作の資金回収を反映させるために用いられる。

再評価賃料型　再評価賃料型賃貸借契約は、それぞれの時期の市場

条件の下での不動産の再評価に基づいて、定期的に賃料の改定を行うことを定める。再評価賃料型賃貸借契約は長期のものになる傾向があるが、中には更新オプション賃料付きの短期のものもある。更新オプションが行使された場合に、不動産の再評価に基づいた賃料が適用されるというわけである。契約両当事者が再評価額について合意に達し得ない場合、鑑定評価又は調停による再評価を賃貸借契約書において規定しておくこともできる。

指数賃料型　　指数賃料型賃貸借契約は、一般に、長期のものであって、国が発表する生計費指数のような特定の指数の変化に基づいた定期的な賃料改定について規定する。消費者物価指数（CPI）が指数としてしばしば選択される。

歩合賃料型　　歩合賃料型賃貸借契約では、賃料の一部又は全部が、賃借人の達成した総売上高、生産性、又は使用高の一定パーセントに基づいたものとなる。歩合賃料型賃貸借は、短期又は長期いずれのものでもありうるが、小売業用不動産において最も多く用いられている。単純な歩合賃料型賃貸借契約では、最低賃料額を定めないこともあるが、大抵のものは、特定された水準を上回る売上高に基づいて支払われるべき歩合、又は傾斜歩合賃料を伴う最低保障賃料を定めている。

（2）賃貸借契約のデータ

典型的な賃貸借契約に含まれているデータには、以下のものがある[5]。

- ・賃貸借契約の締結された年月日
- ・賃貸借契約が登記されているのであれば、その参照情報
- ・賃貸借された不動産の法定の記述又は他の認証

5　ibid., pp.474-480.

- 貸主すなわち所有者の氏名
- 借主すなわち賃借人の氏名
- 賃貸借契約の存続期間
- 占有の年月日
- 賃料支払開始年月日
- 賃料の金額、これには歩合賃料条項、賃料傾斜、エスカレーション条項、及び支払条件も含めて
- 賃料譲許、これには割引又は特典も含めて
- 地（家）主の契約条項、すなわち不動産の所有者が責任を負う税金、保険、維持管理のような諸項目
- 賃借人の契約条項、すなわち賃借人が責任を負う税金、保険、維持管理、電気・ガス・水道、及び清掃費用のような諸項目
- 譲渡又は転貸の権利、すなわち借地権又は借家権が譲渡又は転貸できるのか、どのような条件のもとでか、また譲渡によって最初の賃借人は将来の債務を免れるのか
- 更新オプション、これには必要な予告期間、更新の条件、賃料、及びその他更新条項も含めて
- 買取りオプション
- 免責条項
- 保障預託金、これには前払賃料、保証金、又は賃借不動産の改良のような項目のための賃借人の支出も含めて
- 事故による損失、すなわち火災又はその他の災害の後でも賃貸借契約が継続するのか、そしてどのような基準に基づいてか
- 賃借人による改良物、これにはそれらが賃貸借契約満了時に移転させうるのか、そして誰に所属するのかも含めて
- 収用、これには当該不動産の全部又は一部が当局によって収用された場合の貸主及び借主それぞれの権利も含めて
- 再評価条項
- 特約

典型的なオフィス賃貸借契約を分析するためのサンプルとなる書式

図3-1　オフィス・スペース賃料作業表

建物：...
部屋番号：..　階：..
貸主：...
借主：...
不動産：　　階..........賃料算定エリア..............利用可能エリア..............損失要因..............
期間：　　　開始...満了..
基本賃料：..　CPI..
傾斜：..

エスカレーション：...
　不動産税　　　　..
　ポーター賃金　　..
　運転経費　　　　..
　エネルギー　　　..
特殊条項（例えば、修理、等）：...

どちらが支払うか：	貸　主	借主	ストップ	1平方フィート 当たり基本額
賃借人の電気	(　　)	(　　)	(　　)	(　　)
建物の電気	(　　)	(　　)	(　　)	(　　)
賃借人の暖房空調	(　　)	(　　)	(　　)	(　　)
建物の暖房空調	(　　)	(　　)	(　　)	(　　)
借地人スペースの清掃	(　　)	(　　)	(　　)	(　　)
共用スペースの清掃	(　　)	(　　)	(　　)	(　　)
燃料	(　　)	(　　)	(　　)	(　　)
修理及び管理	(　　)	(　　)	(　　)	(　　)
屋外	(　　)	(　　)	(　　)	(　　)
インテリア	(　　)	(　　)	(　　)	(　　)
火災保険(建物)	(　　)	(　　)	(　　)	(　　)

譲渡又は転貸の可否及びその際の条件等：...
更新オプション：...
何回...何年ごと...
新賃料..
....

新エスカレーション（及び基準年）：...
新賃料算定エリア又は損失要因：..
賃貸借契約が当初締結されたときのビルの占有（又は地位）：.....................................
コメント：..
....
....

を図3－1で示す。賃料、賃料譲許、経費の分担、更新オプション、エスカレーション条項、買取りオプション、免責条項、及び賃借人による改良物についての賃貸借データに特別の注意を払うべきである。

賃料　　賃借人によって支払われるべき収入額は基本的な賃貸借データである。鑑定人はあらゆる源泉からの賃料に考慮を払う。それには基本又は最低賃料、約定賃料、歩合賃料、及びエスカレーション賃料が含まれる。賃料収入の源泉ははっきりと識別されなければならない。

賃料譲許　　不動産市場が供給過剰であるとき、家主は、特定された期間賃料無料又は賃借人用の特別の改良物のような譲許を賃借人に与えることがある。ショッピング・センターの賃貸借契約では、小売店の賃借人は、しばしばインテリアの店舗改良物に対して賃料クレジットを与えられる。賃料譲許は、すべて、市場の条件及び貸主と賃借人の相対的な交渉力から生じる。

貸主／借主の経費分担　　大抵の賃貸借契約は、税金、電気、ガス、水道料金、暖房、修理、及び賃貸された不動産を維持、運営するのに必要なその他の費用を支払うべき貸主と借主の義務について略述する。鑑定人は、分析する各賃貸借契約における経費の分担を確認し、対象スペースの賃料及び見積もられた賃貸価値を比較可能なスペースのそれと比較すべきである。

更新オプション　　借主に1期もしくはそれ以上のあらかじめ定められた期間賃貸借期間を伸長することを許す更新オプションは、しばしば短期及び長期の賃貸借契約に含まれている。典型的な更新オプションは、借主がこのオプションを行使する意図を予告し、更新期間の長さ、並びに賃料又は支払われるべき賃料を決定する方法について確認することを求めている。オプションによる賃料は元の賃料、又は賃貸

借契約が結ばれた時に決定された水準に決定されることもあるし、また、オプションが行使された時に確定している手続又は算式によって算定されることもある。更新オプションは貸主を拘束するものであるが、借主には更新の時点での一般情勢をみて、結論に達することを許容する。したがって、更新オプションは、一般に、貸主にではなく、借主に有利なものとみなされる。

エスカレーション条項　経費ストップ条項は、しばしば、総賃料又は固定賃料型賃貸借契約に付け加えられる。経費ストップ条項は、特定された運営経費の増加額は借主の債務であると定める。賃借人が多い小売用又はオフィス用建物では、増加した経費は、通常、賃借人が占有する場所に比例にして、又は何か他の基準に基づいて賃借人の間で比例配分される。そして、比例配分された配分額は賃借人の賃料に加算される。

　ときには、一つのストップ条項だけで、賃借人に回されるべきすべての経費をカバーするよう用いられることがある。それに代えて、個々の経費項目について一つの条項が定められることもある。例えば、税金ストップ条項は、定められた水準を上回る税金の増額は賃借人に回されることを定める。一つ以上の経費ストップがあるときには、一つのカテゴリーの経費の増加が他の経費の減少によって相殺されないために、経費が回されるということになっている可能性がある。

　エスカレーション支払額は、しばしば、地域の賃金（率）、又は消費者物価指数（CPI）のような指数の変化に基準をおいている。例えば、ニューヨーク市では、ポーター賃金エスカレーション算式がしばしば用いられている。ポーター賃金率であり、ポーター組合の組合員であるオフィス労働者に支払われる時間賃金である賃金率の各1セント増は、スペース1平方フィート当たり1セント半の増加をもたらす。エスカレーション条項の中にはあまりに広い範囲にわたって作成されているので、賃貸借契約がほとんど純賃料ベースで適用されてい

るようになっているものまである。

買取りオプション　幾つかの賃貸借契約は、借主に賃貸不動産を購入するオプションを付与する条項を含んでいる。あるケースにおいては、このオプションは賃貸借契約満了時点でか、契約期間中のある一つ、もしくはそれ以上の時点で行使されなければならない。他のケースにおいては、このオプションはいつでも利用可能である。オプション価格は固定していることもあるし、経験的な算式又は減価償却された簿価に基づいて定期的に変更されることもある。買取りオプションであって、第三者が購入の申入れをした場合にのみ、借主に当該不動産を買い取る権利を付与するものもある。この条項は第一番の拒絶権と呼ばれている。

　買取りオプションのあることは市場性を制約する可能性がある。決まった価額のオプション価格は賃借権付着不動産権の市場価値の限界を表すものになるかもしれない。

免除条項　免除条項は、通常では賃貸借契約取消しの正当化とみなされないであろう状況のもとで、賃借人が賃貸借契約を取り消すことを許容する。例えば、収用又は不慮の損傷条項は、収用又は損傷による損失によって事業の継続に重大な障害が生じた場合に、賃借人が賃貸借契約を取り消すことを許す。損傷条項では貸主が一定の合理的な期間必要な修理の実施を先延ばしし、その間適当な賃料の減額を行うことを定めることもある。貸主によっては、用地の売却又は再開発の見込みを残しておくため賃貸借契約に取壊し条項を含めることもある。このタイプの免除条項は賃料水準や市場価値に影響を及ぼすこともあろう。

占有継続条項　賃借人が多数いる不動産が、ある賃借人の占有の継続を、他の賃借人が入居しているという状況に関わらしめて、その条件としている賃貸借契約の下にあるかもしれない。アンカーとなって

いる賃借人の賃貸借期間中での引き払いの決定は、他の賃借人の引き上げを早めることになろう。ショッピング・センターの鑑定評価では、現行の賃貸借契約の期間満了の時、又はそれ以前にアンカー賃借人の退去の蓋然性について慎重に分析する必要がある。このことは衛星的な店舗が、それらの占有継続を、アンカー賃借人の占有継続を条件とする賃貸借契約を結んでいるか否かにかかわらず真実である。アンカーがショッピング・センターから出た場合、小さな店舗はしばしば営業を続けることができない状況になる。

賃借人の改良物　　賃借人による大規模な改良物は賃貸借の賃料に影響を及ぼすことがある。資本的支出が貸主によってなされたときは、その償還は、賃貸借の全部又は一部の期間にわたって貸主の支出を償却する賃料増額によって達成されることになろう。もし資本的支出が賃借人によってなされたときは、貸主は賃貸借の全部又は一部の期間にわたって当該賃借人の賃料を市場水準以下に下げるかもしれない。

4. 賃料の分析

　投資用不動産の収益は主として賃料から成る。異なったタイプの賃料は収益還元法において調査し、研究される収益の質に影響を及ぼす。五つのタイプの賃料は、約定賃料、市場賃料、超過賃料、歩合賃料、及び上乗せ賃料である[6]。
　約定賃料は、賃貸借契約において、特定された実際の賃料収入である。それは地主（家主）と賃借人によって合意された賃料であって、市場賃料よりも高い、低い、又はそれと同じということがある。
　市場賃料は、ある不動産が公開市場で最もそれに値しやすい賃料である。それは、鑑定評価時点において比較可能なスペースについて支

6　ibid., pp.453-456.

払われており、また、請求されている現行の賃料で示される。市場賃料は、ときには**経済賃料**と呼ばれる。

　超過賃料は、鑑定評価の時点において約定賃料が市場賃料を上回っている、その金額である。超過賃料は貸主に有利な賃貸借契約によって創り出され、有利な場所、並はずれた管理、又は逼迫した賃貸借市場を反映している。超過賃料は、賃貸借の残存期間が続くと期待しうるが、超過賃料の受領に結びついたより高いリスクのため、しばしば別個に計算され、より高い利回りで資本還元される。超過賃料は、基礎になっている不動産の収益力ではなく、むしろ賃貸借契約の結果であるので、賃貸借契約のプレミアムによって創り出された増加価値は、ときには不動産によらない価値構成部分とみなされる。

　歩合賃料は、賃貸借契約の中の歩合条項の条件に従って受け取られる賃料収益である。歩合賃料は、典型的に、小売店賃借人から得られ、彼らの小売売上高の一定パーセントに基づいている。当該地域における新しい競争相手の出現、又はショッピング・センターからのアンカー・テナントの退去が、期待されている歩合賃料を減少させたり、消滅させたりすることがありうる。

　上乗せ賃料は、保障最少賃料又は基本賃料に上乗せして支払われる歩合賃料である。このタイプの賃料を超過賃料と混同してはならない。上乗せ賃料は約定賃料であって、市場賃料であるかもしれないし、一部は市場そして一部は超過賃料、又は全部が超過賃料であるかもしれない。

　鑑定評価すべき権利が、ある程度まで、賃料をどのように分析し、見積もるかの方法を決める[7]。収益不動産の完全所有権の評価は、当該不動産がもたらしうる市場賃料に基づいてなされる。実際の賃貸借契約がまだない、提案されたプロジェクト、市場賃料で賃貸されている不動産、及び所有者自用の不動産を評価するためには、収益還元法において市場賃料見積額だけが用いられる。

7　ibid., p.447, p.473.

貸主が持っている、不動産に対する市場性のある権利、すなわち、賃借権付着不動産権を評価するためには、鑑定人は一般に、賃貸されているスペースについて約定賃料（これは市場水準にあるかもしれないし、そうでないかもしれない。）、及び空室並びに所有者自用のスペースについて市場賃料を考察しなければならない。DCF分析を用いるときには、現行賃貸借契約が期間満了になった後の収益を見積もるために、将来の市場賃料見積額も必要である。約定賃料を割り引くことによって完全所有権についての市場価値見積りが生じるのでないことは、強調されなければならない。

　鑑定人は、通常、次の二つのうちの一つの方法で収益不動産の市場価値を見積もる。鑑定人は、不動産の完全所有権を当該不動産がもたらしうる市場賃料で評価し、市場賃料マイナス約定賃料として算定される賃料損失の現在価値を控除することができる。この手法を用いるために、鑑定人は比較可能な不動産完全所有権の取引価額から資本還元利回り又は因子を引き出すことができる。しかしながら、賃借人が多数いるビルのこのような取引価額はまれにしかない。したがって、鑑定人は、市場賃料で、又は市場賃料等価額に容易に修正されうる賃料構造で売却された不動産を見いだすために、賃貸借されている多数の不動産の取引価額を分析する必要があるかもしれない。

　第二の手法を適用するために、鑑定人は、賃貸されているスペースについて現行の約定賃料を、また、空室及び所有者自用のスペースについて市場賃料を見積もることによって賃貸借付着不動産権を評価する。大抵の不動産取引事例は同じような収益の特性を反映しているので、市場から引き出された資本還元利回り及び因子は、貸主の市場性のある不動産権の見積額を適切に反映しているかもしれない。もし適切な比較可能データが存在しているのであれば、賃料損失についての分析は不必要である。

　賃料の分析は、対象不動産の現在の賃料明細書の調査・研究から始まる[8]。鑑定人は、決算書及び賃貸借契約書を検討し、また、不動産視察中に抽出された賃借人を面接することによって、賃料明細書を確

かめることができる。もし家主又は管理者の明細書についての説明が疑わしいのであれば、更なる確証が必要である。

　明細書に示されている現在の賃料の合計額は、過去数年間にわたる営業報告書を用いて以前の合計額と比較できる。歩合賃料型賃貸借、又はエスカレーション条項によって支払われた賃料も含めて、賃料明細書はすべての建物賃借人について検証されなければならない。対象不動産に関わる現存の賃料明細書を分析した後、鑑定人は、比較のために、すべての賃料を単位当たりのものに変える。当該不動産内の賃料の差異のすべてについて記述し、説明をつける。そうした後に、市場の比較可能なスペースに関する賃料データを収集する。それは、必要があれば、市場賃料が同じような賃料ベースに調整されて、比較単位のものに変えられるようにするためである。

　対象不動産についての市場賃料の見積りが必要であるときは、鑑定人は、比較可能な賃料データを収集し、比較し、調整する[9]。賃料支払の責めを負うとみなされている当事者が実際にその賃貸借の当事者であるのか、又は保証によるところの保証人であるのかを確実にするために、賃貸借契約の当事者を確認すべきである。また、賃貸借契約が自由に交渉された、第三者間の取引を表しているものかを確かめることも重要である。これらの基準を満たさない賃貸借、例えば、家主――賃借人への賃貸借、又は売却――借り戻しのような賃貸借は、市場において典型的な賃料条件についての信頼できる証拠を与えるものではない。

　比較可能な不動産の賃料は、対象不動産に適用される単位と同じ単位当たりに変えられると、対象不動産について市場賃料を見積もるための基礎を提供できる。鑑定人は、取引事例比較法において比較可能な不動産の取引価格が補正されるように、比較可能な賃料を補正する必要があるかもしれない。

8　ibid., p.471.
9　ibid., p.472.

賃料分析のための比較要素は、鑑定評価される不動産権、賃貸借の条件（すなわち、第三者間での賃貸借条件）、市場条件、場所、物理的な特徴、不動産の用途、及び不動産以外の構成要素（例えばフランチャイズの有無）である。比較可能不動産の賃料は、対象不動産についての市場賃料見積額を得るために、以上の比較要素の差異について補正される。

　対象不動産の市場賃料見積額を支持するために必要なデータの数は、鑑定評価課題の複雑性、比較可能な賃貸借の利用可能性、及び比較可能不動産から得られた補正済み賃料指示値のパターンが対象不動産の収益パターンと違っている程度に依存する[10]。

　十分なだけの、ぴったりと比較可能な賃料データが利用可能でないときは、鑑定人は補正を要するデータを含めるべきである。第一に、不動産権及び賃料に影響を及ぼす条件を分析し、補正を行うべきである。第三者間の交渉を反映していない賃料は、比較可能なものとしては除去すべきである。その後で、各賃料は、市場条件についての可能な調整を決めるために分析される。経済状況が変化し、過去に交渉されてできた賃貸借は、現状における賃料を反映するものではないかもしれない。場所の安定性又は不動産立地に対する市場の態度の趨勢の安定性は、また、収益力に影響を及ぼすかもしれない。そのためにこれらについての調整を要する。その後で、建物の機能性のような物理的な差異について分析し、これらの差異について調整する。

　次に、鑑定人は、賃貸借契約の経済的（すなわち、収益生産的）特性を検討し、誰が運営費をまかなっているのかを決定し、差異について調整する。対象不動産の意図された用途が比較可能不動産のそれと異なっているときは、市場賃料はその用途に合わせて調整されなければならないだろう。

　最後に、不動産以外の構成要素における差異について斟酌する必要があるかもしれない。それらが不動産の収益における差異をもたらす

10　ibid., p472.

ことがあるからである。例えば、全国的なチェーンの一環であるホテルの収益は、チェーンに入っていないホテルの収益を上回っているかもしれない。なぜなら、不動産の収益力の差異よりも、むしろホテルの名前に結びついているフランチャイズ価値によってそれが生じるからである。もし、鑑定人が調整を行うにあたって適正に判断を行えば、かなりはっきりとした市場賃料のパターンが現れてくるはずである。

5. 賃借権付着不動産権及び不動産賃借権の鑑定評価

　賃借権付着不動産権の鑑定評価は、通常、収益還元法を用いて遂行される。選択された資本還元の手法がいずれであれ、賃借権付着不動産権の価値はその不動産に対する地(家)主の権利を表すものである。賃借権付着不動産権の所有者に帰属する収益は、通常は、賃貸借契約（期間）を通しての収益及びその期間満了時の不動産の復帰からなる[11]。

　不動産賃借権を分析するときは、鑑定人が、賃貸借契約によって創り出されたすべての経済的利益又は不利益について分析することが絶対に必要である。鑑定人は次の問題について問うべきである。
- 賃貸借の条件
- 賃借人が期限どおりにすべての賃料支払額を果たしうる可能性はどれほどか
- 賃貸借契約における種々の条項及び約定は市場で典型的なものか、又は、当事者のどちらかに特別の利益又は不利益を創り出すものであるか
- 賃借権付着不動産権又は不動産賃借権のいずれかが譲渡可能であるか又は、賃貸借契約が譲渡を禁じているか

11　ibid., p.634.

・賃貸借契約が、時間上の、理にかなっている変化に適応するような具合に書かれているか、又は、いつかは当事者に重荷となるか

鑑定人は、賃貸借契約によって創り出された不動産に対する権利のそれぞれが市場価値をもつと単純に想定することはできない。多くの賃貸借契約は、賃借人に独立した価値を創り出すものではない。例えば、賃借人が賃料を支払えない、又は支払おうとしないときは、賃借権付着不動産権の市場価値は、賃貸借されていない比較可能な不動産、又は市場賃料以下で、もっと信頼できる賃借人に賃貸借されている比較可能な不動産の市場価値以下の価額にまで減少するだろう。

一方、不動産賃借権の価値は、約定賃料と市場賃料との相互関係から正の値にも負の値にもなりうる。地(家)主の側からみて、貸し損のある（deficit rent）場合（不足賃料）、それは正値となり、逆に貸し得のある（excess rent）場合（超過賃料）、それは負値となる。このことを図3－2で示す。

図3－2　正値及び負値の不動産賃借権

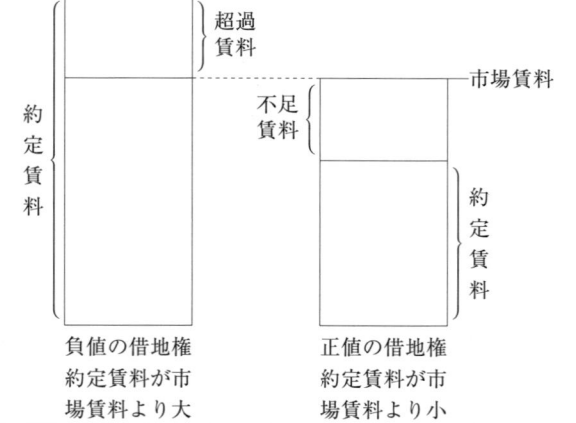

（左）負値の借地権　約定賃料が市場賃料より大：約定賃料＝市場賃料＋超過賃料

（右）正値の借地権　約定賃料が市場賃料より小：市場賃料＝約定賃料＋不足賃料

Ⅱ 米国における不動産賃借権の補償

　これまで、米国における不動産賃借権の鑑定評価について述べた。一方、一般市場における自由な取引又は当事者間（賃貸人と賃借人）の取引における評価ではなく、収用権をもつ当局が私人の土地を取得（収用）するときに行われる補償における不動産賃借権の評価はどのように行われているのであろうか。本節ではこの点について明らかにすることにする。

　周知のように、公共用地の取得に伴う損失の補償は、憲法における国民の権利としての財産権の保障にその根拠をもっている。すなわち、わが国を例にとれば、日本国憲法第29条第1項で「財産権は、これを侵してはならない。」と謳うとともに、第2項で「財産権の内容は、公共の福祉に適合するように、法律でこれを定める。」とする一方で、第3項で「私有財産は、正当な補償の下に、これを公共のために用いることができる。」と規定している。

　これを受けて、わが国では、土地収用法によって、具体的な収用の手続、収用に際して生じる私人の財産における損失に対する補償のあり方等について規定するとともに、「公共用地の取得に伴う損失補償基準要綱」によって補償すべき損失の要素（項目）及びその評価方法等について定めている。

　そこにおける借地権及び借家権の扱いについて、本書では実務上の問題も含めて第6章及び第7章で詳述するとおりであるが、同様のことが米国においてはどのようになされているかを知ることは、種々の議論を行ううえで重要な背景的知識となるので、あながち無益とは言い切れないであろう。そういう意味で、ここでは米国における不動産賃借権の補償の要点をうまくとりまとめている論文を取り上げて紹介することにしたい[12]。

1. 賃借権付着不動産権の収用手続と賃借人に対する補償

　この論文は、収用される不動産が賃貸借されている場合に適用される法律の規則及び手続の概要を述べるものである。具体的には、補償金に対する賃借人の権利を決定するための独特の二段階の法律上の手続、及び各段階での賃借人の参加権について述べる。

　第一段階では、対象不動産がただ一人の所有者によって所有されているかのように、不動産が一つの全体として評価される。政府は全体としての不動産に対して補償金を支払い、基本的にはその後は手続から消える。この段階での賃借人の権利は、しばしば限られている。

　第二段階では、補償裁定額が地(家)主と賃借人の間で配分される。そこでは両当事者がより大きな分け前を得ようと議論を交わす。この段階中では、賃借人は完全に参加し、また補償金についての自らの要求に関して証拠を提示することができる。

　次に、賃借人の補償されるべき損失補償額の一般的な要素とその評価方法について述べる。賃借人は取得される賃借権の価値、(分割取得に伴う)残存部分の賃借権の価値に生じる損失額、取得される造作の価値、及び若干の管轄区では、動産の移転料及び逸失する利益及びのれんに関わる必然的な損失額に対して補償を得ることができる。

(1) 不動産賃借権は憲法によって保護されている財産権である

　議論を進める前に、まず、賃借人が何故にその賃借権の取得に対して補償金を得る権利をもっているのかについて考察することは無益ではない。賃借人は、ある限られた期間、土地を占有する権利をもっている。不動産の底地の所有者は、何故、その取得に対する(裁定)補償額のすべてを得る権利をもたないのか。賃借人にその補償額の分け

12　Richard O. Duvall, JD and David S. Black, JD, "Dividing the Pie : Compensating Landlords and Tenants in Takings of Leased Real Property", *The Appraisal Journal*, January 2001, pp.1-10.

前を得る権利を与える法的根拠は何なのか。

その答えは、合衆国憲法の第5次修正の取得条項中の「財産」という用語についての最高裁判所の解釈の中にある。取得条項は「私有財産は、正当な補償なしに、公共の用のために取得されてはならない。」と述べている。最高裁判所は、「財産」という用語が、財産を構成すると理解される「権利の束」の中のどの「棒」をも包含すると結論づけた。裁判所は取得条項中の「財産」という用語が「より正確な意味で用いられており、占有、使用、及び処分する権利のような、物理的な取得に対する市民の関係の中に内在する権利の集まりを指す。」と判示した。さらに、裁判所は次のように説示した。

「国家が収用権を行使するとき、国家は問題となっている物との関係で自らを、それ以前にその物と所有権と呼ばれる関係を持っていた者の位置に、代わりとして置く。言い換えれば、国家は、法律家がいうところの、問題となっている物に対する個人の「権利」を処理する。その権利は、短い用語では「不動産完全所有権」と表される権利の集まりを構成しているかもしれないし、この例のように「数年にわたる賃借権」として知られている権利であるかもしれない。この[取得条項]は、市民が持っているあらゆる種類の権利に向けられたものである。」

この推論の線に従って、裁判所は「土地に対する期限に達していない賃借権の保有者は、第5次修正のもとでは、収用によってそれが取得されるときに、その権利の価値に対する正当な補償金を受ける権利を有する。」と認定してきた。

(2) 補償に対する賃借人の権利を決定するための二段階の手続：
「未分割不動産」のルール

賃借権の保持者がその収用に際して正当な補償金を受ける権利を有することは既に確立しているけれども、多分、賃借権を含んでいる収用手続における最も劇的な差異は、賃借人の補償金を決定するために用いられるその手続である。賃借人の手続上の権利は、地(家)主のそ

れと大いに異なる。完全所有権の形で持たれている土地の所有者と違って、賃借人は、一般に、その賃借権の価値に関して、政府に対して別個の手続を持つ権利を持たない。その代わりに、土地が賃借権を含めて多くの権利の下にあるときは、手法は一般に二段階で進められる。

　第一段階は仮空の想定に基づくものである。すなわち、土地、建物、造作、及びその他の改良物を含めて、取得される不動産全部が一人の人によって所有されている一つの不動産として評価される。

　ヴァージニア州では、収用する当局と底地の所有者（地主）だけが、この段階の手続に完全に参加する権利を持つ。法令によって、賃借人は全体不動産の価値に関して証拠を提出するためにだけ訴訟に参加することができるが、その不動産への自らの賃借権の価値に関わる証拠を提示することは許されない。ヴァージニア州最高裁判所は、賃借人の参加に対するこの制限について次のように判示している。すなわち、

> 「収用される不動産が賃借権の下にある………所では、賃借人は収用手続への正規の当事者ではない。むしろ、正規の進め方は、不動産が一人の人に所属しているかのごとくにして、全体の補償金を確定し、しかる後に、この金額を異なった当事者の間で彼らそれぞれの権利に従って配分することである。
>
> 　収用手続においては、借主は、その不動産賃借権を取得され、又はそれに損害を受けて、収用裁定額から補償金を受けとる権利を持っているけれども、借主は独立した別個の裁定額を受けるように彼に権利を与える別個の収用される不動産を[持っていない]。」

　ヴァージニア州では、全体としての不動産の価値に関する最初の決定に続いて、収用者は裁判所に収用裁定額を支払い、そして裁定金の配分に関して、（賃借人も含めて）当該不動産に対する権利の所有者によって独立した別個の手続が開始される。法令によって、裁判所

は、証言を聴取し、「そこにいるすべての人の権利に対して、また、その裁定金をどのような割合で正しく支払うべきであるかということに対して然るべき考慮を払って、適正と思われる裁定金の配分を行うよう、求められている。」ヴァージニア州最高裁判所が解釈したように、この法令は予審裁判所が借主の権利の価値を決定し、それを裁判所に払い込まれた裁定金から控除し、その後に裁定金の残額を貸主に支払うことを求めている。

　賃借権の取得に対して賃借人の補償金を決定するための、ヴァージニア州の二段階の手続は、いわゆる「未分割不動産ルール」又は「単一ルール」の下で大多数の州で適用されている手続を反映するものである。多くの州では、一筆の土地を一つの全体として評価し、その後にその価額を種々の権利に配分する別々の手続の必要条件が法律で定められている。いくつかの州で、不動産全体の評価とその価額の地(家)主と賃借人の間での配分が一つの手続の中で進行することを認めているところもあるが、二つの決定は、一般に、二股に分かれた裁判のように、時間的に継起して下される。この競合する権利に与えられる補償金が全体としての不動産の価額を上回ることは決してありえない。

　未分割不動産ルールの下での二段階の手続は、地(家)主と賃借人の間の関係に複雑な動力を注入するかもしれない。手続の第一局面の間では、地(家)主と賃借人は、全体として取得される不動産の最大限の評価額を鼓吹することで利益を共にする。要するに、彼らは共に、第二局面において分けることになる「パイ」を最大にしようと欲するわけである。第二局面では、地(家)主と賃借人は対抗者となり、収用裁定金の最大の分け前を得ようと互いに争う。ミシシッピー州の最高裁判所はこの緊張について次のように言及している。すなわち、

> 「収用手続において被告としての地(家)主と賃借人は互いに独自の立場にある。収用される不動産に対する総損失補償金の問題に関しては、彼らは敵対者ではない。しかし、総補償金の配分に関しては、彼らは敵対者で

ある。」

　第一局面における彼らの共通の利害にもかかわらず、地(家)主と賃借人は互いに手続の第二局面をにらんでいるので、不動産全体に関してどのような評価法を証拠として提示するかについて互いに異なるかもしれない。

(3) 賃借人補償金の要素及び評価方法
　全体の不動産に対して与えられた補償金のうちの賃借人の分け前を決定するための審理において、賃借人の損害金の要素は州ごとに異なっていることがある。一般に、賃借人は、当該不動産に対する賃借権の価値について補償金を受ける権利を有する。加えるに、賃借人は自ら造作した業務用の定着物及び改良物で収用の中に含まれているものの価値についても権利を有することがある。そのうえ、州法又は連邦統一移転助成及び不動産取得法の適用可能性次第で、賃借人は当該敷地から動産を移転する費用を取り戻せることもある。しかしながら、わずかの州を除いて、他の州ではどこであれ、賃借人は、別個の損失金の項目として失われた収益又はのれんについて取り戻すことはできない。

賃借人の不動産賃借権の価値　　反対の趣旨の賃貸借契約の規定がない場合、一般に賃借人はその賃借権の価値についての補償金を受ける権利を有する。ヴァージニア州最高裁判所は、次のような賃借権価値の評価方法を裁可している。すなわち、(1)賃貸借契約期間末までの対象不動産の適正市場賃料と契約によって賃借人が支払う賃料との差額を算定し、(2)その差額を現在価値に割引くこと、がそれである。
　ヴァージニア州最高裁判所は、これは、補償金の適正な評価方法である。なぜならこの方法は「賃貸借契約によって求められている全賃料額を賃借人の負担とする一方で、その賃貸借を彼にとって有利なものにしている、より高い市場価値の利益を賃借人に与えるものだから

である。」と判示している。裁判所は、「もし市場価値が下落し、その結果約定賃料が経済賃料と等しくなるかそれを上回るようになれば」賃借人の賃借権は補償されるべき何の価値ももたない、と特に言及している。

　合衆国最高裁判所も、同様に、この定式を賃借権の取得に対する損失補償金の評価方法として是認している。当裁判所は「通常、その時の適正な賃料を賃貸借の残存期間にわたって資本還元した価値プラス更新権の価値が、賃貸借契約が特定している賃料の資本還元価値を上回るときはいつでも、賃借権は、補償されるべき価値をもつ。」と言明している。または、別の事件で当裁判所がその概念を言い表しているように、

> ［賃借権の取得に対する］損失補償金の算定基準は、賃借人のもつ残存期間にわたる賃借権の使用及び占有の価値プラス更新権の価値と、その使用と占有に対して賃借人が支払う合意賃料との差である。

当裁判所は、市場賃料が約定賃料をひょっとして上回っていることがありうる理由について次のごとく特に言及している。

> 賃貸借契約で特定された賃料と適正な賃貸価値との差プラス更新の権利は、約定賃料が、当初、適正賃料より低く設定されたか、又は賃貸借期間中に土地の価値、したがってまた、その適正な賃料が増加したかによって生じる。

当裁判所は、賃借権に補償されるべき価値を生じさせるように作用しているものは、適正な賃貸価値の騰貴であると判示した。大多数の州も、同様に、損失補償金についてのこの算定基準を採用している。
　賃借権を評価するこの基準は、実際的なこととして、長期賃借権の保有者が短期の賃借人よりも、損害補償額に対するかなりの請求権をもつ可能性が高いことを意味する。不動産の価値が上がるのには時間

がかかるので、市場賃料と約定賃料とのかなりの差は長期賃貸借（これは商業用である傾向があるが）中に生じる可能性がある。短期賃貸借の下では、収用による取得が生じるまでに、市場賃料が約定賃料を上回って騰貴しているようなことはそれほどありそうではないので、賃借人が賃貸借について補償されるべき権利利益をほとんどもたないことになる。

　以上で、収用される賃借権についての補償に際しての基本的な考え方、審理手続、及び補償金算定基準についてその概要を述べた。この論文は、補償にあたって考慮される他の要素（項目）、例えば、敷地の分割取得に伴う、いわゆる残地補償、借家人が行った造作及び改良物に対する補償、移転補償、逸失利益及びのれんに対する補償についても扱っているのであるが、それらは本章の主題からするといささか関係が希薄になるのでここでは割愛させていただくことにする。しかしながら、本章Ⅰ－3で紹介した米国の典型的な賃貸借契約のモデルの中に、収用に関連した契約の条項が入っていて、そこでの内容や表現によってはその有効性について裁判でしばしば争われるようであり、本論文では幸い著者がそれについて扱っているので、いま少し紹介することにする。

2. 損失補償金に対する賃借人の権利についての特約の効果

　賃借権の取得に対する賃借人補償に関する上記の一般原則は、賃借人と家主との間にそれについて何らの特別の契約もない場合の「欠如の場合の(デフォルト)」ルールを表すものである。しかしながら、家主と賃借人は、その契約に含まれている不動産に影響を及ぼす収用手続の可能性にしばしば取り組んでいる。それらの特約はいろいろな形態をとっているが、収用後における賃借人の受取額を相当に変えるものもしばしばある。家主、賃借人は、双方とも賃貸借契約に入る前にこれらの特約条項について注意深く検討して、補償金に対するそれぞれの

権利に対する重要な変更について確認しておく必要がある。

収用を扱っている賃貸借契約条項では、典型的に以下のもののいくつかが取り扱われている。(1)不動産が収用される際に賃貸借契約は終了するか否か、(2)終了するのであれば、終了は自動的にか、地(家)主、賃借人、又はどちらかの当事者のオプションによるものか、(3)賃借人が補償金を得る権利があるとして、全不動産に対する補償金をどのように家主と賃借人の間で分けるのか、(4)賃借人は自ら改良物及び造作について補償金の分け前を受ける権利があるのか、(5)収用によって不動産の一部分のみが影響を受けるとして、賃借人の賃料支払義務は減少するのか、また、地(家)主又は賃借人は再建築の義務を負うのか。

裁判所は、一般に、両当事者が意図したように、賃貸借条項を適用し、その効果、特に賃貸借の終了を求める条項の効果が、実質的に、賃借人が何らの補償金も受けられないように閉め出すこともある。例えば、合衆国対ペティ・モーター㈱の事件では、合衆国政府がユタ州ソルト・レーク市の賃借人が多数いる一つの建物を取得した。その家主と一人の賃借人との間の賃貸借契約に、収用に伴う賃貸借契約の自動的終了を定めている次のような条項が含まれていた。

> もしも賃貸借契約によって権利が設定された不動産の全部又は一部が、連邦、州、郡、市、又は他の当局によって公共の用のために、又は何らかの法律の下で、又は収用権によって取得され、そしてそれによって上記不動産又はその一部の占有が取得された時は、ここに与えられた賃貸借期間及びそれによる借主のすべての権利は直ちに停止し、終了する。そして借主はかかる取得に対して、又はそれによるいかなる損失に対してなされる損失補償金のいかなる部分に対する権利も与えられない。ただし、賃料は賃貸借契約のかかる終了の時点で調整されるであろう。

賃借人は次のように主張した。すなわち、この条項は地(家)主に対してなされた補償金のいかなる部分への請求権から賃借人を退けるも

のであるが、それは賃借権の取得に関して政府が賃借人に対して債務を負っていることを救済するものではない、と。合衆国最高裁判所はこれに異論を述べ、賃借人が、その条項に同意することによって、補償金を受けるべき自らの権利をすべて喪失したと判決した。裁判所の判示は次のごとくである。

> 賃借人は、そうでなければ自らが得たであろうすべての権利を契約によって放棄した。われわれがここで、取り扱っているのは、政府当局による公共の用のための不動産の取得の際の賃貸借契約自動終了の条項である。このタイプの条項があれば、少なくともそれに反する州法がなければ、賃借人は取得の時点を超えてなお残存する何らの権利も持たず、いかなるものを得る権利も持ち得ない。

　賃貸借契約の条項によって、収用権による取得が生じた場合の両当事者の権利を明確に確定することは、相互に利益をもたらしうる。そうでなければ、実際にそれが生じたときには、いろいろと面倒なことが生じて、場合によっては当事者間での訴訟に至るからである。

　しかしながら、このような条項を設けるときに当事者が留意しなければならないことがある。それは、補償金に対する賃借人の権利に影響を及ぼす賃貸借契約条項は司法上の解釈のルール（a judical rule of construction）を受けやすいということで、そのためある状況の下ではその適用結果が予言できないものとなる。簡単にいえば、「裁判所は賃借人が補償金に対するすべての権利を喪失するような結果となる条項を冷たい眼で見る。そして、それが可能なところでは、喪失という過酷な結果を回避するようにその条項を解釈してきた。」したがって、もし取得に対する補償金についての賃借人の権利を終結させると称する賃貸借契約条項が、裁判所によってあいまいである、すなわち、二通りの解釈ができると思われたならば、裁判所は、その条項を補償金に対する賃借人の権利の喪失をもたらさないよう解釈するであろう。

かくして、ベルモント衣料㈱対プリーの事件では、契約条項の一つで、もし不動産が「火災、公共当局による没収、嵐、暴風雨、神のなせるわざ、不可避の事故そして／又は公衆の敵」によって損害を被ったならば、賃貸借契約は満了するとうたわれていた。地(家)主は、公共当局による没収という文句が収用権による収用を含むように意図されており、したがって、賃借人は補償金の分与から除外されると主張した。賃借人は、その文言は保健、火災、又は警察管轄諸署の命令に従わなかったことから生じる没収のみを含むように意図されたものであると主張した。メリーランド州控訴裁判所は、「裁判所は賃借人が補償金に対するすべての権利を喪失するような結果となる条項を冷たい眼で見る」と特に言及しながら、次のように判決した。その契約条項は収用手続に適用するように意図されたものでなく、賃借人は補償金の分け前を受ける権利を有する、と。

　マクシー対ラシーヌ再開発公社の事件では、契約条項の一つで、「収用権の行使における」収用は「この賃貸借契約の下での貸主及び借主双方のさらなる債務」を終結させると定められていた。ここでもまた、この言葉が賃借権の取得についての補償金に対する賃借人の権利の喪失をもたらす効果をもつには不十分であると思われた。ウィスコンシン州最高裁判所は、「権利の喪失は法律と相いれない」と特に言及しながら、次のように判示した。

　　「収用が貸主及び借主双方のさらなる債務を終結させる」の言葉を、収用される不動産に対する[借家人の]重要な権利の喪失をもたらすものと解釈するのは曲解であり、公平でもない。この契約条項の規定は単に貸主及び借主それぞれの債務を終結させるにすぎない。規定の明白な意向は、相互の債務は終結するということである。そこには、収用に際しての正当な補償金の分け前に借主が参加する権利を奪うことを意味するものは何もない。

　このように、賃貸借契約の当事者が損失補償金へのそれぞれの分け

前の権利に関してかけひきすることはしても、これらの事件は、地(家)主は当事者の意向に関して明白かつ明示的な言葉を用いるよう主張すべきであることを示している。なぜなら、地(家)主は、あとあとの審理手続においてその収用条項（特約）があいまいであるとみなされ、彼らに不利なように解釈されるかなりのリスクをもっているからである。

おわりに

やや長大になったこの章を終わるにあたって、ここで明らかになった限りで、米国における不動産賃借権という権利の取扱い、及びその評価（補償における評価も含めて）の要点についてまとめておく。
(1) 不動産についての完全所有権を、使用、収益（賃貸借することも含めて）、処分といった種々の「権利の束」と理解することが公認されている米国においては、不動産賃借権は、憲法で保障された財産権の一つであるとみなされている。
(2) したがって、収用権をもつ当局によって土地が収用（取得）される際には、不動産賃借権も補償されるべき財産権としての扱いを受けるが、米国では補償上の原則として一筆の土地の上の不動産を一人の所有者が完全所有しているものとして補償する「未分割不動産」のルールがあるため、二段階に分かれた補償手続の第一段階では不動産賃借権者は正式な意味での参加はできない。
(3) 不動産賃借権の財産価値としての評価は、市場における適正な賃料と約定賃料との間の、賃借権者からみた場合の正の差額（日本的にいえば借り得、米国式にいえば貸し損）の存在とその（将来にわたって予測される）存続期間に基づいて行われる。これを端的にいえば、不動産賃借権に価格を形成せしめるものは、一にその存続期間（確かな更新権）、二に賃料差額（それを創り出す地価及び地代の上昇趨勢）である。

(4) したがって、経済が比較的安定した成長軌道にある米国では、長期の不動産賃借権について賃借権価格が成立し、またその価格が高くなりやすい。
(5) 契約社会といわれる米国では、賃貸借契約にもいろいろ細かな条項がつけられているが、それらを参考にして、今後わが国での賃貸借契約のモデルの改善に役立てるべきであろう。特に省エネなど、維持・運営費の分担に貸主・借主のインセンティブになる方式を考案し、導入することが肝要である。
(6) 後の章で論じる借家権に関わる立退料についての一般の人々の理解が進むにつれて、賃貸借契約中の特約条項の一つとして、本章第Ⅰ節で紹介した免除条項を積極的に取り入れることも検討されるべきであろう。
(7) 米国では収用の場合に備えての特別条項（特約）まであるのは驚きであるが、外資が所有するビルが増えるにつれて、わが国でもそういったことが生じないわけではないように思われる。そのため、プロフェッショナルな仕事についている者としては、情報を収集して将来に備えるようにすべきであろう。

第4章

底地及び借地権の鑑定評価

I 東京高裁判決の提起した問題

1. 東京高裁判決の衝撃

　本章では、わが国における最近の借地権価格をめぐる状況とその評価方法の改善について述べるが、議論を始めるにあたって、東京高裁判決が提起した問題にさかのぼってみることにしたい。

　その判決とは、東京高裁平13（ネ）第6510号、賃料減額確認請求控訴事件、平14.10.22第19民事部判決であって、事件としては、横浜市中心部の繁華街にある商業ビル敷地の地代について、借地人が減額請求権を行使し、その額の確認を求めた事件であるが、一審で鑑定人の鑑定結果に従って地代月額を減額して賃借人の請求を一部認容していた原判決を取り消し、地代減額確認の請求を棄却したものである。

　事件そのものに即しては以上のとおりであるが、この判決の、鑑定評価にとっての意味は、ただ単に個別の事案に対する評価手法の適用の仕方や資料の扱い方の批判にとどまらず、在来の鑑定評価のスタンスや評価手法そのものの妥当性をも問題にしている点にあった。

　そこで、㈳日本不動産鑑定協会としても、本判決の受けとめ方に関連して、翌平成15年10月28日に開かれた第21回不動産鑑定シンポジウムにおいて、継続賃料をめぐる裁判所と鑑定の関わり、評価手法そのものの検討をテーマとしてとりあげ、また、その折の議論を踏まえて、同協会調査研究委員会の中に基準検討小委員会賃料評価ワーキンググループを設置するなどの対応を行った。

　このワーキンググループの検討結果は、後に「論点整理　継続賃料評価手法を考えるために」としてまとめられ、平成16年5月に㈳日本不動産鑑定協会調査委員会の名で同協会から出版されたが、継続賃料の本質及び継続賃料評価における不動産鑑定士の役割（特に、賃貸借契約条項の解釈に関連して、司法との関わりにおいて）といった根本

問題について意見の一致が得られなかったためか、単に「論点整理」とあるのみで、評価手法についての改まった形での提案がなされるまでには至らなかった。このため、「鑑定評価基準」の継続賃料鑑定評価に関わる部分については、今日に至るまで、改定はもとより、留意事項のような新たな指示もなされていない。

ここでは、継続賃料評価の問題はおくとしても、先の東京高裁判決では借地権価格に関しても厳しい意見が判決文中に示されており、そのほうについても鑑定評価側からの基本的な考え方を整理しておくことが、是非とも必要であるように考えられる。そのような意味合いで、ここで改めて東京高裁判決が提起した問題について再考することにした次第である。

2. 東京高裁判決の提起した問題

はじめに、借地権価格の形成及びその評価方法について裁判所が判示している重要な見解について、判決文そのものに即して確認しておきたい。

引用1．土地の市場価格について

「土地の市場価格は、従前の、経済の成長のもとで将来の値上がり期待を織り込む結果、現実の収益をもとに資本還元した価格を大きく上回る価格となっていた。しかし、いわゆるバブルの崩壊以降、経済成長の期待は喪失し、将来の値上がり期待による金額は年々減少して、土地の市場価格は、収益を元に資本還元した価格（収益還元価格）に向かって低落しつつある。」

引用2．借地法の地代に対する影響と借地権価格について

「借地の地代は、従前、借地法で賃借人の権利が強く保護されていることから、これを増額することが困難な状況が続いた。すなわち、借地法に

より賃貸人の解約権が制限されるため、増額を求める賃貸人の交渉力（本来地代に関する賃貸人の交渉力は、適正な地代を受け取れないならば、賃貸しないということによって裏打ちされるものである。）は限られたものとなり、勢い地代が不相当に低額であっても、これを適正化することが困難になった。そのことから日本経済が、過去に、長期間大きな成長を遂げ、また、この間一般の物価が上昇して、地代支払いの源泉である建物の収益（建物賃料）が大きく上昇したにもかかわらず、地代がそれに比例して上昇しないなどの現象が発生した。このようなことから、本来の適正地代と現実の約定地代との間にいわゆる借り得が発生した。その借り得分を資本還元したものがいわゆる借地権価格である（中略）

　しかし、借地法は、賃貸人の解約権を制限するのみであって、そのような解約権の制限は、賃借人が地代の減額を求める際の交渉力を強めるものではない。本来地代減額を求める賃借人の交渉力は、適正地代に減額されない限り、賃借しないということによって裏打ちされるものである。

　しかし、従前のように賃借人に借り得があるという状況では、賃借人の地代減額の交渉力は、現実的に見て、限られたものとなっている。」

引用3．現実の地価動向などと地代の傾向について

　「乙3号証によれば、平成9年から平成12年までの間の、東京都23区及び周辺地域における商業地の地代の実態調査によると、この間土地の市場価格は、ごく一部の例外を除き、大きく下落しているにもかかわらず、大部分の事例（77.4％）で地代に変動がない。そして地代が下落したものもあるが、その割合は13％程度であり、地代の値上げがあった事例も約9％ある。これらの調査結果を見ると、地代は、地価の動向とは必ずしも比例するものではないことが判明する。

　このように土地の市場価格の下落にもかかわらず地代の値上げが実現する原因は、必ずしも明確ではないが、地代が建物収益（建物賃料）の水準から見て適正な額に達していないため、賃借人に大きな借り得があり、（中略）
従前の地代は、建物賃料が下落するなどのことがあっても、なお適正な地

代の額に比較して低い状況にあって、地代には値上げを許容する要因がある…」

引用４．利回り法と借地権割合について
「鑑定人は、利回りを乗ずるべき基礎価額は、土地の価格から借地権価格を控除した金額によるべきものとしている。しかし、本来借地権価格とは、賃借人に借り得があるとき、すなわち適正な地代と実際の地代の差額があるときに、その差額を資本還元した価格である。したがって、適正な地代の額と実際支払地代の間に差がなく、賃借人に借り得がなければ、借地権はあっても借地権価格は存在しない。当事者双方に偏らない公平な立場に立って、適正な地代を計算しようとするときに、その計算の基礎となる額について、賃借人の借り得部分を減額するということでは、その計算の結果算出される額が、合理的な理由もなく賃借人に有利になるということを意味する。そのような算出方法は、公平なものとはいえず、採用することはできない。

　前述のとおり、従前、土地の市場価格は、土地の収益還元価格を大きく上回る土地の値上がり期待部分を含んでいた。そのような時代に、土地の市場価格を基礎価格として、利回り法を適用すると、地代は、値上がり期待部分があるために、適正に算定することができない。そこで、市場価格より値上がり期待部分を除き収益還元価格分を算出して、これに利回りを乗じることにより地代を算出する必要があった。その値上がり期待部分の額を控除するのに、その代替手段として、これに近似するものと考えて、借地権価格分を控除するという手法をとったものである可能性がある。そうだとすれば、いくらかの合理性を肯定することができたかもしれない。

　しかし、バブル崩壊以降の土地の市場価格は、従前の値上がり期待部分が時間を追うにつれ減少しつつある。そのような中で、値上がり期待部分が大きかった時代に形成された借地権割合によって、借地権価格を計算して、市場価格より控除すれば、基礎価額は、土地の収益還元価格より低額となる可能性が生じる。それによって、地代を計算すれば地代は過小評価されることになる。

もともと利回り法は、本来土地の市場価格が収益還元価格によって形成される場合に初めて、正当な地代計算方法たりうるものなのである。したがって、利回り法を使うのであれば、その中にどの程度の値上がり期待部分があるか不明な土地の市場価格を基礎価格とするべきではなく、収益還元価格を算出し、それをそのまま、すなわち、借地権価格を控除しないで、基礎価格とするべきなのである。」

　以上で、本章での議論を展開するのに必要と考えられる限りでの東京高裁判決からの引用を終えることにする。引用の数も多く、長大なものもあるので、ここで、引用文それぞれの趣旨を確認し、それについての筆者の意見を述べることを通じて議論を進めることにしたい。
　引用１．は、土地の市場価格が、経済成長のもとで、将来の値上がり期待を先取りすることによって激しく上昇し、土地の現実の収益に見合った水準からかけ離れる一方で、その期待が崩れた場合には、その反動として値上がり期待による金額の部分が年々減少して、地価が現実の収益に見合った水準に回帰する傾向があることをいうものである。これについては、筆者が国内総生産（名目）と六大都市商業地価格の変動倍率を、1955年（昭和30年）以降最近に至るまで６期に分けて、比較検証用に作成した表４－１があるので、参考にしていただければ幸いである。走りすぎた地価がその後は調整気味に推移することは、昭和30年代とその後の40年代、50年代との間でもみられるが、昭和末期から平成初期に至るバブル期と、その後最近までのポスト・バブル期の両指数の推移は、まさに判決が示すとおりである。地価はわずか５年の間に４倍に跳ね上がり、バブルが崩壊した後は10年間で５分の１以下に下落したばかりか、いまもなお調整過程にあるとみられる。

表4−1　国内総生産（名目）と商業地価格の変動倍率

	55.3-65.3	65.3-75.3	75.3-85.3	85.3-90.9	90.9-00.9	00.9-04.9
六大都市商業地	6.96	2.43	1.87	4.07	0.18	0.71
国内総生産	3.93	4.51	2.15	1.37	1.18	0.99

六大都市商業地価格は日本不動産研究所「市街地価格指数」により、また国内総生産（会計年度）は内閣府「国民経済計算年報」（2006年版）によって、それぞれ変動倍率を筆者が計算した。

　引用2．は、その前半の部分で、借地法による借地人の権利に対する強い保護（賃貸人による解約権の制限）によって賃貸人の賃料増額の交渉力がそがれ、結果として成長経済においては適正地代の上昇に比べて現実の約定地代の上昇が遅れることから、借地人の側にいわゆる借り得が生じることになる。また、その借り得分を資本還元したものが借地権価格にほかならないことを見事なまでに喝破している。そして、その後半部分では、賃貸人による解約権の制限は、賃借人が地代の減額を求める際の交渉力を強めるものではなく、また、現実に借地人に借り得が残っている限り、その交渉力は限られたものとならざるをえないと説示している（これは本件での裁判所の事実認定及び判断と完全に符号しているので、まことに興味深い。）。

　引用3．は、日税不動産鑑定士会が3年ごとに実施して、その結果を集約して発表してきている「継続地代の実態調べ」（平成12年版）に基づいて、裁判所が地価動向と地代の傾向としてまとめたものであって、地価と適正地代（建物賃料から求められる。）及び約定地代（継続賃料）は必ずしも比例的に変動せず、賃借人に借り得が生じているところでは、地価が下落している最中にあっても、公租公課の増徴など地代を是正する力が働く場合には、それを契機に地代の値上げが生じても怪しむに足りないとするものである。この最後の部分にあるように、借り得分が存在している場合には、一見背理と思われるような現象が生じうることについて十分に留意する必要がある。

　そこで、最後の引用4．にくるのであるが、ここのところが本章の主題と最も深く関わるものであるので、立ち入って検討してみること

にする。

　判決では、鑑定人が適正な継続賃料を鑑定評価するにあたって、評価手法の一つとされている利回り法の適用に際して、利回りを乗ずべき基礎価額に、土地の価格から借地権価格を控除した金額を用いることに対して厳しい批判を下している。すなわち、「本来借地権価格とは、賃借人に借り得があるとき、………その差額を資本還元した価格である。………当事者双方に偏らない公平な立場に立って、厳正な地代を計算しようとするときに、その計算の基礎となる額について、賃借人の借り得分を減額するということでは、その計算の結果出される額が、合理的な理由もなく賃借人に有利になることを意味する。そのような算出方法は、公平なものとはいえず、採用することはできない。」というわけである。裁判所の批判はそのとおりというほかはない。

　しかし、見方を変えてみると、鑑定人としてはおそらく、基礎価格に更地の価格をそのまま採用したのでは余りにも高い試算賃料が出てしまうので、いまだバブル的要素を含んでいると思われる地価からその分を減額補正しようとして、借地権割合を用いたのかもしれない。裁判所はそのような受けとめ方もしているように見受けられる。しかし、そのような配慮が働いたものとしても、引用文の後半が示すように「値上がり期待部分が大きかった時代に形成された借地権割合によって、借地権価格を計算して、市場価格より控除すれば、基礎価格は、土地の収益還元価格より低額となる可能性が生じる。それによって、地代を計算すれば、地代は過小評価されることになる。」と判示して、そのような基礎価格の下方修正法を退けている。

　引用文の最後の段落は、裁判所の利回り法そのものについての評価ともいうべきものであるが、その前半部分の「もともと利回り法は、本来土地の市場価格が収益還元価格によって形成される場合に初めて、正当な地代計算方法たりうるものなのである。」というのは、市場価格の不安定性を前提とする限り、正鵠を得たものといえるであろう。

しかし、それに次いで裁判所が、「したがって、利回り法を使うのであれば、その中にどの程度の値上がり期待部分があるか不明な土地の市場価格を基礎価格とするべきではなく、収益還元価格を算出し、それをそのまま、すなわち、借地権価格を控除しないで、基礎価格とするべきなのである。」としているのは勇み足とでもいえるほどに、詰めを誤ったものであるように思われる。というのは、ここでの収益還元価格を求めるための元となっている純収益は、当然のことながら、土地と建物とからなる複合不動産の適正な市場賃料から土地残余法によって土地に帰属されるべき純収益として求められるものであると考えられるが、もしそうであるならば、それをそのまま適正な市場賃料（新規）として用いればよいわけで、それを資本還元して基礎価格とし、それに利回りを乗じるというような、屋上屋を重ねる作業は全く不要というべきであろう。しかし、その場合は、その鑑定評価の手法は、もはや、継続賃料を求めるための利回り法ではなく、土地残余法に基づく新規賃料の評価方法の一つにとどまることになり、継続賃料評価の手法として組み込まれる場合は、差額配分法の前段として位置づけられるものになると考えられる。

　本件鑑定人の継続賃料評価における大きな欠陥の一つに、適正な新規賃料の把握における弱点があったように思われるが、もしそうであれば、今のような手法を用いて差額配分法を展開していたなら、裁判所による差額配分法批判も多少とも変わっていたのではないかと思われる。

　以上で鑑定業界に衝撃を与えた東京高裁判決の紹介とその評価を終えることにするが、バブル期のような、地価が不安定に変化する時期、また、拡大・成長期から安定・成熟期への転換の過程にあるわが国近年の時期にあっては、鑑定人としては所定の評価方法をただ機械的に適用するのではなく、活用する方法や数値のもっている意味、特性をよく理解したうえで適正に活用し、なぜそのような活用の仕方をするのかについて、納得のいく説明を加えることが欠かせないものと考える。

Ⅱ 底地、借地権の鑑定評価理論

1. わが国における底地、借地権評価理論の発展

(1) 鑑定評価基準設定以前

　明治以後、近代的法制度の導入及び産業資本主義の確立に努めたわが国にあって、借地権取引の慣行がいち早く現れ、普及した大都市として東京、横浜、神戸等があげられる。なかでも、その最たるものは東京で、日本橋、京橋等では明治期において、つとに借地権価格が発生していたとされている[1]。そのようななかで、明治42年に建物保護ニ関スル法律、次いで大正10年に借地法が実施され、借地権が強化されるに及んで、借地慣行並びに借地権取引慣行が次第に他都市、他地域への広がりをみせたものと推測される。加えるに、大正13年に関東大震災の地に借地借家臨時処理法が施行され、震災復興の区画整理において、借地権に対しても換地（借地権）が交付され、その清算が行われたことによって「震災復興整理を契機と致しまして、より歴然と借地権価格が浮び上がりました[2]。」と言われることになった。

　その後においても、昭和前期の戦時中及び戦災直後における借地法改正、罹災都市借地借家臨時処理法の実施によって、借地権がますます強化されたことから、借地権取引慣行も以前に比べてより広い範囲にわたって、他の地方、他の都市へと普及していったと推定される。

　これらの推移をうけて、わが国でも借地慣行、借地取引慣行及び借地権価格についての優れた実証的、理論的研究が相次いで現れるようになった[3]。なかでも、嶋田久吉『不動産鑑定評価の基礎知識』（昭和34年）は、わが国最初の「不動産鑑定評価基準」の底地及び借地権

1　嶋田久吉『不動産鑑定評価の基礎知識』（文雅堂銀行研究社、昭和34年4月）84ページ。
2　前掲書、84-85ページ。

の鑑定評価に関する部分の直接の先行者と思われるほどによく整理された内容のものとなっている。

例えば、わが国の主要都市における借地慣行の大要として、(a)借地慣行が普及している都市、(b)まったく借地慣行のない都市、(c)まれにある都市、(d)仮にあっても局地的地域に限る都市（都心部に限り又は周辺部に限る。）等さまざまであること、また、借地慣行が普及している都市においても、借地権価格について、(イ)既存の借地権が単独で取引の対象となっているもの、(ロ)単独ではないが地上建物と一緒に取引されているもの、(ハ)新規契約の場合に有償でその対価が授受されているもの、(ニ)借地契約更新の際に書替料等の名目で有償で権利金的なものが授受されているもの、(ホ)借地権価格の授受は全然ないもの等の相違があることを、都市名及び借地権割合の幅をあげて具体的に示している[4]。

また、借地権価格発生及び形成の視点から、借地権価格について、(1)有償取引によるもの、(2)自然発生的なもの、及び(3)(2)に(1)が、又は(1)に(2)が添加して混在するものに分けられることも既に指摘されている[5]。

最後に、借地権価格評価理論の面での貢献としては、(1)賃料差額に基因する「経済的借地権価格」の生成を認め、「この経済的借地権価格は、借地権価格の取引慣行の普及していない都市又は地域における借地上建物の評価に当たってもその有利さが継続する場合には、その価格を建物価格に含めて処理すべきでありましょう[6]。」としている点、また(2)「借地権価格を査定するについて借地権価格と宅地価格との割合を公式に採用のこととしたのは、わが国では震災復興整理の場合のようです。以来この方法が採用されていますが、ややもすればこ

---

3 例えば、花島得二『不動産評価の理論と実際』（港出版合作社、昭和34年2月）、嶋田久吉『不動産鑑定評価の基礎知識』（文雅堂銀行研究社、昭和34年4月）、杉本正幸『不動産価格論』（文雅堂銀行研究社、昭和39年8月）というぐあいである。
4 嶋田久吉、前掲書、22-26ページ。
5 前掲書、85-86ページ。
6 前掲書、86ページ。

の方法にたより過ぎる傾向があるように感ぜられます。個別精密を要する場合にはこの割合を参酌すべきでありますが、対象物件の個別資料（借地契約の内容、地代値上げの可能性、有償授受の一時金とその条件、底地価格、更新料、書替料等）を標準とすべきでありましょう[7]。」としている点等があり、これらは鑑定評価に携わる者としてはまさに熟読含味して肝に銘じておくべき正論といえる。

（2）鑑定評価基準における底地、借地権評価理論の展開
A 昭和39年基準

周知のように、わが国の「不動産鑑定評価基準」は、昭和39年3月25日になされた宅地制度審議会の答申に基づいて設定されたものであるが、そこでは、「第7 不動産の種類別の鑑定評価」の中の「一 宅地、（三）宅地の鑑定評価、3 底地及び借地権」という項において、底地及び借地権の鑑定評価が取り扱われている。そして、冒頭に「鑑定評価に当たっては、底地の価格と借地権の価格とは密接に関連しあっているので、以下で述べる諸点を十分に考慮して相互に比較検討すべきである。」として、イ．都市、同一都市内の地域によって賃貸借及び借地権取引の慣行が有無、熟成度において種々異なること、ロ．借地権が存在しても借地権価格が成立するとは限らず、それが取引されているとしても、単独か建物取引に随伴してかの違いが都市又は地域によって存在すること、ハ．借地権についてはその種別（後の「基準」では態様と改められることになった。）として、創設か継承か、地上権か賃借権か、堅固建物所有目的かその他建物所有目的か、登記済みか不登記かによって区別できること、ニ．借地権価格が有償の設定又は移転によって発生したのか、自然発生的か、これらの混在かでも分けられることを指摘している。

そして、そのあと直ちに**底地の鑑定評価**についての規定に入って、「底地の鑑定評価は、その底地を第三者に譲渡する場合と当該賃借人

---

[7] 前掲書、84ページ。

（借地権者）に譲渡する場合があるので、以下に述べる区分にしたがい行うものとする。」として、第三者に譲渡する場合の評価手法と、当該借地人に譲渡する場合の評価手法を示している。

底地を第三者に譲渡する場合における鑑定評価額は、地代から諸経費を控除した純収益を資本還元して得た収益価格及び比準価格を関連づけて得た価格を標準とし、次に掲げる事項を総合的に比較考量して決定するものとすると規定する。

その事項とは、(イ)将来における地代の改定の程度とその実現性、(ロ)借地権の種別（後の「基準」では態様）及び建物の残存耐用年数、(ハ)契約締結の経緯、経過した借地期間並びに残存期間、(ニ)契約にあたって授受された権利金等の額及びこれに関する契約条件、(ホ)将来期待される更新料、名義書替料等の見込み、(ヘ)近隣の又は同類型の底地（又は借地権）の取引慣行、取引事例及び取引利回り、(ト)（当該借地人に譲渡する場合において）借地権取引が慣行として成熟している近隣の底地割合及び借地権割合、(チ)金利水準及び宅地価格の推移動向である。

最後に、なお、として、第三者に譲渡する場合では、契約後あまり時期を経ていない底地を鑑定評価するときは、契約にあたって、授受された権利金等及びこれに関連する契約条件等を考慮した額を、更地価格又は建付地価格から控除して得た額を特に考慮するものとする、と規定している。

次に、底地を当該借地人に譲渡する場合における鑑定評価額は、当該底地の収益価格及び比準価格並びに更地価格又は建付地価格に、近隣における底地割合を乗じた価格を関連づけて得た価格を標準とし、前記(イ)～(チ)の事項を総合的に比較考量して決定するものとする、と規定している。また、最後に、なお、として付加されているなお書きがあるが、これは上記のなお書きと全く同文である。

以上、「昭和39年基準」が底地の鑑定評価について定める規定は、まことに懇切丁寧で、細部にわたって行き届いているということができる。ただ一つ問題点を指摘すれば、底地の経済的利益の一つである

復帰価値について触れていないこと、したがって、底地を当該借地人が買い取る場合において、当該宅地又は建物及びその敷地が、同一所有者に帰属することによる市場性の回復等による経済価値の増分発生の可能性についての言及がないことである。これらは次の「昭和44年基準」においてなされることになる。

一方、**借地権の鑑定評価**については、借地権の鑑定評価額は、更地価格又は建付地価格から、当該底地の収益価格を控除した額及び比準価格並びに更地価格又は建付地価格に、近隣における借地権割合を乗じた価格を関連づけて得た価格を標準とし、前記(イ)～(チ)の事項を総合的に比較考量して決定するものとする、と規定している。また、なお書きとして、契約後あまり時期を経ていない借地権を鑑定評価するときは、契約にあたって授受された権利金等及びこれに関する契約条件等を考慮して得た額を特に考慮するものとする、として底地の鑑定評価の際と同趣旨のなお書きを付している。

以上でみる限り、「昭和39年基準」が借地権の鑑定評価について定める規定は、底地のそれと比べて、内容的にかなり見劣りするものと評価できる。そのように評価する理由は、そこに借地権価格なるものをどのように考えるのかという本質論的な規定が全く欠如していることと、それとの関連で、その評価手法についても、更地（又は建付地）価格から底地の収益価格を控除するという、いかにも消極的（ネガティブ）な把握スタンスしか見られないからである。しかし、これらの点についても「昭和44年基準」では一新されるところとなる。

B 昭和44年基準

「昭和39年基準」の設定からわずか5年経過したばかりの昭和44年に新しく基準が設定し直された。本書の主題である借地権の鑑定評価の部分においてもかなりの改訂が行われたということができる。それらの点に特に注目しつつ、以下で追ってみることにする。

評価理論に入る前の序論的な部分では特に変わっているところは見られない。

そして、「昭和44年基準」は、前の基準と異なって、底地ではなく

借地権についての規定から始める。すなわち、借地権とは、借地法に基づく借地権をいうと定義した後に、「借地権の価格とは、借地権の付着している宅地について、借地人に帰属する経済的利益（一時金の授受に基づくものを含む。）が発生している場合において、慣行的に取引の対象となっている当該経済的利益の全部又は一部をいう。」と規定する。また、それに続けて、「借地人に帰属する経済的利益とは、当該宅地の経済価値に即応した適正な賃料と各支払時期に実際に支払われる賃料（実際支払賃料という。）との乖離及び乖離の持続する期間を基礎にして成り立つ経済的利益の現在価値をいう。」と規定して、いわゆる賃料差額という用語こそ見られないが、両賃料間に見られる乖離とその持続こそが借地権価格を生ぜしめる要素であるとする、借地権価格の本質論を展開している。

　次いで、基準は、借地権価格についての評価理論に入り、「借地権の鑑定評価額は、借地権及び借地権を含む複合不動産の取引事例に基づく比準価格並びに土地残余法に基づく収益価格を関連づけて得た価格を標準とし、当該宅地の正常実質賃料相当額から実際支払賃料を控除した額を還元して得た収益価格を比較考量して決定するものとする。」と規定し、すぐ続いて、「この場合においては、次に掲げる事項を総合的に比較考量するものとする。」として、先の「昭和39年基準」に出ていた(イ)～(チ)の総合的比較考量事項のうち、(イ)～(ト)までを(a)、(b)、(c)……(g)と記号を変えてあげるとともに、(チ)の金利水準及び宅地価格の推移動向に代えて、新たに(h)当該宅地に係る更地としての価格又は建付地としての価格を加えている。

　ここで示した引用文のうち先のほうのものは、「昭和44年基準」の抱く借地権価格本質論（両賃料の乖離とその持続をその生成の要素とする。）と符合したもので、基準がここに示されているような評価手法を規定したことは高く評価することができる。しかしながら、ただ一つ疑問を提起させてもらえば、土地残余法に基づく収益価格といわれる場合の、いまだ資本還元される以前の純収益は、借地権を含む複合不動産の賃料収入から求められた土地に帰属しうる純収益であり、

借地である以上、収益計算上は約定賃料（実際支払賃料として算定される。）は当然に控除されているはずであるから、土地残余法において資本還元される純収益は、実質的には賃料差額にほかならないものであると考えられる。もし、この議論が正しければ、同一の賃料差額による収益価格が一つは標準とすべき価格となり、もう一つは比較考量すべき価格にとどまるという、まことに困った事態に遭遇することになる。

　筆者の意見を率直に言わせてもらえば、これら両者は、どちらも賃料差額によって生じる純収益を資本還元しているという点では全く同じなのであるが、違いがあるとすれば、一つは土地残余法という手法を通じて適正な市場賃料を把握するのに対して、他は賃貸事例比較法などによってストレートにそれを把握するという点にあるだけのことのように考えられる。いずれにしろ、賃料差額を軽視するような扱いはすべきではない。ただ念のために一言断らせてもらえば、筆者は賃料差額を資本還元した収益価格が直ちに借地権価格になるとするものではない。そうしたものが取引価格になるまでには、譲渡の可能性をはじめとした当該賃貸借契約の多くの条件、並びに地域における借地権の取引慣行といったものの影響を受けることを承知しているからである。

　一方、**底地**の部分でも、「昭和44年基準」は、借地権の部分と同様に、底地の定義及びその経済価値の本質規定から始める。すなわち、「底地とは、宅地について借地権の付着している場合における当該宅地の所有権をいう。」とするもの、及び「底地の価格は、借地権の付着している宅地について、借地権の価格との相互関連において賃貸人に帰属する経済的利益をいう。」、続いて、「賃貸人に帰属する経済的利益とは、当該宅地の実際賃料から諸経費等を控除した部分の賃貸借等の期間に対応する経済的利益及びその期間の満了等によって復帰する経済的利益の現在価値をいう。」というのがそれである。

　続いて、「基準」は底地の鑑定評価手法として、「底地の鑑定評価額は、実際支払賃料に基づく純収益を還元して得た収益価格及び比準価

格を関連づけて決定するものとする。」と規定するとともに、借地権価格の場合と同様に、総合的比較考量事項についての考量を指示している。

そして、最後に「また、底地を当該借地人が買い取る場合における底地の鑑定評価にあたっては、当該宅地又は建物及びその敷地が同一所有者に完全に帰属することによる市場性の回復等に即応する経済価値の増分に留意すべきである。」として、いわゆる契約減価の回復等への顧慮を促している。

以上が、「昭和44年基準」における借地権並びに底地に関する規定であるが、既述のように、これらの権利の経済価値の本質について明確にしている点で、この「基準」は高く評価すべきものといえるであろう。ただ一つだけ気になる点を指摘させてもらえば、「44年基準」では「39年基準」と比べてこれら両者を扱う順序が逆転し、借地権の項が先行するようになっていることである。その背後にどのような理解があることによってそうなったのか明らかではないが、筆者の意見では底地を先にするのが至当であるように思われる。というのは、これらの権利の経済価値に関する限り、底地のほうが論理的にも、また、多くの場合において時間的にも、先行するものだからである。論理的に先行するということについて付言すれば、底地の経済価値については、それを論じるのに約定賃料のみで足りるのであるが、借地権の経済価値については既に約定賃料があり、そのうえで、それと市場賃料との間で乖離ないし差額が生じていることを前提としなければならないからである。ちなみに、前章で紹介した米国不動産鑑定協会のテキスト・ブックでも、これら二つの権利利益の評価に関する部分では、底地についての記述が先行する形となっている。

C 平成2年基準

平成2年には、実に20年ぶりに「基準」が改訂された。この「平成2年基準」では、進行中の地価高騰を抑える意味で、評価法の適用の面からの引締め強化（投機的取引事例の排除・収益還元法の積極的活用等）、及び区分地上権並びに建物の区分所有権、及びその敷地に関

する鑑定評価手法の新たな整備といった点での改正が見受けられる。

しかし、「基準」そのものの基本的な考え方や大枠としてのフレームは「昭和44年基準」を踏襲したものであるということができる。

このことは、借地権や底地の部分についてもいえることであるが、ここではその後の借地権取引慣行の一層の発展を反映してであろうか、「44年基準」に比べて、一層よく整備された内容のものとなっている。以下、これらの点について具体的に触れていく。

まず、「44年基準」では借地権の態様という項目の下にまとめられていたもの（(a)創設か継承か、(b)地上権か賃借権か、(c)堅固な建物所有目的か否か、(d)書面契約か口頭契約か、(e)登記済みか否か、(f)転借か否か）について、新たに居住用建物のためか営業用建物のためか、契約期間の定め有りか無しか、特約条項有りか無しか、といった三項目が付加されている（ただし、順番は必ずしもこのとおりではない。）。

また、この借地権の態様という項目のほかに、新たに借地権取引の態様という項目が設けられ、「44年基準」ではそこまではっきりまとめて書かれていなかった諸項目を、ここに一括整理して列挙しているので、分かりやすくなったということがいえる。これらの項目を順番に示すと、ａ．借地権が一般に有償で創設され、又は継承される地域であるか否か、ｂ．借地権の取引が一般に所有者以外の者を対象として行われる地域であるか否か、ｃ．堅固建物の所有を目的とする借地権の多い地域であるか否か、ｄ．借地権に対する権利意識について借地人側が強い地域であるか否か、ｅ．一時金の授受が慣行化している地域であるか否か、ｆ．借地権の譲渡にあたって名義書替料を一般に譲受人又は譲渡人のいずれが負担する地域であるか、というのがそれである。これらは実際支払賃料の算定、借地権の存続期間、及び市場性の判定に関連する諸事情であるから、借地権の経済的利益を左右する重要な諸項目である。

最後に、一言付言させてもらうと、上述した、借地権の態様と借地権取引の態様という二つの項目が、「平成２年基準」では後者が先行

する形で配置されているが、これについても順序を逆にするのが至当であると考える。

「平成2年基準」は、借地権評価に先立って、以上のような借地権理解上の注意事項を述べた後で、いよいよ借地権価格の評価論に入る。ここでは借地権価格をどうみるかという点において、「昭和44年基準」と比較して本質的な差異とはいえないとしても、少なくともそれをみるスタンスにおいて、うっかりしていると見過ごしがちな重大な変化が生じているように思われるので、以下、この点について詳述する。

まず、「昭和44年基準」では、「借地権の価格とは、借地権の付着している宅地について、借地人に帰属する経済的利益（一時金の授受に基づくものを含む。）が発生している場合において、慣行的に取引の対象となっている当該経済的利益の全部又は一部をいう。借地人に帰属する経済的利益とは、当該宅地の経済価値に即応した賃料と各支払時期に実際に支払われている賃料（実際支払賃料という。）との乖離及びその乖離の持続する期間を基礎にして成り立つ経済的利益の現在価値をいう。」（上点は筆者、以下同様。）と規定されている。

これに対して、「平成2年基準」では、「借地権の価格は、借地法に基づき土地を使用収益することにより借地人に帰属する経済的利益（一時金の授受に基づくものを含む。）を貨幣額で表示したものである。借地人に帰属する経済的利益とは、土地を使用収益することによる広範な諸利益を基礎とするものであるが、特に次に掲げるものが中心となる。a．土地を長期間占有し、独占的に使用収益しうる借地人の安定的利益、b．借地権の付着している宅地の経済価値に即応した適正な賃料と実際支払賃料との乖離（賃料差額という。）及びその乖離の持続する期間を基礎にして成り立つ経済的利益の現在価値のうち、慣行的に取引の対象となっている部分」と規定されている。

これら両規定を比較して、両者共に借地人に帰属する経済的利益を、いわゆる賃料差額とその持続期間に関わらせてみているのだから、そこに本質的な差異はないということもできよう。しかし、筆者

の見解では、それではすまされない大きな差異が両規定の間にあるように思われる。その点を指摘すると、もし、賃料差額とその持続期間をもって借地人に帰属する経済的利益の本質的な部分とみるのであれば賃料差額が常に存在するということではない以上、「経済的利益が発生している場合において」という限定辞を付けておく必要があろう。

　それに加えて、「平成2年基準」には、以前になかった経済的利益の説明としてもう一項目追加されている。すなわち、先の引用文中のa.の項目がそれである。この項目がなぜに改めてこの「基準」に加えられることになったか、筆者としては理解に苦しむものである。規定が言わんとする借地人の長期占有、使用による安定的利益が存在することは当初から分かっている。だからこそ、その対価として賃料を支払って賃貸借契約を締結しているのである。そのように理解したうえで生じる疑問は、支払っている賃料を上回ってなお安定的に賃借人の手に残る（賃料差額以外の）経済的利益とは何なのか、が理解できないということである。特定の宅地を長期間占有し、独占的に使用収益することから、借地人が居住又は営業上の利益を得たり、何らかの主観的満足を得たりすることは当然のこととして（だからこそ賃料を支払うのである。）、ここでの利益の要件はその利益が経済的利益であるということと、かつ、それが借地人の特別の経営手腕等によるものではなく、当該宅地の利点に基づく利益であるということである。残念なことに、以上の点について納得のいく説明は「基準」にも、また、どのような基準解説書にも見られない。

　もう一点。ここで筆者が一歩（？）譲って、土地の賃貸借にはそのような安定的な経済的利益がいつも賃借人側に発生し、存在するとするならば、どうしてそのような賃借権について「借地権の存在は、必ずしも借地権価格の存在を意味するものではなく」と別の所（3 借地権及び底地の(ロ)）で規定することができるのだろうか。

　以上のような筆者の理解からすると、「平成2年基準」には二箇所補正すべきところがあるように思われる。一つは、借地権価格の説明

の箇所で「借地人に帰属する経済的利益が発生している場合において」の限定辞を入れること、いま一つは上記 a.の事項を抹消すること（又は、「その対価が賃料（実際支払賃料）であるが」と付加すること）がそれである[8]。

それにしても、「平成2年基準」が、なぜにここで筆者が問題視したような借地権価格観に陥ったのであろうか。正確なところは知る由もないが、筆者のみるところ、長年にわたる宅地の価格及び賃料の上昇趨勢とそれに伴う借地権価格の常在化（さらにはその上昇）が、いつしかそのような借地権価格観を人々の間に醸成し、それが市場にも反映されるところになって、鑑定評価の世界にも侵入してきたものと思われる。もしそうであれば、これにはやむをえないところがあるともいえるが、専門家たるものが専門外の人に従うべきでなく、むしろそれを諭すべきところであるので、ここは断固専門家としての筋を通して正論に戻るべきであろう。

「平成2年基準」の借地権評価理論において、いま一つ改められている点は、「借地権の鑑定評価は、借地権の取引慣行及びその成熟の程度によってその手法を異にするものである。」としていることである。これは、鑑定評価が市場における不動産の価格形成を客観的、合理的に追うことをその使命としており、かつまた、借地権という権利利益の取引慣行が、種々の事由によって、所在する都市や地域によって異なることからすれば、当然のことであるといえよう。

そのうえで、「平成2年基準」は、借地権の取引慣行の成熟の程度の高い地域について、「借地権の鑑定評価額は、借地権及び借地権を含む複合不動産の取引事例に基づく比準価格並びに土地残余法による収益価格を関連づけて得た価格を標準とし、当該借地権の設定契約に基づく賃料差額のうち取引の対象となっている部分を還元して得た価

---

[8] なお、ここでの筆者の主張と真っ向から対立する「借地権価格常在説」とも称すべき議論が展開されているので、読者のご参考までに挙げておく。日本不動産鑑定協会法務鑑定委員会弁護士との共同研究会『弁護士との共同研究会研究課題取りまとめ』（日本不動産鑑定協会、平成20年3月）23-28ページ。

格及び借地権取引が慣行として成熟している場合における当該地域の借地権割合により求めた価格を比較考量して決定するものとする。」と規定する。

この規定については、「昭和44年基準」の同旨の規定の末尾に、いま一つ比較考量すべき価格として借地権割合により求めた価格が加えられただけであると読むこともできる。もしそのような読み方でよいというのであれば、穏やかですむのであるが、筆者にはそれではすまされない問題があるように思われる。

問題の一つは、先の規定の文中に「当該借地権の設定契約に基づく賃料差額のうち」という文言があって、同じく賃料差額について述べている「昭和44年基準」では「当該宅地の正常実質賃料相当額から実際支払賃料を控除した額」とは、厳密に言えば、異なった表現になっていることである。率直に言って、筆者は「平成2年基準」の用語はおかしいように思われる。というのは、当該借地権の設定契約に基づく賃料差額とはどういうことなのか。そもそもの契約当初において、既に賃料差額があったというのであろうか、そのような契約は果たして第三者間における、経済合理的な賃貸借契約といえるのであろうか。さらにいえば、設定契約後に約定賃料が市場賃料よりも遅行することによって、自然発生的に生じる賃料差額はそれに含めてみるわけにはいかないのであろうか、といったような疑問が次々に出てくるからである。もし筆者の疑問が当然ということであるなら、賃料差額に関しては「昭和44年基準」の文言に戻すべきであろう。

いま一つの問題は、「平成2年基準」の先程の規定では賃料差額をそのまま還元するのではなく、そのうち取引の対象となっている部分を還元することにしており、そのためこれを「昭和44年基準」のように「収益価格」とすることなく、単に「価格」としている。いうなれば、賃料差額の段階で市場性による補正を行ったものであるので、これを収益価格とはしなかったものと思われる。もしそうであるならその点はよいのであるが、市場性に関わる補正は、還元した後の収益価格についてもできることであるので、ここは賃料差額を還元して得た

収益価格（いまだ試算価格）とし、これに市場性に関わる補正を加えるというように改めることもできるのではないかと考える。

次に、「平成2年基準」は借地権の取引慣行の成熟の程度の低い地域における借地権の評価手法について規定しているが、当然のことながら、ここでは先の項の「借地権及び借地権を含む複合不動産の取引事例に基づく比準価格」が標準とすべき価格から省かれ、また、比較考量すべき価格としては、先の借地権割合により求めた価格に代わって、底地価格を控除して得た価格が加えられることとなっている。

底地に関する部分では、「平成2年基準」はほぼ文字どおりに「昭和44年基準」を踏襲したものとなっているので、ここで特記することはない。

D 平成14年基準

バブル崩壊後、地価の大幅な下落に伴い、不動産市場においては従来の資産性重視から利便性・収益性重視へのスタンスの移行があり、また金融面においても不動産の証券化が進展した。これらの変化を受けて不動産鑑定評価に対する新たなニーズが生じつつあるなかで、平成14年7月に基準が改正され、DCF法の導入とともに物件調査や市場分析の拡充・改善が図られたことは周知のところである。

借地権・底地の鑑定評価の部分では、「平成14年基準」において大きな変更が見られないが、平成3年10月に借地借家法が制定され、同4年8月から施行されたことに伴う改正がなされている。具体的には、同法によって従来の普通借地権に加えて、新たに定期借地権の設定が認められたことに合わせた改正である。

その一つとして、借地権の態様という項において新たに、「コ　定期借地権等（借地借家法第2章第4節に規定する定期借地権等）」という項目が追加されている。

いま一つは、そのためと思われるが、底地の鑑定評価のところで、「平成2年基準」では、「底地の鑑定評価額は、実際支払賃料に基づく純収益を還元して得た収益価格及び比準価格を関連づけて決定するものとする。」（上点は筆者）とされていたものを、「底地の鑑定評価は、

実際支払賃料に基づく純収益等の現在価額の総和を求めることにより得た収益価格及び比準価格を関連づけて………」と改められている。上点を付した部分を読み比べると、特に大きな変更ではなく、そのまま見過ごすこともできる。

しかし、筆者にはそこに明示的には表されていない何かがあって、それが等という文字に含まれているのではないかと思われる。この等が加えられているために、以前であれば「支払賃料に基づく純収益を還元して得た収益価格」と簡単にいえたものが、ここでは「支払賃料に基づく純収益等の現在価格の総和を求めることにより得た収益価格」という表現に改めなければならないようになっているのである。

筆者の推論の答えを言わせてもらうと、この等で意味されているのは、賃料の形をとって、毎支払時期に受けとられる収益ではなく、賃貸借契約の期間満了に伴い賃貸人に復帰してくる権利（使用・収益する権利）の価値、さらにはそれに伴って敷地に生じうる市場性回復等に即応する経済価値の増分ではないかと思われる。

もし、そのようなものであるならば、これには資本還元という語を用いることはできない（単に現在価値に割り引くにすぎない。）ので、「現在価格の総和を求める」という表現になったのであろう。普通借地権だけの世界ではなく、既に定期借地権が制度として導入されているのであるから、借地契約の満了に伴って、復帰が生じる場合の鑑定評価課題への対応を考えておく必要があるというわけである。

もしそうであれば、用意周到ということで結構なことであるのだが、そこで生じるいま一つの問題は、底地に対してそこまで配慮するのであれば、定期借地権の導入によって同じように生じる借地権の側での問題に触れなくてもよいのかということである。首尾一貫するためには、定期借地権をも考慮した場合の借地権の価格の鑑定評価においては、期間満了に伴う建物の取壊し費用を考えておく必要があろう。

もとより、個々の借地契約の内容によって現実的にはいろいろ変わってくるであろうが、そういった点についての言及が是非とも必要

E 平成19年基準（現行基準）

平成19年4月に基準の一部改正が行われたが、それは、近年、不動産証券化市場が急速に拡大していることに伴い、これに関わる不動産鑑定評価の責務により的確に応えていく必要上行われたものであって、借地権及び底地に関する部分では何ら変わったところはない。

2. まとめ

以上、わが国の「不動産鑑定評価基準」の設定及びその後の改正のあとを追いながら、「基準」における借地権価格本質論（借地権が設定されている宅地の経済価値に即応した適正な賃料と実際支払賃料との乖離及び乖離の持続する期間を基礎にして成り立つ経済的利益の現在価値）の存在を確認してきた。ただ、バブル期以後に改正された部分では、上記で指摘しておいたように借地権価格常在説に傾きかけたところも見られないわけではない。しかし、それも近年のように停滞気味の経済、緩やかなデフレ、地価及び賃料の低落が続く限り、早晩是正される運命にあるものと思われるが、ここではその非を指摘して読者諸賢の注意を喚起しておく。

とすれば、このような借地権価格、及び底地(権)の評価手法について、定期借地権も含めて一般的に定式化するとすれば、筆者が既に第2章の末尾に提示しているものと基本的には同一となるわけであるから、それをここに再記することにする。すなわち、底地(権)価格については、

$$P_f = R_c \frac{1}{r} \left\{ \frac{(1+r)^n - 1}{(1+r)^n} \right\} + \frac{P_{sn}}{(1+r)^n} \qquad (1)$$

また、借地権価格については、期間満了時の明渡しに伴う費用（C）を要する場合があることを考慮に入れれば、

$$P_h = \frac{R_m - R_c}{r}\left\{\frac{(1+r)^n - 1}{(1+r)^n}\right\} - \frac{C}{(1+r)^n} \quad (2)$$

と書けることになる。

　見やすくするために、上記式における記号の説明も再記すれば、
まず、価格群（１m²当たり）…完全所有権価格 P_s、底地権価格 P_f、
　　　　　　　　　　　　　借地権価格 P_h、借地権存続期間
　　　　　　　　　　　　　（ｎ年）満了時の土地の復帰価格 P_{sn}
次に、純賃料群（１m²当たり）…市場（経済的）賃料 R_m、約定賃料
　　　　　　　　　　　　　　R_c
最後に、土地に関わる純収益の割引率ｒ、及び明渡しに伴う費用C。

　なお、前記（２）式では借地権の市場性について考慮がなされていないので（経済学上の議論は、単純化のために、完全競争、完全知識などの想定のうえでなされるので、しばしばこのようなことが起こる。）、それを加味して市場性に基づく調整係数 a（ただし、$1 \geqq a \geqq 0$）を右辺第１項に加えて、

$$P_h = \frac{R_m - R_c}{r}\left\{\frac{(1+r)^n - 1}{(1+r)^n}\right\}\alpha - \frac{C}{(1+r)^n} \quad (3)$$

を得る。これが借地権価格に関する基本式といえるものである。

　最後に、この市場性を含め借地権価格を形成する諸要素、すなわち権利の安定性（固定性）、持続性、収益性と、上記式中の記号、並びに借地権及び借地権取引の態様に関わる事項を一覧表の形にまとめたものが表４－２である。鑑定評価の実務においては、評価案件ごとにこれら個々の事項の内容をよく吟味して、記号で示されている数値への影響（作用）を考量することになる。

表4−2　借地権及び借地権取引の態様に関わる事項と借地権価格形成要素

事項等 要素	記号	事　項
借地権の安定性（固定性）	r	地上権か賃借権か、書面による契約か口頭か、登記されているか否か、転借か、有償で設定又は移転か、居住用か営業用か、普通借地権か定期借地権か
借地権の持続性	n	堅固な建物かその他の建物か、建物の残存耐用年数、契約締結の経緯、経過期間及び残存期間、普通借地権か定期借地権か
借地権の市場性	a	書面による契約か口頭か、登記されているか否か、転借か、居住用か営業用か、権利の割合、近隣の取引慣行、取引事例、取引利回り、権利金の額、これに関する契約条件
借地権の収益性	$R_m - R_c$、C	将来における地代改定の程度とその実現性、 権利金の額、これに関する契約条件、 将来における更新料、名義書替料、 近隣の取引慣行、取引事例、取引利回り、 居住用か営業用か、明渡しに関わる条項
還元利回り	r	基本的には長期国債金利＋リスクプレミアであるが、後者の数値を確定するうえで、権利の安定性（固定性）、及び市場性に関わる事項の内容を吟味することとなる。

第 5 章

貸家及びその敷地、並びに借家権の鑑定評価

Ⅰ 借家権

　前章では借地権及び借地権の評価について論じたが、この章では借家権及び借家権の評価について述べることにする。

　借家権とは、建物の賃貸借契約から生じる借家人（賃借人）の権利をいうものであるが、民法の賃貸借の規定では、それは必ずしも安定した権利といえるものではなかった。そのため、わが国の資本主義経済が本格的に興隆し、都市化が急速に進んでいくなかで、借家人を保護する目的で、社会政策的見地から、大正10年に借地法と並んで借家法が制定されるところとなった（ただし、立法当時は施行地区は一部の大都市に限定されており、全国に適用されるようになったのは昭和16年の法改正以後のことである。）。

　借家法による借家人保護の主な内容としては、まず、法第1条（借家権の対抗力）第1項で「建物ノ賃貸借ハ其ノ登記ナキモ建物ノ引渡アリタルトキハ爾後其ノ建物ニ付物権ヲ取得シタル者ニ対シ其ノ効力ヲ生ス」と定められたことによって、借家人が家屋の引渡しを受けてそれを使用・収益している限り、新家主などの第三者に賃借権を対抗できるものとされたことがあげられる。これは借家権に対抗力を付与するものとしては十分に効果的なものであったといえる。

　また、法第2条（法定更新）第1項の「当事者カ賃貸借ノ期間ヲ定メタル場合ニ於テ当事者カ期間満了前六月乃至一年内ニ相手方ニ対シ更新拒絶ノ通知又ハ条件ヲ変更スルニ非サレハ更新セサル旨ノ通知ヲ為ササルトキハ期間満了ノ際前賃貸借ト同一ノ条件ヲ以テ更ニ賃貸借ヲ為シタルモノト看做ス」との規定、及びこれに続く第2項の「前項ノ通知ヲ為シタル場合ト雖モ期間満了ノ後賃借人カ建物ノ使用又ハ収益ヲ継続スル場合ニ於テ賃貸人カ遅滞ナク異議ヲ述ヘサリシトキモ亦前項ニ同シ」との規定も、借家人の地位を多少なりとも強固にする規定であるということができるが、建物の賃貸借の更新のうえで決定的ともいえる法の保護は昭和16年の法改正によって与えられるところと

なった。すなわち、法第1条ノ2（更新拒絶又は解約の制限）「建物ノ賃貸人ハ自ラ使用スルコトヲ必要トスル場合其ノ他正当ノ事由アル場合ニ非サレハ賃貸借ノ更新ヲ拒ミ又ハ解約ノ申入ヲ為スコトヲ得ス」との規定がそれである。この強行的規定が加えられたことによって、賃貸人は自ら使用することを必要とする場合その他正当の事由があるのでなければ、法第2条でいう賃貸借の更新の拒絶、又は第3条でいう解約の申入れをすることができないことになったので、借家権は、借地権と同様、強固で安定した権利にまで高められたということができる。

　加えて昭和41年の法改正で、第7条（借賃の増減の請求権）に第2項として「借賃ノ増額ニ付当事者間ニ協議調ハザルトキハ其ノ請求ヲ受ケタル者ハ増額ヲ正当トスル裁判ガ確定スルニ至ルマデハ相当ト認ムル借賃ヲ支払フヲ以テ足ル但シ其ノ裁判ガ確定シタル場合ニ於テ既ニ支払ヒタル額ニ不足アルトキハ不足額ニ年一割ノ割合ニ依ル支払期後ノ利息ヲ附シテ之ヲ支払フコトヲ要ス」との新たな規定が加えられたことによって、借家人は賃貸人による借賃増額請求に対して、協議及び係争の途中に賃料不払いとされる事態に陥るおそれなく対応できるようになったことも、借家人の立場を強化する効果をもつものということができよう。

　最後に、借家法制定の当初から第5条（造作買取請求権）「賃貸人ノ同意ヲ得テ建物ニ附加シタル畳、建具其ノ他ノ造作アルトキハ賃借人ハ賃貸借終了ノ場合ニ於テ其ノ際ニ於ケル賃貸人ニ対シ時価ヲ以テ其ノ造作ヲ買取ルヘキコトヲ請求スルコトヲ得賃貸人ヨリ買受ケタル造作ニ付亦同シ」の規定があったことも、賃借人が賃借した建物を賃貸借期間中は安定して有効使用できるよう保障するものとして、その意義を認めることができる。

　以上でみたように、建物の賃貸借によって形成される借家権は、民法の賃貸借の規定のみによる無防備なものから、借家法の制定とその改正を経て著しく強化されたものになり、なかでも法第1条ノ2が定める更新拒絶又は解約についてのいわゆる正当事由具備の要件は借家

権を借地権と同様の強固なものにしたようにみられる。

　しかしながら、建物の所有を目的とする借地権（地上権及び土地の賃借権）と他人の建物を賃借するだけの借家権とでは、そこに賃借人による建物への資本投下（建物所有）が有るのと無いのとの違いがあることによって、おのずから差異が生じるのもまた当然であるとみられる。端的に言って、借家権が借家法によっていかに保護強化されても、これら両者の間に建物所有の有無による本質的な差異がある以上、借家権は借地権と全く同じ程度にまで強化され得ないのも、またやむを得ないというべきである。

　この点について具体的に示せば、賃貸借の存続期間についてみると、借地権の存続期間に関して周知のように借地法第2条第1項において石造等の堅固な建物の所有を目的とするものについては60年、その他の建物の所有を目的とするものについては30年とすると定めており、また第2項では契約によって堅固な建物について30年、その他の建物について20年と定めることもできる趣旨の規定がなされていた。

　これに対して借家法では、もともと借家の期間については何らの定めがなかったが、法改正がなされて第3条ノ2（借家の期間）が付加されたことによって、「一年未満ノ期間ノ定アル賃貸借ハ之ヲ期間ノ定ナキモノト看做ス」ということになったものの、1年を含めてそれ以上でさえあればどのようにでも定められるということで、実質的な縛りにはなっていないように思われる。

　また、借地権であれば、借地権者が借地上の建物を譲渡しようとする場合に、それに随伴して借地権も譲渡又は転貸される必要が生じ、そのための借地関係の調整が必要となることから、借地法第9条ノ2（建物の譲渡と敷地賃借権の譲渡・転貸の許可）第1項「借地権者ガ賃貸借ノ目的タル土地ノ上ニ存スル建物ヲ第三者ニ譲渡セントスル場合ニ於テ其ノ第三者ガ賃借権ヲ取得シ又ハ転借スルモ賃貸人ニ不利トナル虞ナキニ拘ラズ賃貸人ガ其ノ賃借権ノ譲渡又ハ転貸ヲ承諾セザルトキハ裁判所ハ借地権者ノ申立ニ因リ賃貸人ノ承諾ニ代ハル許可ヲ与フルコトヲ得此ノ場合ニ於テ当事者間ノ利益ノ衡平ヲ図ル為必要アル

トキハ賃借権ノ譲渡若ハ転貸ヲ条件トスル借地条件ノ変更ヲ命ジ又ハ其ノ許可ヲ財産上ノ給付ニ係ラシムルコトヲ得」との規定が設けられており、また、これに関連して同第3項では「第一項ノ申立アリタル場合ニ於テ裁判所ガ定ムル期間内ニ賃貸人ガ自ラ建物ノ譲渡及賃借権ノ譲渡又ハ転貸ヲ受クベキ旨ノ申立ヲ為シタルトキハ裁判所ハ同項ノ規定ニ拘ラズ相当ノ対価及び転貸ノ条件ヲ定メテ之ヲ命ズルコトヲ得此ノ裁判ニ於テハ当事者双方ニ対シ其ノ義務ヲ同時ニ履行スベキコトヲ命ズルコトヲ得」との規定も設けられている。これらの規定は、借地法の改正の折に、借地権に譲渡又は転貸の形での移動性を付与するために追加的に設けられたものであるが、もともとの借地法でも移動性が認められない場合の措置として、第10条（建物等の取得者の買取請求権）「第三者カ賃借権ノ目的タル土地ノ上ニ存スル建物其ノ他借地権者カ権原ニ因リテ土地ニ附属セシメタル物ヲ取得シタル場合ニ於テ賃貸人カ賃借権ノ譲渡又ハ転貸ヲ承諾セサルトキハ賃貸人ニ対シ時価ヲ以テ建物其ノ他借地権者カ権原ニ因リテ土地ニ附属セシメタル物ヲ買取ルヘキコトヲ請求スルコトヲ得」との規定が設けられており、これが消極的ながらも借地権の移動についての下支えとなっていたということができる。

　このように、借地権については、それが本来は債権であるにもかかわらず、（賃貸人の承諾に代わる裁判所の許可に基づき）あたかも物権であるかのように移動させうる法の仕組みができているのに対して、借家権についてはこれに類する規定は全くなく、ただ前述した借家法第5条の造作買取請求権の規定があるにとどまる。このような点からすると、借家権は借地権と同様に法によって保護されている側面があるものの（特に対抗力、更新の面でそれが強い。）、こと譲渡又は転貸に関しては、賃貸人の承諾がなければそれができないものと解しておかなければならない（民法第612条（賃借権の譲渡及び転貸の制限）を参照のこと）。

　これまで借家権の内容について専ら借家法の規定に基づいて述べてきた。最後に、平成4年8月1日より施行されている借地借家法の中

での借家権に関わる規定について触れておくことにする。

　借地借家法においても旧借家法における建物の賃借人に対する保護の規定は、条文の順序における一部の変更が見られるものの、そのまま保持されている。したがって、これまでの議論はすべて借地借家法施行後でもそのままで妥当する。

　内容に関わる大きな変更としては、ただ一つ、周知のように、定期借地権の導入と併せて、定期建物賃貸借権が新たに導入されたことがある。そこでこの権利について簡単に述べて本節を終えることにする。

　借地借家法第38条（定期建物賃貸借）は、第１項で「期間の定めがある建物の賃貸借をする場合においては、公正証書による等書面によって契約をするときに限り、第30条の規定にかかわらず、契約の更新がないこととする旨を定めることができる。この場合には第29条第１項の規定を適用しない。」と規定している。これは借家法以来建物賃貸借契約の更新に関して、借家人に種々与えられてきた法の保護（第30条）を外して、当事者が求めるのであれば、これまでの借家契約（いわゆる普通借家契約）とは別に、契約の更新がない定期の借家契約もできるとする規定である。契約更新なしという重大な契約内容のものであるから、このような契約は公正証書による等書面によってなされることを法は求めている。また、契約期間の長さについても当事者が自由に選択できる趣旨から、第29条第１項の規定（１年未満の建物の賃貸借の排除）の適用もないということである。

　第38条第２項は「前項の規定による建物の賃貸借をしようとするときは、建物の賃貸人は、あらかじめ、建物の賃借人に対し、同項の規定による建物の賃貸借は契約の更新がなく、期間の満了により当該建物の賃貸借は終了することについて、その旨を記載した書面を交付して説明しなければならない。」と規定している。これは契約の中のいわゆる重要事項について、それを契約の相手方に知らしめ、徹底したことを確認するうえで法が求める手続である。

　続く第３項は「建物の賃貸人が前項の規定による説明をしなかったときは、契約の更新がないこととする旨の定めは、無効とする。」と

規定しているが、これは重要事項の説明を怠った場合の効果（契約の普通借家契約への変質）についての定めである。

　次の第4項は、期間が1年以上の定期建物賃貸借である場合には、期間の満了の1年前から6カ月前までの間に賃貸人が賃借人に対し期間の満了により建物の賃貸借が終了する旨の通知をすること等について定めている。また、続く第5項は、居住の用に供する建物の定期賃貸借（床面積が200平方メートル未満の建物に係るものに限って）において、転勤・療養・親族の介護・その他やむを得ない事情により、賃借人が建物を自己の生活の本拠として使用することが困難となったときは、建物の賃借人は建物の賃貸借の解約の申入れをすることができ、その申入れの日から1月を経過することによって建物の賃貸借は終了する旨を定めている。そして第6項は、これら第4項、第5項の規定に反する特約で建物の賃借人に不利なものは、無効とすると定めて、前二項の規定に法による強行性を付与している。

　最後に、第38条第7項は「第32条の規定は、第1項の規定による建物の賃貸借において、借賃の改定に係る特約がある場合には、適用しない。」と規定し、定期借家契約において借賃の改定に係る特約がある場合には、第32条第1項による借賃増減請求権が排除されることを明らかにしている。したがって、一定の期間経過ごとに消費者物価指数の変動に応じて借賃を改定するとか、一定の傾斜をつけて借賃を増額又は減額させる旨の特約であれば、本項の規定が適用される。

　以上のように、借地借家法第38条（定期建物賃貸借）は、借家法による借家人保護が更新拒絶又は解約の制限（第1条ノ2）によって行き過ぎた面があるため、こういった制限つきの建物賃貸借（いわゆる普通借家）とは別メニューの、当該制限なしの（更新のない）建物の賃貸借も制度として許容されることを示したものと解することができる。

Ⅱ 貸家及びその敷地、並びに借家権の経済価値（価格）

　前述のように、建物の賃貸借によって借家権が設定（創設）されるが、これによって同一の不動産（建物とその敷地）について二つの部分的不動産権が併存することになる。一つは借家権が付着している建物とその敷地（これは建物所有者が所有している土地であることもあるが、単なる借地権であることもある。なお、特別に必要な場合を除いて、以下では後者の場合についていちいち言及しないことにする。）であり、通常、貸家及びその敷地と呼ばれている。いま一つは借家権である。

　そこで、以下において貸家及びその敷地と借家権の経済価値（価格）を考えるにあたって、改めて建物とその敷地に関わるこれらの権利の主な内容（義務も含めて）について、底地（権）と借地権について行ったのと同様に表示してみると、次のようになる。

貸家及びその敷地

権　利	必要経費を含めた約定賃料の収受	期間満了時に建物・敷地の復帰
義　務	貸家についての維持管理注	
差引き	純賃料	期間満了時に建物・敷地の復帰

注：建物の敷地が借地権である場合には、これに加えて、借地について地主への約定賃料の支払いがある。

借家権

権　利	借家使用による純収益	
義　務	必要経費を含めた約定賃料の支払い	期間満了時に建物・敷地の明渡し
差引き	上記の差額＞0、又は＝0、又は＜0	期間満了時に建物・敷地の明渡し

　上記について少し説明を加えると、家主と借家人との間で授受される賃料（必要経費を含む。）は約定賃料である。この賃料は、合理的に考える限り、当初においては、当然市場賃料相当のものであるはずであるし、それはまた、通常の能力をもつ借家人であれば、借家を利

用して上げうる純収益(貸家及びその敷地に帰属できる純収益)に見合ったものであるはずである。しかし、賃料についての合意をみてから時間が経って市場賃料が変動すれば、約定賃料との間で乖離が生じることになる。また、借家人が現実に借家使用によって上げる純収益も、個々のケースにより、また時間の経過により様々に変動する。このため、借家権の表の差引きの欄では表示が一定していない。なお、当然のことであるが、不動産(に関わる権利利益)の価値を考える場合には、その利益が不動産に帰しうるものでなければならないので、借家人の能力の違いについて然るべき考慮を払う必要がある。

ここまで借家権の権利の内容(義務も含めて)について、借地権のそれと同様の議論を展開してきたが、これら両者の間には当然のことながら基本的な差異があり、それが借家権価格の形成、及びその評価方法に影響を及ぼすことになるので、その点について十分に理解しておくことが必要となる。

これら両者の間の差異で最も基本的で重要なものは、それらの譲渡性(譲渡又は転貸の可能性)に関わる違いである。建物所有を目的とする賃貸借である土地の賃借権と、単なる建物の賃借権である借家権との間のこの点に関する違いについては、前節で詳述しているのでここでは繰り返さない。要は、土地の賃借権については、借地借家法の規定により、それが債権であるにもかかわらず、借地上の建物の譲渡とともに譲渡(具体的には譲渡もしくは転貸)され得る法的仕組み(賃貸人の承諾に代わる裁判所の許可)が用意されているのに対して、借家権についてはこれに類する法の保護は全く存在しないということである。このため、土地の賃借権については、たとえ単独での取引がみられないような状況の下にあっても、建物の譲渡に伴って一緒に譲渡されると一般的にみられるのに対して、借家権については、あくまでも家主の承諾が得られなければ譲渡し得ないという制約から免れることができない。

したがって、一般的にいって、このような厳しい譲渡性の制約下にある借家権について、なお譲渡(具体的には譲渡もしくは転貸)が行

われるというのは、むしろよほど特殊な状況の下における借家権に限られるといっても過言ではないように思われる。具体的には、準戦時中や戦後のような絶対的ともいえる住宅不足の時期、大都市のターミナル周辺もしくは繁華街のような特定地域内の市街地、飲食業・接客サービス業など特定の業種向きの建物といった特殊な状況下では、借家に対する強い需要が存在し、それを背景として借家権についても譲渡性が認められて取引されたこともあるということである。

　借地権と借家権との間のいま一つの大きな差異として、その存続期間に関わる差異がある。建物所有を目的とする土地の賃貸借では、建物投資の安定（具体的には投下した資金の回収）を図るため、一般的には、借地権の存続期間は30年とすると定められている（借地借家法第3条）。（法第23条第2項で定める事業用定期借地権の存続期間を10年以上30年未満とするというのは例外的な規定であるといえる。）これに対して、借家権、すなわち建物賃貸借の期間については法第29条において「期間を1年未満とする建物の賃貸借は、期間の定めがない建物の賃貸借とみなす。」と規定されており、また、平成11年改正法によって新設された同第2項において「民法第604条の規定は、建物の賃貸借については、適用しない。」と規定されているにとどまる。

　第1項の規定は、当事者の合意で1年未満の期間を定めた建物賃貸借は、これによって期間の定めのない賃貸借となるというにとどまり、さらに進んで一定の期間を保障するものではない。また、第2項の規定も、民法第604条に規定する賃貸借期間の上限（20年）を撤廃して、当事者の合意によってそれより長期の建物賃貸借を結ぶことができるとするものであるが、これまた一定期間を保障する趣旨のものではない。このように借家権については、借地権とは異なって、法の規定による（1年未満という短期を超える。）一定保障期間は存在しない。この関係で念のため付言すれば、建物利用の安定及び建物賃借人の保護は、建物賃貸借においては、主として第28条（建物賃貸借契約の更新拒絶等の要件）の規定によってなされているとみることができる。

以上で述べたところから、借地と異なって借家では、賃借人による建物への資金の投入がなく、また法による一定保障期間の定めがないことから、その存続期間は借地のそれに比して、一般にかなり短くなる傾向があると考えておいてもよさそうである。
　借家権についての譲渡の制約及び存続期間の短期化傾向に関して上述したところが承認されるとすれば、そこから借家権が取引されて、それに価格が形成されるのはむしろ特殊な状況下の借家権に限られるのであって、一般的には、借家権があってもその価格はないというのがむしろ普通の状態であるということができる。その理由は、譲渡の制約があるにもかかわらず譲渡ができるようになるためには、そのための誘因（借家権の譲渡人、譲受人及び譲渡に承諾を与える賃貸人にとってのインセンティブ）がなければならないが、その誘因としては賃料差額（新規に賃貸借をする場合の新規賃料（＝市場賃料）と既存の賃貸借を引き継ぐ場合の賃料との差額）しかありえず、その賃料差額が相当額に上るためには、存続期間が比較的短期の建物の賃貸借にとっては市場賃料の騰貴率が相当高率であることを要し、それにはその背景として既述のような特殊な状況が存在することが必要となるからである。
　以上は借家権が取引される場合と、その際の価格形成について述べたものである。しかしながら、借家権については、それが取引される場合の本来的な意味での価格だけでなく、不随意に立退きを求められる場合に（具体的には、都市再開発事業における地区外転出、公共用地取得に伴う移転、民間のビル建替えにおける移転のような場合に）借家人に支払われる対価であって、一般に借家権の価格といわれているものがあるので、この点について触れておく。
　このような対価は私見では、借家権（借家を安定的に使用、収益できる権利）に基づく経済的利益（いわゆる賃料差額）を基礎としているよりは、むしろ借家権に与えられている法的保護（借地借家法第28条が規定している正当事由要件）による利益（営業又は生活の場の確保）を基礎としていると考えられ、現実においても営業権、又は居住

権の保障としての移転料など、移転に伴って通常生じる損失の補填を主要成分とする立退料を中心とするものであるから、これを専門的観点からも借家権価格と称するのは極力避けるべきではないかと考える。

　最後に、貸家及びその敷地について述べてこの項を終える。

　借家権に比べると貸家及びその敷地は、その権利が物権であり、またその経済的利益も、約定賃料による縛り及び建物・敷地の復帰時期の不確定という要素はあるものの、最低限のところは確定しているので、市場で取引されることには何ら支障はなく、その価格も最低限（約定賃料）のところをベースとして形成されることには何の疑問点もないので、その権利がある所ではどこでも価格が成立することとなる。

Ⅲ 鑑定評価基準における貸家及びその敷地、並びに借家権の評価理論の展開

前節では貸家及びその敷地、並びに借家権の経済価値（価格）の形成について述べたが、ここではこれらについての鑑定評価基準の規定がどのように展開されてきたのかについて検討を加えてみる。

1. 鑑定評価基準における借家権価格理論

まず、借家権価格に関する鑑定評価基準の規定からみることにする。

既に借地権に関する基準の規定のところでも述べたが、借家権に関わる基準の規定も、実質的には昭和39年基準、同44年基準、平成2年基準の三つの規定があるにとどまる。逆にいえば、平成2年以後の平成14年基準、同19年基準（現行基準）は、借家権に関わる部分に限ってみれば、平成2年基準と異なるところはないということである。したがって、以下の検討も上記三つの基準の規定の比較検討という形で進めることにする。

39年基準は貸家及びその敷地並びに借家権についての規定を始めるにあたって、借家慣行及び借家権の取引慣行の実状について記述している。すなわち「借家慣行及び借家権の取引慣行の有無とその成熟の程度は、都市によって異なり、同一都市においても地域によって必ずしも一様ではない。」というのがそれである。この記述は、そういった事実について指摘しているものであって、特に問題とすべきところはない。

次いで基準は「借家権の価格は、その形成要因に居住権、立退料等を含むのできわめて複雑であるが、おおむね、前記第七、1(3)の3に述べた借地権価格の場合に準じて分けられる。」と規定している。この規定の後半部分の、基準第七、1(3)の3に述べた借地権価格の場合

に準じて分けられるというのは、同所の「二　借地権価格は、その構成の要因はきわめて複雑であるが、借地契約の締結が有償で行われたか否かの観点に基づき、次のように分けられる。㈤借地権が有償で設定又は移転されたことによりその価格が発生したもの、㈹借地期間中において自然にその価格が発生したもの、㈻㈤及び㈹の混在しているもの。」を指しているように解される。

　もしこのように理解することに誤りがないとすると、この後半部分で示されようとしていることは、（借地権価格の場合に準じた）借家権価格生成の態様による借家権価格の分類であるといえよう。一方、先の基準からの引用文の前半部分では借家権価格の形成要因が何かということが問題となっていたのであり、39年基準ではそれが何かということについての明示的な規定がないままで、「その形成の要因に居住権、立退料等を含むのできわめて複雑であるが」と記されていたのである。このようにみると、先の引用文は、前半部分は未完の借家権価格形成要因論（本質論）、後半部分は借家権価格生成態様論ということになるのであるが、果たしてこのような解釈でよいのであろうか。

　以上の解釈について予想される反論としては、借家権価格生成の態様と称するものの中に形成の要因が示されているのであって、そのようにみれば、引用文は未完の借家権価格形成論というのは当たらず、前半部分と後半部分との間に主題の分裂がなく、首尾一貫しているという主張があろうかと考えられる。

　例えば、借家権が借家期間中に自然にその価格が発生したものというのは、いわゆる賃料差額が発生し、それが持続することを前提にして自然的に発生したことを指すものであるから、これは借家権価格形成要因論（本質論）にほかならないではないかという主張がそうである。その主張の内容については、筆者も前節で論じているところであって、異議をさしはさむものではないが、そのような内容のものを自然発生的な価格の形成という生成態様論の形をとって述べるにとどまっているところに不満が残る（形成要因論としてはっきり述べるべ

きである。）とだけ付け加えておきたい。

　次に、価格生成態様論中のいま一つの態様である、有償で設定又は移転されたことによりその価格が発生したものといわれているものについてはどうであろうか。ここでも明示的に示されていないのではっきりしているわけではないが、文意からして有償でというのは、権利金の授受によって借家権が設定又は譲渡されたものと解釈してよいようにみられる。とすると、この場合でも生成態様論が同時に形成要因（権利金の授受）論となっているという主張がなされるように思われる。

　しかしながら、ここでも筆者の見方からすると、権利金の授受をもって借家権価格の形成要因とするのは議論としては不十分で、不徹底であるように思われる。というのは、権利金の授受があったとしてもそれが当事者間でどのようなことを背景として、どのような理解のもとでなされたのかについて、いまだ全く明らかではないからである。このため、授受された権利金の性格については、契約の内容から判断する必要があると一般に指摘されていることは周知のところである。

　例えば、権利金とはいうものの、その実質は毎月支払われるべき賃料の一部の一括前払いにすぎないものも多数あり、もしこれをも借家権価格形成要因の一つとして容認し、それ以上分析することなく止まってしまうのであれば、借家権価格の本質は前払いという形の無利子での資金のファイナンスという奇妙なことになってしまう。

　また、権利金の授受が借家権の譲渡・転貸に対する事前の承諾のためのものとしてなされるという例も数多くみられるようであるが、もしこれもまた借家権価格形成要因の一つとして容認し、それ以上分析するのでなければ、借家権価格の本質は承諾料であるということになってしまう。

　最後に、より本質的な議論として、権利金とは、つまるところ、居住や営業に便利な場所について、その場所的利益を確保するための対価であるという主張がなされるのは当然のことであろう。この議論は

これまでの二例に比して、借家権価格の本質により真っ向から迫ろうとするものであり、それだけに首肯すべきところがあるように思われる。しかしながら、この説についてもさらに踏み込んで検討を加えてみると、さまざまな疑問が浮上してきて、その先は必ずしも明確であるわけではないといえそうである。すなわち、賃貸借契約を締結するということ自体が、一定の契約（存続）期間、目的である不動産を占有して使用・収益する権利を設定することであり、その対価として賃料が支払われるということで、場所的利益の確保も既にその中に含まれていると考えられるのではないか。それはそのとおりであるが、とはいうものの、存続期間が満了した後の契約の更新については、いかに正当事由の要件によって賃借権が守られているといっても、それが100％確実であるわけではないので、それをあらかじめ確実にしておくための更新予約の申入れとその承諾と考えられるのではないか。

　更新予約説は有力なものとして考えられるが、それではなぜにそのような先のことまでの予約の申入れを行い、またその対価として権利金を得て承諾を与えることになるのだろうか。それは、つまるところ、契約の当事者が双方とも場所的利益が認められる不動産について、先行き需要の増加、価格の騰貴、賃料の上昇といった強気の予想をもっていることによるのではないか。というのは、もし先行きそのような予想が存在しないところでは、そのような行動をとることは合理的であるとは考えられないからである。それならば、当初から借家権価格形成要因として、特定の地域、用途の不動産についての先行き強気の予想（具体的には地価及び賃料についての騰貴の予想）をあげておくべきだったのではないか、という具合に議論が果てしないものになりそうである。

　以上でみてきたように、基準が示す借地権価格の場合に準じた借家権価格生成態様論は、あくまでも生成態様論の域にとどまるものであって、借家権価格形成要因論（本質論）として十分展開されていないと断ぜざるを得ない。ちなみに、このような見方からすると、先の基準からの引用文の前半部分で「借家権の価格は、その形成要因に居

住権、立退料等を含むのできわめて複雑であるが、…」と規定しているが、これは価格を経済価値（交換価値）を貨幣額で表示したものとする本来の使用法からすると誤りであって[1]、この部分を訂正するのであれば少なくとも「借地権の価格といわれているものは」と改めることが必要であると考えられる。このようなことをいうのは、居住権とか立退料とかが問題になるのは自発的な取引の場（すなわち市場）においてではなく、あくまでも不随意の立退きの場合においてであるからにほかならない。このような基本的な概念についての誤用があるのも、39年基準では借家権価格の本質について確固とした理解が欠けていることと無関係ではないように思われる。

次に、基準は「貸家及びその敷地の価格と借家権の価格とは、一般的に密接な関連性をもっているので、この点に留意すべきである。」と規定しているが、これは、同一の建物及びその敷地について借家契約によって借家権が設定され、貸家及びその敷地と借家権という二つの部分的不動産権が創り出されるのであるから、当然のことというべきである。

以上は39年基準の規定についてであるが、次に**44年基準**についてみることにする。この基準では、基準として初めて借家権価格の本質規定がみられることになる。すなわち、「借家権の価格とは、借家権の付着している建物について、借家人に帰属する経済的利益（一時金の授受に基づくものを含む。）が発生している場合において慣行的に取引の対象となっている当該経済的利益の全部又は一部をいう。借家人に帰属する経済的利益とは、建物（及びその敷地）の経済価値に即応

---

[1] 門脇惇『不動産鑑定評価要説（七訂版）』（税務経理協会、昭和56年5月）にも次のような指摘がある。「一般に借家権の価格といわれているものには、立退料、営業権等を誤って含んでいる場合があることに留意しなければならない。」（200ページ）

　㈳東京不動産鑑定士協会研究研修委員会『借家権と立退料』（東京不動産鑑定士協会、平成21年3月）にも同様の趣旨の指摘がある。不随意の立退きがある場合の借家権の鑑定評価は「いわば、立退料の鑑定評価というべきものであり、市場性のある権利の価格というより求償的な価値を経済合理的観点から求めたものであるといえる。」（2ページ）

した適正な賃料と実際支払賃料との乖離及びその乖離の持続する期間を基礎にして成り立つものをいう。」というのがそれである。この規定は、第4章で述べた借地権価格についての基準の規定と酷似しているものであり、また本章前節で筆者が示した借家権の経済価値（価格）論と実質的に異なるものではないので、ここで改めて注釈等を付け加えることはない。ただ念のために一言だけ留意を要する点について述べると、これも既に前節で述べていることであるが、借地権に比べての借家権についての譲渡の制約及び存続期間の短期化傾向のゆえに、借家権が取引されてそれに価格が形成されるのは、むしろ特殊な状況下の借家権に限られるのであって、一般的には借家権があってもその価格はないというのが、むしろ普通の状態であると言い得るように思われる。

基準もこういった点については、先の引用文に続けて、「借家権慣行及び借家権の取引慣行の有無とその成熟の程度は、都市によって異なり、同一都市内においても地域によって必ずしも一様でない。また、一般に借家権の価格といわれているものには、立退料、営業権等をその構成要素として含んでいる場合があることに留意しなければならない。」として注意を促しているところである。

次に、**平成2年基準**（現行基準も同じ）ということになるが、ここでは借家権の定義が初めにあるだけで、借家権価格についての規定（借家権価格生成態様論ないし借家権価格形成要因論といえるもの）は全くなく、いきなり借家権価格の評価手法論が展開されるところとなっている。そこで、当基準における、このような借家権価格論の欠如についてどのように考えればよいのかということが問題として浮上することになる。

この点に関しては二つの解釈がありうると思われる。一つは、前の昭和44年基準で借家権価格本質論を示しているので、ここではその部分を繰り返すことなく、省略したとする解釈、いま一つは、前基準の借家権価格論には疑問もあるのでそれを外すことにしたが、それでは新たな規定をどのようにするかについて（委員会などでの）意見がま

とまらないままで、また空白であっても支障はなかろうということで、やむなく省略した形となったとする解釈である。

これら両様の（あるいは、また別の）解釈について読者がどのような見解を抱かれるかは知る由もないが、筆者は次のように考える。

平成2年基準の借家権価格評価手法論（これについては後ほど改めて述べるが）から見ると、それには、前基準に示された借家権価格本質論を踏襲するのであれば、評価手法の一つとして当然入れておくべき賃料差額に基づいて求められる収益価格への言及が全くなく、この点からして前基準の借家権価格本質論は、どのような理由によるのか不明であるが、退けられているように思われる。

しかし、前基準の借家権価格本質論を退け、それに代わる新たな本質論を示さず、あるべきはずの本質論が欠如したままであるというのは、好ましいことではないように思われる。というのは、本質論の欠如は、評価手法論を展開するにあたって視座が不確定であることを意味し、そのため評価手法論としての方向性が定まらず、その議論が二転、三転することにつながるおそれがあるからである。このことについては、次節の鑑定評価手法論において具体的に論じることにする。

2. 貸家及びその敷地、並びに借家権の鑑定評価手法

前項では三代にわたる鑑定評価基準における借家権価格理論の展開を追いつつ私見を述べたが、ここからは貸家及びその敷地並びに借家権についての基準の評価手法論について吟味することにする。なお、その際、議論としてのまとまり具合を考慮して、まず貸家及びその敷地の評価手法論の展開から取り扱うことにする。

(1) 貸家及びその敷地の鑑定評価手法

昭和39年基準は、「貸家及びその敷地については、さらに第三者に譲渡する場合と当該借家人に譲渡する場合とに分けられる。」とした

うえで、まず「イ．第三者に譲渡する場合」の評価手法について規定する。すなわち、「貸家を現借家人が居付の条件で、第三者に譲渡する場合における貸家及びその敷地の鑑定評価額は、家賃から諸経費（借地上の貸家の場合においては、公租公課に代えて地代相当額）を控除した純収益を資本還元した収益価格及び比準価格を関連づけて得た価格を標準とし、次に掲げる事項を総合的に比較考量して決定するものとする。」というのがそれである。なお、これにはなお書きがつけられていて、「なお、この場合において、契約後あまり時期を経ていない貸家及びその敷地を鑑定評価するときは、契約にあたって授受された権利金等及びこれに関する契約条件等を考慮した額を当該建物及びその敷地の価格から控除して得た額を特に考慮するものとする。」と規定されている。

　このなお書き部分についてまず述べることにすると、権利金等の授受は地域の社会的慣行に由来するものであり、またそれが契約後あまり時期を経ていないということであれば、不動産取引市場における価格形成過程のシミュレートを本質とする鑑定評価の任に当たる者としては、その額を控除すべき額（将来において得られるであろう収益の、一時金としての先取りであるから）として特に考慮しなければならないことは至極当然のことといえる。

　そこで、本文にもどって、そこで示されている貸家及びその敷地の評価手法論について少しコメントを加えると、基準は、現借家人が居付の条件で、すなわち現行の賃貸借が継続されているままの状態で貸家を第三者に譲渡する場合における貸家及びその敷地の鑑定評価額を求めるためには、まず、その家賃から諸経費を控除した純収益を資本還元した収益価格を査定する必要があることを示している。評価手法についてのこのような規定性は賃貸借が継続されている状態という対象不動産の収益性の面での制約に由来するものであるから、必然であるといえる。なお、基準のここの部分の規定で、家賃から諸経費を控除するにあたって、かっこ書きで、借地上の貸家の場合においては、公租公課に代えて地代相当額を控除するよう指示しているのは、建物

がいわゆる借地権付建物であって、それが賃貸されている場合の対応を示したものである。

　上記収益価格の査定に次いで、基準は対象不動産について比準価格を求めたうえで、これら両価格を関連づけて得た価格を標準として鑑定評価額を決定するよう規定しているが、市場で取引事例がある限り、比準価格は鑑定評価上、最重視されるべき価格であることに変わりはない。

　なお、収益価格及び比準価格を関連づけて得た価格を標準として鑑定評価額を決定するうえで、総合的比較考量事項として掲げられている事項は、

　(イ)　現行家賃及び将来値上げ又は値下げの見込みとその実現性
　(ロ)　契約にあたって授受された権利金及びこれに関する契約条件
　(ハ)　既往借家期間及び残存期間並びに建物の残存耐用年数
　(ニ)　近隣の又は同類型の借家の取引慣行並びに取引事例及び取引利回り
　(ホ)　次のロ．に該当する場合を想定する場合において、借家権取引の慣行が成熟している近隣の建物及びその敷地の価格に対する借家権価格の比率（以下「借家権割合」という。）
　(ヘ)　借家の目的、契約の形式、登記の有無、転借か否かの別
　(ト)　金利水準及び不動産価格の推移動向

である。これらのうち、(イ)、(ロ)、(ハ)及び(ヘ)は当該借家契約の個別的特性に関わるものであり、また、(ニ)は近隣の又は同類型の借家市場の状況を示すものであって、その重要性が認められるが、(ト)のごときはごく一般的な経済情報であって、そのような項目をここにあげた特別の意味は計りかねる。また、(ホ)では、次のロ．に該当する場合、すなわち対象不動産を当該借家人に譲渡する場合を想定する場合において、借家権割合を比較考量すべきことを指示しているのであるが、この項（すなわち、イ．第三者に譲渡する場合）において、なぜに当該借家人に譲渡する場合を想定する必要があるのか全く理解しかねるといわなければならない。

次に、基準は「ロ．借家人に譲渡する場合」の評価手法について規定している。すなわち、「貸家を当該借家人に譲渡する場合における貸家及びその敷地の鑑定評価額は、当該建物及びその敷地の収益価格及び比準価格並びに当該建物及びその敷地価格に近隣における借家権割合を乗じた価格を当該建物及びその敷地価格から控除した価格を関連づけて得た価格を標準とし、前記(1)イ．に掲げる事項を総合的に比較考量して決定するものとする。」というのがそれである。この規定を前述したイ．第三者に譲渡する場合についての規定と比較すると、収益価格及び比準価格までは同じで、新たに借家権割合を乗じた価格を建物及びその敷地価格から控除した価格（すなわち、建物及び敷地の価格（1－借家権割合））が関連づけるべき価格に加えられているだけであることが分かる。

　したがって、ここでのコメントもこの部分に限って行うことにするが、借家権割合を用いたいわゆる控除方式の妥当性は一にかかって用いられる借家権割合そのものの妥当性に依存することはいうまでもない。もし近隣における借家権割合として用いられる比率が、近隣における同類型の貸家及びその敷地について観察された借地権価格の取引事例から帰納されたものであるのであれば問題はないが、そうではなく、税務上用いられているにすぎないものであるのなら、とんでもない借家権の過大評価（したがって、貸家及びその敷地の価格の過小評価）につながりかねない[2]ので、十分な留意を要する。

　上記基準の規定の末尾で言及されている総合的比較考量事項、及びそれに続くなお書きもイ．の場合と同じであるので、ここでは繰り返さない。

　次に、二代目にあたる**昭和44年基準**は、貸家及びその敷地の評価手法について次のように規定する。すなわち、「貸家及びその敷地の鑑定評価額は、実際支払賃料に基づく純収益を還元して得た収益価格を標準とし、積算価格及び比準価格を比較考量して決定するものとする。この場合においては、次に掲げる事項を総合的に比較考量するものとする。」というのがそれである。なお、念のために付け加えると、

前の基準ではこのような規定に続けてあったなお書き（契約後あまり時期を経ていない貸家及びその敷地を鑑定評価するときの、授受された権利金等への特別の考慮の指示）が抜けているが、これは除外したというよりは、当然のこととして省略したと解釈すべきであろう。

そこで、本文に戻って、前基準と比較すると、鑑定評価額決定のうえで収益価格が前面に出てきてというよりはむしろ、比準価格が後方に退けられ、新たに加えられた積算価格と並んで、比較考量すべき試算価格の一つに位置づけられるようになったものとみられる。なぜそのような取扱いになったのか正確なところは知る由もないが、思うに借家においては借地の場合以上に個別的要因において差異がみられることが多く、精度の高い比準を行うことが困難であることが多いことに基因するのであろうか。また、積算価格が新たに加えられた積極的な意味についても計りかねるが、賃貸借契約の内容や管理運営の内容をそれに反映させることの困難性を考慮すれば、それがせいぜい比較考量すべき試算価格の一つとして位置づけられているのは当然のことといえよう。

基準からの先の引用文の末尾に指示されている総合的比較考量事項についてみると、この基準では記号が(イ)、(ロ)、‥‥(ト)から(a)、(b)、‥‥(f)に代わっている上に、内容的にも少し変更が加えられている。すな

2　横須賀博「賃貸市場に借家権割合は存在するか」『不動産鑑定』（住宅新報社、2009年8月号）には以下のような注目すべき指摘がある。「相続税・地価税の評価における借家権割合は、一般に30％であるが、具体的には地域ごとに、次のように定められている。」として各国税局管内の地域区内別の借家権割合（30％又は40％の数値）を表の形で示した後で、「ただし、この借家権割合については、貸家の売買実例価額や精通者意見等を基に定められたものとされているが、何故に30％ないし40％なのか、その計算根拠は見当たらない。」（50ページ）。また「相続税法上の借家権割合は、行政上のものであって借家権として独自に課税用とするものでもなく、貸アパートや貸ビルの控除項目として定められたものであるから安全性を考量し、かなり高めに定められたものと判断される。」（53ページ）。

さらに「賃貸市場に存在する借家権としての比準価格の把握、近隣地域の借家権割合等の把握は不可能であり、安易に相続税法上の借家権割合による価格を求め、これを借家権割合の存在に置き換えて求めた価格は、生きた賃貸市場とは異質なものであり、鑑定評価基準に教示されている経済的価値と別次元のものである…」（56ページ）

わち、以前の(ホ)と(ト)の項目で、筆者がこれらの項目を比較考量事項として特に掲げることの意味について疑問を呈していたものが外され、代わって新たに(c)として「将来期待される一時金の額及びこれに関する契約条件」という項目が付け加えられている。これは、その内容からみて至極もっともな修正であると評価できる。

最後に、基準は、「また、貸家及びその敷地を当該借家人が買い取る場合における貸家及びその敷地の鑑定評価にあたっては、当該貸家及びその敷地が自用の建物及びその敷地となることによる市場性の回復等に即応する経済価値の増分に留意すべきである。」として、貸家及びその敷地に関する項を終えている。そこで、筆者もこの部分の規定に関して二つのことについてコメントを加えるだけにとどめておくことにする。

一つは、この基準では前基準にあったように、貸家及びその敷地を第三者に譲渡する場合と当該借家人に譲渡する場合とに分けて貸家及びその敷地の評価手法を規定する項の立て方（すなわち、イ．とロ．）になっておらず、貸家及びその敷地の評価手法としては、前述の規定があるにとどまることに関連する。この点について私見を述べれば、前基準のロ．の場合の規定については、既述のように、借家権割合を用いた控除方式には誤りに陥りやすい危険性があるので、44年基準ではこの手法を外すことにした。そうすると、それを除外したあとには収益価格と比準価格が残るだけになって、それならば第三者に譲渡する場合と区別してわざわざ当該借家人に譲渡する場合を別項として起こす必要性がなくなってしまった、というのが真相ではないかというのがそれである。

いま一つは、いずれにしろ、当該借家人に譲渡する場合の評価手法を別立てにすることはなくなったのであるが、当該借家人に譲渡する場合の評価上の問題はそれだけですませてよいのかということに関係する。

実のところ、44年基準は鑑定評価によって求めることができる価格概念に新たに限定価格を加えた基準であり、そういった視点から、貸

家及びその敷地を当該借家人が買い取り、借家関係が消滅することによって生じるかもしれない経済価値の増分について触れる必要があったものと解される。このため、「当該貸家及びその敷地が、自用の建物及びその敷地となることによる市場性の回復等に即応する経済価値の増分に留意すべきである。」の文言が付加されることになったのであろう。

なお、ここでの市場性の回復等に即応する経済価値の増分には、借家権の付着によって、いわゆる契約減価が生じていた不動産についての、文字どおりの市場性の回復に即応する経済価値の増分とは別に、建物と敷地の状況そのものについて再開発を行う可能性の程度に応じた経済価値の増分も含まれることに注意する必要があろう。

三代目に当たる次の**平成2年基準**では、結論から先にいう式のいい方をすれば、貸家及びその敷地の評価手法の規定において大きな変更はなく、わずかに二点の小さな修正があったにとどまる。

修正の一つは、貸家及びその敷地の収益価格を求めるうえで、昭和44年基準では「実際支払賃料に基づく純収益を還元して」としていたものを、ここでは「実際実質賃料に基づく純収益を還元して」（上点は筆者）と改め、その実際実質賃料にかっこ書きで（売主が既に受領した一時金のうち売買等にあたって買主に承継されない部分がある場合には、当該部分の運用益及び償却額を含まないものとする。）との注意書きを加えたことである。読めば分かるとおり、この部分の表現としてはより正確になっているといえる。

また、もう一つの修正は、いわゆる総合的比較考量事項として、前基準では(a)〜(f)があったものに新たに(g)が加えられ、また、(d)でも内容的に一事項が追加されたというものである。(d)への追加は、契約締結の経緯という事項で、当該賃貸借契約の内容をよりよく理解するうえで必要であることはいうまでもない。

一方、新たに加えられた(g)の事項は、借家権価格である。もしそれが、近隣における同類型の貸家及びその敷地の取引事例から求められた借家権価格であるならば問題はないが、自用の建物及びその敷地の

価格に税務上用いられるにすぎない借家権割合を乗じて求められたものであれば、慎重な取扱いを要するものであることは既述のとおりである。

以上で三代にわたる基準における貸家及びその敷地の評価手法論の展開をみてきた。そこから明らかになったことをまとめて本項を閉じることにする。

① 基準の展開から、貸家及びその敷地を第三者に譲渡する場合の鑑定評価額は、現行賃料に基づいて求められる収益価格を標準として決定することにならざるを得ないという方向性が明らかに見てとれる。

② このようになるのは、比準価格や積算価格には既に指摘したような難点があって、精度の高い試算価格を得るのが一般的には難しいからということにもよるが、基本的には、建物とその敷地の所有権に借家契約によって借家権が付着し（その結果、貸家及びその敷地となって）、その収益が約定賃料の収受以外にはなくなるとともに、その市場性にも制約が生じることに基因すると解すべきであろう。

③ 貸家及びその敷地を当該借家人が買い取るときは、このような制約が一挙に解消されて、そこに経済価値の増分が生じる場合があるので、その点に留意を要するというのも、上記②の反面として至極当然のことと思考される。

(2) 借家権の鑑定評価手法

最後に、借家権の鑑定評価手法についての歴代基準の規定を考察してみることにする。

まず、**昭和39年基準**では、「借家権の鑑定評価額は、当該建物及びその敷地の価格から当該貸家及びその敷地の収益価格を控除した額及び比準価格並びに当該建物及びその敷地価格に近隣における借家権割合を乗じた価格を標準とし、前記(1)イ．に掲げる事項を総合的に比較考慮して決定するものとする。」という規定がなされている。

この規定については、前述のように39年基準では、借家権とはの本質論が欠如していることと関連してであろうか、控除方式による試算価格、比準価格及び割合方式による試算価格のいずれにも強弱を付けることなく、極めて平板に規定されていると評することができる。加えて、ここで控除方式による試算価格と称した当該建物及びその敷地の価格から当該貸家及びその敷地の収益価格を控除した額は、借家権価格がとりうる最大値ともいうべきもので、現実的には諸種の事情（特に、借家契約の内容及び借家権取引の成熟の程度）を考慮して調整を行うべきものであること、また、割合方式で用いられる借家権割合が税制上のものである場合には、この方式による試算価格が既述のように過大評価に陥る危険性があることも指摘されなければならない。

　上記規定に続いて、基準は、「なお、この場合において、契約後あまり時期を経ていない借家権を鑑定評価するときは、契約に当たって授受された権利金等及びこれに関する契約条件等を考慮して得た額を特に考慮するものとする。」と規定しているが、これは市場の実勢を重視すべき鑑定評価としては当然のことである。

　次に、**昭和44年基準**では「借家権の鑑定評価額は、比準価格を標準とし当該借家権に係る不動産の正常実質賃料相当額から実際支払賃料を控除した額を還元して得た収益価格を比較考量して決定するものとする。この場合において、前記二の㈡に掲げる事項を総合的に比較考量するものとする。」という規定がなされている。

　この規定については、既述のように基準で初めて示された借家権価格本質論（借家権の価格を、いわゆる賃料差額に基づく、借家人に帰属する経済的利益に由来するものとする。）からすれば、ここでは当然に収益価格を標準とするとなっていなければならないように思われるのであるが、案に相違して比準価格がその地位にあり、収益価格は比較考量の地位に格下げされていることが注目される。なぜこのようなちぐはぐな扱いになったのか、矛盾撞着ではないのかと思いたくなるところであるが、そうではなく、これまた既に前々節で述べたよう

に（借地権と比べて）借家権がもっている移動性（譲渡性）の面での厳しい制約のゆえに、その取引慣行の成熟が一部の地域や用途での借家に限られることに基因して、このような規定になっているものと解釈しておきたい。

そこで、最後の**平成2年基準**ということになるが、ここでは基準は「借家権とは借家法が適用される建物の賃貸借をいう。」と借家権の定義をしただけで、借家権価格については何ら本質規定を行うことなく、直ちに、取引慣行があって市場で取引される場合と、不随意の立退きの際に分けて鑑定評価手法を規定している。

まず、前者の場合については、「借家権の取引慣行がある場合における借家権の鑑定評価額は、当事者間の個別的事情を考慮して求めた比準価格を標準とし、自用の建物及びその敷地の価格から貸家及びその敷地の価格を控除し、所要の調整を行って得た価格を比較考量して決定するものとする。借家権割合が求められる場合は、借家権割合により求めた価格を比較考量するものとする。この場合において、前記貸家及びその敷地の(a)から(f)までに掲げる事項を総合的に勘案するものとする。」と規定しているのがそれである。

この規定で何よりも関心を呼ぶ点は、そこにいわゆる賃料差額に由来する収益価格への言及が全く見られないことである。本基準では前基準にあった借家権価格本質論が欠落していることについては既に述べたとおりであるが、取引慣行がある場合の鑑定評価手法の一つとしても、収益価格を全く規定から外すということでよいのか、大いに疑問を感じる。というのは、取引慣行がある場合の、換言すれば、実在の取引市場における借家権価格を論じようとする時には、その経済価値（交換価値）の形成要因として賃料差額の存在とその持続（の予想）が是非とも必要だからである。ついでながらいえば、法的保護利益（正当事由が存在しなければ意思に反して立ち退かされることはないという）は、この場合、交換価値の意味での本来の経済価値の形成要因にはならない。したがって、これも筆者が既に指摘してきたように、借地権に比べて借家権が持っている権利の制約及び存続期間の短

期性のゆえに、賃料差額がかなりの額に上り、それによって借家権が一般的に取引されるようになる（取引慣行が成熟する）のはごく一部の地域や用途に限定されるようになるとしても、取引慣行のある場合として規定を設ける限り、賃料差額への言及がないのは全く理解し難いように思われる。

　ともあれ、基準は収益価格を考慮外としたことで、借家権の評価手法としては、比準価格への傾斜をますます強めることにならざるを得なかったとみられる。その結果として、いうならばそれを補うために、控除方式及び割合方式を、39年基準以来改めて復活させたものと解される。今回は、控除方式には新たに調整率を加味させることになり、また割合方式には「借家権割合が求められる場合には」（その真意は、市場の取引事例を通じてということと解されるが）との限定を加えることによって、それぞれ借家権の過大評価に陥らないための予防線が張られているので案じることはないと思われるが、実際の実務においてこれらの点がどのように処理されているのか気になるところである。

　次に、不随意の立退きの場合であるが、基準はこれについて「さらに、借家権の価格といわれているものには、賃貸人から建物の明渡しの要求を受け、借家人が不随意の立退きに伴い事実上喪失することになる経済的利益等、賃貸人との関係において個別的な形をとって具体に現れるものがある。」（上点は筆者）と明記していることに注意する必要がある。筆者にいわしめると、ここで扱われているのは世間一般で（誤って）借家権価格といわれているにすぎないものであって、当然のことながら借家権の経済価値（交換価値）を現すのではなく、正しくは立退料と称されるべきものである。というのは、それが借家人が不随意の明渡しを求められて喪失することになる経済的利益等の損失補填を本質とするものだからである。そのため、その評価手法も基準が続いて規定しているものにならざるを得ないことになる。すなわち、「この場合における借家権の鑑定評価額は、当該建物及びその敷地と同程度の代替建物等の賃借の際に必要とされる新規の実際支払賃

料と現在の実際支払賃料との差額の一定期間に相当する額に賃料の前払的性格を有する一時金の額等を加えた額並びに自用の建物及びその敷地の価格から貸家及びその敷地の価格を控除し、所要の調整を行って得た価格を関連づけて決定するものとする。」というのがそれである。

　この規定の前半部分（並びにの語句まで）は、ここで問題となっている対象不動産の経済価値とは直接関係なく、借家人が代替建物へ入居するに要する費用の形で被る損失の補填（補償）を主目的とした規定であると解される。なお、念のために補足すれば、借家人がこのような補償を求めることができる権限は、普通借家権が借地借家法第28条の規定する更新拒絶等の要件によって強い保護（当該借家を使用した営業権又は居住権の保障）を受けていることに基づく。

　規定の後半部分はこれとは全く性格を異にするものである。自用の建物及びその敷地の価格から貸家及びその敷地の価格を控除した額は、明渡しに伴い建物に付着していた借家権が消滅することによって生じる経済価値の増分を表しており、これは賃貸人及び借家人の双方が潜在的に保有していた利益であるとみなすことができるものである。したがって、基準は、これについて賃貸人との間の個別的事情を考慮するなどして調整を加えた額を、前述のものとは別に勘案するよう規定したのであろう。なお、これもまた念のために補足すれば、この価値の増分は、借家権だけが単独で第三者との間で取引される場合に顕在化するものではないので、それに基づいた借家人への配分額を本来の意味での借家権価格と称することはできない（せいぜいのところ限定価格である。）ように考える。

　以上で三代にわたる基準における借家権の評価手法論の展開をみてきた。そこから明らかになったことを、前項での例によってまとめて本項を閉じることにする。

①　借家権の取引慣行がある場合で、それが第三者に譲渡される場合の鑑定評価手法論は、貸家及びその敷地のそれに比べて方向性が定まらず、二転三転していることが見て取れる。

② このようになるのは、上記本文中でも指摘したように、借地権に比べて借家権がその譲渡性の点で厳しい制約を受けるとともに、特殊な事情を背景にしている場合（例えば、住宅の絶対的不足、高度成長に伴う不動産価格及び賃料の高騰、都心やターミナル周辺といった希少性の高い地域、繁華街での特定業務向きのビルなど）以外の借家では、借家権価格形成要因である賃料差額が、よほど長期にわたるものを除いて、かなりの額には上りにくいことに基因するのではないかと思考される。

③ しかしながら、価格形成本質論を欠いたままでは評価作業を進めるうえでの照準が定まらず、比準方式、控除方式、割合方式による作業の中での補正や調整が暗中模索に終始して、決め手を欠くことにつながらないかをおそれるものである。

④ 第三者に譲渡される場合に比較して、借家人が不随意に建物の明渡しを求められた場合の評価額の求め方については、その根拠並びに評価手法ともに明確であって疑問の余地がない。ただ一つ、この場合の評価額を世間一般で借家権価格と称するだけであるのならともかく、その道の専門家である鑑定士までもがそういった誤用に従うことだけは避けたいものである。

第6章

転換期にある借地権・借家権の鑑定評価における諸問題
－理論・基準・実務の
　不整合を正すために－

はじめに

　平成4年8月に施行された新借地借家法により、それまで弱者救済的な色彩が強かった旧借地法・借家法が、多様な不動産の活用を可能にする内容へと改正されている。

　この新法及びその後の改正により、新設・導入された定期借地や定期借家、事業用借地等の制度が、今後の不動産活用の可能性をより拡げることになった一方で、従来の「借地・借家」と、これとはやや異なる性格を有する新「借地」「借家」とが当面は併存することになった。具体的には、旧借地法・借家法が賃借人保護（≒弱者救済）の性格を強くする内容を中心にしたのに対し、新借地借家法ではこの性格をやや弱め、不動産の活用促進のために賃貸人側の利益保護に一定の配慮がなされる内容となっており、制度としては、新・旧の借地・借家制度とこれらの権利利益が、今後当面は、一般社会及び不動産市場に併存していくことになったのである。

　一方、不動産の鑑定評価の世界においては、不動産鑑定士が鑑定評価を行う際の統一的基準とされる不動産鑑定評価基準について、制定以降、不動産を取り巻く社会環境の変化や評価理論の進展とともに、その内容について修正・追加等の改定は随時行われてきているが、近時における不動産市場の多様化、特に不動産証券化の潮流は、鑑定評価に対する精緻化や透明性、説明責任等を一層要求している。その結果、現在の市場をリードする不動産証券化市場への対応を中心とする基準の見直しは、いままで以上のスピードと詳細さを要求している。

　このような不動産に関わる法改正や市場変化等に対応する不動産、いわば最先端とでもいうべき証券化対象不動産に関する分野の鑑定評価基準が追加・改定される一方、従来型評価の分野では、長らく追加・改定等がない状態で現在の基準が構成され、鑑定評価実務の現場で活用されている。

　本章では、従来型評価の分野と考えられる借地権・借家権（定期借

地権等の新しい類型は、従来型とはいえない。）に関する法律、不動産市場、不動産鑑定評価の相互間におけるさまざまな認識の「ズレ」、さらには、法と法、法律と鑑定評価基準、基準と基準、基準と実務、鑑定評価実務とその他実務などで、ややあいまいになっているこれらの「ズレ」について考察し、明らかにするものである。

I　借地権・借家権とはなにか？　～法と基準の定義の「ズレ」～

　借地権・借家権の鑑定評価についての検討を行うにあたって、権利の根拠となる借地借家法と不動産鑑定評価基準、及び参考として都市再開発法における借地権・借家権の定義を確認することとする。

1.　借地借家法における借地権・借家権

　借地・借家に関しては、いわゆる「旧借地法・旧借家法」と現行「借地借家法」を根拠とする権利が現在併存している。これらの法律における各権利の定義を改めて確認する。

（1）借地借家法における借地権

　「旧借地法」では「本法ニ於テ借地権ト称スルハ建物ノ所有ヲ目的トスル地上権及賃借権ヲ謂フ」とされている。

　現行の「借地借家法」では、借地権を「建物の所有を目的とする地上権又は土地の賃借権をいう。」としている。

（2）借地借家法における借家権

　現行の借地借家法及び旧法において、「借家権」という語句及び定義は存在しない。

　「旧借家法」では、その第1条に「建物ノ賃貸借ハ其ノ登記ナキモ建物ノ引渡アリタルトキハ爾後其ノ建物ニ付物件ヲ取得シタル者ニ対シ其ノ効力ヲ生ス」とあり、これが借家権を指すものと考えられている。

　現行「借地借家法」における借家権に相当する部分としては、第31条（建物賃貸借の対抗力等）の「建物の賃貸借は、その登記がなくても、建物の引渡しがあったときは、その後その建物について物件を取

得した者に対し、その効力を生ずる。」とされる部分である。
　いずれにしても、不動産の鑑定評価の対象となる「借家権」は、その基となる借地借家法自体には記載がないのである。

2. 不動産鑑定評価基準における借地権・借家権

（1）不動産鑑定評価基準（現・旧）における借地権
　不動産鑑定評価（旧基準）では、借地権とは、「借地法に基づく借地権をいう。」と定義されている（旧基準解説P.187参照）。
　また、現行の鑑定評価基準では、「借地権とは、借地借家法（平成3年法律第90号）（廃止前の借地法を含む。）に基づく借地権（建物の所有を目的とする地上権又は土地の賃借権）をいう。」とされている。

（2）不動産鑑定評価基準（現・旧）における借家権
　不動産鑑定評価(旧)基準では、「借家権とは借家法が適用される建物の賃借権をいう。」とされており、現行鑑定評価基準では、「借家権とは、借地借家法（廃止前の借家法を含む。）が適用される場合の建物賃借権をいう。」とほぼ同様の表現で借家権を定義している。

3. 都市再開発法における借地権・借家権

　都市再開発法（昭和44年6月3日法律第38号）においては、「借地権」「借家権」は次のとおり定義されている。

> 第2条第11号　借地権　建物の所有を目的とする地上権及び賃借権をいう。ただし、臨時設備その他一時使用のため設定されたことが明らかなものを除く。
> 第12号　借地　借地権の目的となつている宅地をいう。

>   **第13号**　借家権　建物の賃借権をいう。ただし、一時使用のため設定されたことが明らかなものを除く。

　都市再開発法における上記「借地権」「借家権」は、不動産鑑定評価基準の定義と同義であると考えられる。

4. 借地権・借家権の定義のズレ

　不動産の鑑定評価における借地権・借家権は、借地借家法にある「借地権」「借家権」とされているが、借地権については、同法にもその語句及び定義が明示されているのに対し、「借家権」については、借地借家法自体にその語句はなく、「建物の賃借権」という表現にとどまっている。しかし一方、都市再開発法等には「借家権」の定義が明記されており、その内容が鑑定評価基準における定義とほぼ同義であり、実質的には三者はいずれも同義であると認められる。

　借地借家法に「借家権」の語句がないのは、その権利自体の脆弱さによるものではないかと考えられる。

II 借地権・借家権の相違点　～権利利益の内容の「ズレ」～

　同じ法の下で権利の存在を認められている借地権と借家権（正確には建物賃借権）ではあるが、法のなかでの権利としての記載のされ方以外に、実質的内容、特に市場性の点で大きく異なる特性を有する。ここでは、これら借地権と借家権の相違点について改めて確認するものとする。

1. 借地権・借家権の権利としての相違点

　前節のとおり、借地借家法では、「借地権」については明確に定義されているものの、「借家権」についてはそもそも「借家権」という語句は使われず、「法が適用される建物賃借権」という表現にとどまっている（ただし、都市再開発法等においては、「借家権」という語句が使われている。）。

　一方、鑑定評価基準では、借地借家法に規定された借地権と建物賃借権を各々「借地権」「借家権」と明確に規定しており、これらを借地借家法により保護された権利ととらえている。

　「借家権」という語句の取扱いはさておき、借地権と借家権（本文では借地借家法における建物賃借権を「借家権」とする。以下同様）の内容についての法律上の相違点は以下の点である。

　a) 期間

　　　借家については、期間の定めのない場合を認めるのに対し、借地（旧法下において）については、契約に期間を定めていない場合、

　　・堅固建物所有目的…60年、その他…30年（旧借地法2条1項）
　　とし、契約で特約がある場合でも、

　　・堅固建物所有目的…30年以上、その他…20年以上（旧借地法2

条2項)

とし、期間満了による消滅の場合には、終了6カ月以前に更新拒絶の意思表示をするという規定はないが、土地所有者が自ら土地を使用することを必要とする場合(その他正当事由がある場合)には、遅滞なく異議を述べることを要件としている(同法4条)。

ちなみにこの場合、異議を述べなければ法定更新として、前の契約と同一条件でさらに借地権を設定したものとされ、堅固建物で30年、その他の建物で20年の期間の借地権として継続することになる(同6条)。

なお、新法下においては、堅固・非堅固の区分はなく、存続期間30年、契約で30年以上の期間と定めることもでき(新法3条)、また、法定更新は1回目が20年、2回目以降は10年となっている(同4条)。

b) 市場性

借地権には賃借権と地上権があり、法的な効力差はあるが、いずれも取引慣行はあり、相場を形成する地域も存在するなど、実態的にも市場性を有している。

一方借家権については、権利の一般的な譲渡自体、法的に制限されている。したがって、賃貸人が建物所有権を第三者に移転した場合には、賃借人はこれ(新所有者)に対抗できるが、そのこと自体は市場性を有することを意味しない。

借地権が貸主の承諾の有無にかかわらず、法的には売買できるのに対し、借家権は、売買に際し貸主の承諾が不可欠である。これは、貸主の意向が売買の成否を左右することを意味するものであり、これを法が認めているということでもある。これは例えば、仮に借家権の取引が慣行化された地域があったとして、権利の価値(＝借家権価格)が相場として把握できるとしても、実際に借家権者が当該借家権を第三者に売却しようとしたときに、建物所有者が拒絶すると、(拒絶することになんら正当な事由がなかったとしても)売買はできない。

この点において、借家権は一般的な市場性を有さず、極めて限定的で特殊な関係の下で形成される価値といえるのであり、借地権と借家権は同じ不動産賃借権とはいえ、大きく異なる特性を有するといえる。

2. 借地権・借家権の「価格」とはなにか？〜価格概念のズレ〜

　借地権と借家権は、現在は同じ法律で認められた権利でありながら（特に市場性に関して）異なった性格を有することで、その経済価値の内容も異なったものになる。

　しかし、再開発事業等においては、不動産に付着したこれらの権利の価値を同じ基準で評価する必要があり、この基準が「合理的な市場」であるとすると、権利間に「ズレ」が生じる。本項では、このような異質の性格を有する借地権と借家権の価格形成について検証を行うものとする。

(1) 借地権の正常価格

　『新・要説不動産鑑定評価基準』（編著：㈳日本不動産鑑定協会 調査研究委員会 鑑定評価理論研究会、発行：㈱住宅新報社、2010年5月改訂版）（以下『要説』という。）では、「借地権価格」を以下のとおりとしている。

> **基　準**　各論第1章第1節 I 3.(1)①
> 　借地権の価格は、借地借家法（廃止前の借地法を含む。）に基づき土地を使用収益することにより借地人に帰属する経済的利益（一時金の授受に基づくものを含む。）を貨幣額で表示したものである。
> 　借地人に帰属する経済的利益とは、土地を使用収益することによる広範な諸利益を基礎とするものであるが、特に次に掲げるものが中心となる。
> ア．土地を長期間占有し、独占的に使用収益し得る借地人の安定的利益

イ．借地権の付着している宅地の経済価値に即応した適正な賃料と実際支払賃料との乖離（以下「賃料差額」という。）及びその乖離の持続する期間を基礎にして成り立つ経済的利益の現在価値のうち、慣行的に取引の対象となっている部分

> 要説　P.263
>
> 　借地権は、法的側面からみると、借地借家法（廃止前の借地法を含む。）によって、最低存続期間が保証され、契約期間が経過しても地主に更新拒絶のための正当事由がない限り借地契約は更新され、第三者への譲渡の可能性もあり、契約期間内において建物の建替えの可能性も有し、建物買取請求権を有する等、借地権の強化、安定化が図られている。また、経済的側面からみると、土地の効用の増大、利用価値の増大に伴う地価の高騰に対し、一般に、地代が低廉であることから、借地人に帰属する経済的利益が発生していることが認められる。
>
> 　借地権の価格は、この借地人に帰属する経済的利益に着目した市場参加者が多数現れ（有効需要）、市場において借地権の売買が一般化し、慣行化していくことによって形成され、その市場価値を貨幣額をもって表示したものであるといえる。

　法的に安定化が図られている借地権に経済的利益が発生し、かつ、これに有効需要が伴って市場価値が形成されると、いわゆる「正常価格」が成立する。換言すると、この「借地人に帰属する経済的利益の発生」と「有効需要」が「借地権・正常価格」の成立要件としており、鑑定評価では「借地権の取引慣行の成熟の程度」により適用する手法を異にするとしている。

　「取引慣行の成熟の程度が低い」とは、取引の事例が少ない、又は借地権取引の市場規模が小さいということであり、「有効需要がない」ということではない。後述するとおり、正常価格とは「ある価格」すなわち「存在する価格」であり、「公開市場における価値」である。この点、借地権が建物に随伴して取引されようが、単独で取引されよ

うが、取引が公開市場において認められる状況であれば、正常価格が成立するとみなすことは可能である。

（2） 借家権の正常価格

　鑑定評価基準では、「借家権の価格は…である。」という定義自体は存在しない。

　また、同基準では「借家権の鑑定評価額は…して決定するものとする。」あるいは「…借家権の価格といわれるものには、…賃貸人との関係において個別的な形をとって具体に現れるものがある。」とし、借家権価格を「公開市場で形成される価格」と明記していない。

　借家権は、賃貸人の承諾なく第三者へ譲渡できないが、そもそも居住用建物の場合、現在の日本国内においては、有償で借家権を取得してまで居住しようとする者は一般に存在しないし、営業用建物、特に店舗の場合でも、有償で賃借人からその地位（賃借人としての地位）を譲り受け、これをオーナーが承認する慣行が事例としてあったとして、借家権が市場価値を有するとしたこともあったようである。しかし、バブル崩壊以降、国内においてこのような取引自体まず皆無であり、仮にこのような事例があったとしても、借家権に対して法律が課している制約（貸主の承諾なしに譲渡不可）を勘案すると、それを「公開市場における価値」とはいえないし、そもそもそれは借家権の取引というより、設備造作物等の売買や営業権・のれん等の売買と考えるべきではないかと考える。

　この点、『要説』では、借家権の経済価値として具体的に認識される場合として、

- 賃貸人から建物の明渡しの要求を受けた際、借家人が不随意の立退きに伴い事実上喪失する経済的利益の補償を受けるとき
- 公共用地の取得に伴い損失補償を受けるとき
- 都市再開発法において、施設建築物の一部について借家権の取得を希望しない旨の申し出をした借家人に対して、当該借家権の補償がなされるとき

等を挙げたうえで、

> **要 説** P.303
> 　一般に、交換の対価である価格は、利益を生み出す元本の価値として把握されるが、借家権価格は、借家法等により保護されている借家人の社会的、経済的ないしは法的利益の経済価値を総称するものといわれるように利益を生み出す元本というほどのものが明確な形で存在していないので、喪失する利益の補償、すなわち補償の原理の観点から借家権の経済価値を把握せざるを得ない場合が多いことに留意しなければならない。

としている。

　以上のとおり、「借家権価格」は公開市場で取引されるものというよりは、専ら対賃貸人や公共事業、再開発事業等の限定された場面に限って発生する価値、それも補償の原理の観点から把握する経済価値ということになり、対賃貸人や各種事業で考慮する「借家権価格」は、現在の基準で定義された「正常価格」とは別の価格概念であると考えられる。

　そもそも借家権は、法がその一般市場性を制限しているのであるから、その「市場価値」を把握するとしても、賃貸人の承諾という「停止条件付」の市場価値というべきものであり、鑑定評価基準が定義する一般的な「正常価格」といえない（「条件付正常価格」とでもいうべき価格と考えられる。）。このような経済価値を「価格」として把握するのであれば、現行の鑑定評価基準における「限定価格（特定の当事者間において成立するであろう経済価値）」又は「特別価格」として求めるべきと考えるが、この点は後述する。

(3) 借地権価格・借家権価格の価格概念を均衡させる必要がある場合

　以上のとおり、正常価格の成立要件が「経済的利益の発生とこれに対する有効需要」だとすると、借地権には正常価格は成立するが、借家権には正常価格は成立しない（市場価値はない）。即ち一般的な価

値はない。

　しかし、貸主・借主の当事者間で特殊な事情が発生した場合や公共事業・再開発事業等が行われる場合には、これらの権利に対する経済価値の見方が均一になる。

　例えば、貸主が借主を追い出したい場合、第三者にとっては価値のない借家人という立場＝借家権も、貸主にとっては犯すことのできない領域であり、その法的保護の解消のためには、貸主にとっては価値が存在する。

　この場合、その権利に市場価値がなくても、その不動産を使用収益する権利は、貸主（又は事業者等）にとって、借主（借地権者・借家権者）から取得しなければならない権利として、補償対価を払わなければならないのであって、その場合については、借地権も借家権も同様の意味を有することになる。

　不動産鑑定評価基準においては、このように特定の当事者間において発生する価値を「限定価格」と定義し、「正常価格」とは別の価格概念としている。

　しかし、前述のとおり、借家権について正常価格が成立しないとすると、限定価格が発生するのであろうか。

　現行鑑定評価基準では、限定価格を評価する場合、例えば隣接地との併合を前提とする場合などで、正常価格をまず求めてから限定価格を求めるという評価プロセスが存在することをもって、限定価格成立の前提として正常価格の存在が必要との意見が存在する。

　確かに、隣接地併合や経済合理性に反する土地分割の場合の限定価格アプローチには、正常価格との比較を行って、その開差部分を「増分（あるいは減分）価値」と捉え、これを調整のうえ、正常価格に加減して限定価格を求めるという組立が有効であることから、この場合について正常価格がないと限定価格が評価できないということはある。しかし、ここで問題にしているような不随意の立退きの場合等とは自ずから異なるものと考えることができる。

　すなわち、「正常価格がなくても、限定価格のみ存在する場合があ

る(=正常価格からのアプローチによらないで限定価格を求める場合がある)」と考えるのである。この点についてはさらに後述する。

いずれにしても、不随意の立退きや再開発における借地権・借家権の評価を同時に行う場合、公平性の観点からも求める価格の種類は同一であるべきである。

第6章 転換期にある借地権・借家権の鑑定評価における諸問題

Ⅲ 借地権・借家権の価格形成要因 ～基準と取引実態との「ズレ」～

借地借家法の制定により、新たな借地・借家の契約形態が出現し、また、新・旧法を根拠とする借地権・借家権が併存する現在の不動産市場において、その価格形成要因はどのように機能しているかを検証する。

1. 借地権・借家権の評価基準

(1) 借地権
① 鑑定評価基準における「借地権価格」の変遷

現行の鑑定評価基準（平成2年改定以降）と旧基準（昭和44年当時）での借地権価格の意義とその内容を次表のとおり対比した。

区分	旧基準（昭和44年当時）	現行基準（平成2年以降）
借地権価格の意義	・借地人に帰属する経済的利益（一時金の授受に基づくものを含む）が発生している場合において、慣行的に取引の対象となっている当該経済的利益の全部又は一部 ・借地人に帰属する経済的利益が発生していても、それが慣行的に取引の対象となっていなければ借地権価格とは認められない。 ・借地権が存在しても、必ずしも借地人に帰属する経済的利益が借地人に発生しているとは限らない。	・借地法に基づき土地を使用収益することにより借地人に帰属する経済価値（一時金の授受に基づくものを含む）を貨幣額で表示したもの ・借地人に帰属する経済的利益が慣行的に取引の対象となっていることの要件を除外 ・土地を使用収益することによる広範な諸利益を含むとし、単に賃料差額によるものに限らず、「土地を長期間占有し、独占的に使用収益し得る借地人の安定的利益」も含む

	・仮に借地人に帰属する経済的利益が存在し、それが慣行的に取引対象となっていても必ずしもその全部が借地権価格となるものではない。	
借地人に帰属する経済的利益	・当該宅地の経済価値に即応した適正な賃料と各支払時期に支払われる賃料(実際支払賃料という)との乖離及びその乖離の持続する期間を基礎にして成り立つ経済的利益の現在価値 ・賃料差額が発生している場合にのみ認められる。	土地を使用収益することによる広範な諸利益を基礎とし、a 土地を長期間占有し、独占的に使用収益し得る借地人の安定的利益と、b 借地権の付着している宅地の経済価値に即応した適正な賃料と実際支払賃料との乖離(賃料差額という)及びその乖離の持続する期間を基礎にして成り立つ経済的利益の現在価値のうち、慣行的に取引の対象となっている部分が中心

(出典:「協会・弁護士会共同研究成果品」P.24を参考に作成)

　鑑定評価基準における「借地権価格」の定義や「借地人に帰属する経済的利益」の定義が、以前といまでその内容が異なっていることがみてとれるが、この点、借地権価格の内容が変更されたのか、より詳細になったとみるか、いくつかの議論が存在する。
・借地権の存在＝借地権価格の存在か
・慣行的な取引の有無＝借地権価格の有無か
・借地権価格の構成要素は賃料差額だけか
・土地を長期間占有し、独占的に使用収益し得る借地人の安定的利益は、必ず価格を形成するのか　等々

② 借地権及び底地の関係
　借地権と底地の併合や再開発事業における不随意の立退きの場合の「借地権価格」評価にあたって、留意事項として「借地権と底地の関係」があり、鑑定評価基準及び『要説』は以下のとおりとなっている。

第6章 転換期にある借地権・借家権の鑑定評価における諸問題

|基 準| 各論第1章第1節Ⅰ3.

　借地権及び底地の鑑定評価に当たっては、借地権の価格と底地の価格とは密接に関連し合っているので、以下に述べる諸点を十分に考慮して相互に比較検討すべきである。

　① **宅地の賃貸借等及び借地権取引の慣行の有無とその成熟の程度は、都市によって異なり、同一都市内においても地域によって異なることもあること。**

|要 説| P.256

　当該借地人又は賃貸人に帰属する経済的利益は直ちにそのすべてが市場価値を形成するものではなく、その市場価値は、近隣地域及び同一需給圏内の類似地域等における取引慣行及びその成熟の程度によって左右されるので、宅地の賃貸借等及び借地権取引の慣行の有無とその成熟の程度を判断しなければならない。

　② **借地権の存在は、必ずしも借地権の価格の存在を意味するものではなく、また、借地権取引の慣行について、借地権が単独で取引の対象となっている都市又は地域と、単独で取引の対象となることはないが建物の取引に随伴して取引の対象となっている都市又は地域とがあること。**

|要 説| P.257

　一般に借地権取引の慣行については、借地権が単独で取引の対象となっている都市又は地域と、建物の取引に随伴して取引の対象となっている都市又は地域があるが、建物の取引に随伴して取引の対象となっている都市又は地域における借地権の鑑定評価に当たっては、独立鑑定評価に類するものとしてでなく部分鑑定評価として取り扱うべきである。

　なお、借地権のうち賃借権の譲渡又は転貸については、譲渡又は転貸についての特約がある場合を除き地主の承諾を要する（民法第612条第1項）。しかし、借地人が借地上の建物を譲渡しようとする場合において、賃借権の譲渡又は転貸について地主の承諾が得られないときは、一定の要件のもとに、裁判所に対して地主の承諾に代わる許可の裁判を求める

ことができる（借地借家法第19条第1項、旧借地法第9条の2）ので、建物の取引に随伴して取引される借地権（賃借権）の流通性は、かなり高いものということができる（この場合において、裁判所は当事者の利益の衡平を図るため、必要があるときは、賃借権の譲渡又は転貸を条件として、借地条件の変更又は財産上の給付を命ずることがある。）。

③ **借地権取引の態様**

ア．**借地権が一般に有償で創設され、又は継承される地域であるか否か。**

イ．**借地権の取引が一般に所有者以外の者を対象として行われる地域であるか否か。**

ウ．**堅固建物の所有を目的とする借地権の多い地域であるか否か。**

エ．**借地権に対する権利意識について借地人側が強い地域であるか否か。**

オ．**一時金の授受が慣行化している地域であるか否か。**

カ．**借地権の譲渡に当たって名義書替料を一般に譲受人又は譲渡人のいずれが負担する地域であるか。**

要説 P.258

借地権取引の態様には、上記のようなものがあり、近隣地域及び同一需給圏内の類似地域等において、これらの態様を把握することによって、借地権の取引慣行の成熟の程度を知ることができる。

④ **借地権の態様**

ア．**創設されたものか継承されたものか。**

現借地人が借地権設定者から直接権利設定を受けたものか、第三者から継承したのかの別である。創設された借地権である場合には、借地権者と借地権設定者との個人的関係が反映された契約内容となっている場合があるが、継承されたものについてはこれらが薄められてある程度標準化していることが多いであろう。また、継承された借地権であることは、その地域で借地権の取引慣行がある程度存することを示唆することになる。

イ．**地上権か賃借権か。**

建物の所有を目的とする地上権には、民法第265条の地上権、民法第388条及び国税徴収法（昭和34年法律第147号）第127条第1項の法定地上権があり、賃借権には、民法第601条による賃借権と国税徴収法第127条第2項の法定賃借権があるが、地上権は物権であり譲渡性があるのに対し、賃借権は債権であって特約のある場合を除き地主の承諾又は地主の承諾に代わる裁判所の許可がなければ譲渡又は転貸することができない。

ウ．転貸か否か。

　借地権設定者の承諾を得て、借地権者が借地権を転貸した場合には転借地関係が発生する。転借地権は、借地権者の地代不払い等の債務不履行により、借地権設定者から原借地契約が解除される場合があるなど、通常の借地権と比較して権利の安定性に欠ける面がある。

エ．堅固の建物の所有を目的とするか、非堅固の建物の所有を目的とするか。

　借地借家法第3条では堅固・非堅固による借地権の存続期間の区別を廃止し約定最短期間を30年とした。同法第4条では、更新後の借地期間について同じく堅固・非堅固の区分を廃止し、1回目の更新後の期間は20年、2回目以降の更新後の期間は10年に短縮した。

　旧借地法第2条第1項では、借地権の存続期間は堅固の建物の所有を目的とするものについては60年、その他の建物の所有を目的とするものについては30年とされている。なお、同条第2項では、契約によって堅固の建物の所有を目的とするものは30年以上、その他の建物については20年以上とすることができるとしている。例外として、罹災都市借地借家臨時処理法（昭和21年法律第13号）による借地権の存続期間がある。

　また、旧借地法第8条の2第1項により、非堅固の建物の所有を目的とする借地権が防火地域の指定等により堅固の建物の所有を目的とすることを相当とするに至った場合に当事者間に協議が調わなかったときは、裁判所は当事者の申立により、その借地条件を変更することができることに留意すべきである。

なお、旧借地法が適用になる借地権においては、借地契約で特に借地上の建物の種類及び構造の定めがない場合、同法第3条により堅固の建物以外の建物の所有を目的とする借地権とみなされる。新法においては堅固建物・非堅固建物の区別をなくしたことから、こうした規定は設けられていない。

オ．主として居住用建物のためのものか、主として営業用建物のためのものか。

建物の用途が近隣地域の標準的使用に適合しているか否かは、借地権の市場性に影響を及ぼすこととなる。また、その使用目的を変更するため、建物の増改築、建替え等をしようとするときは、一般に地主の承諾を必要とし、増改築承諾料等の一時金を負担することとなることに留意する必要がある。

カ．契約期間の定めの有無

旧借地法では、借地権は建物の朽廃により消滅する場合があるが、借地契約期間が到来しても建物が存する限り、地主に正当の事由がない場合には借地契約は更新される。したがって、借地契約の実質的な存続期間は、借地上に存する建物との関連性に基づいて判断することが必要であるとともに、借地契約の更新に当たって更新料等の一時金を負担する場合があることに留意すべきである。また、地主の正当事由の存在により借地権が消滅する場合には、借地人は建物買取請求権を行使でき、その買取価格は、「建物の時価」であり、判例により、建物自体の価格にいわゆる場所的利益が付加されることが認められていることに留意すべきである。判例では、「時価とは、建物を取り壊した場合の動産としての価格ではなく、建物が現存するままの状態における価格である。そして、この場合の建物が現存するままの状態における価格には、当該建物の敷地の借地権そのものの価格を加算すべきではないが、当該建物の存在する場所的環境については参酌すべきである。けだし、特定の建物が特定の場所に存在するということは、建物の存在自体から当該建物の所有者が享受する事実上の利益であり、また建物の存在する場所的環境を考慮に入れて当該建物の取引を

行うことは、一般取引における通念であるからである」(最判昭和35.12.20) とされている。

　契約期間に関して借地借家法では、旧借地法にあった堅固・非堅固の別をなくし、最短期間を一律30年、契約でこれより長い期間を定めたときにはその期間とするとした (第3条)。借地権の更新後の期間については最初の更新に限って20年、2回目以降の更新は10年とした (第4条)。借地権者の更新請求に対して借地権設定者が遅滞なく異議を述べた場合には契約は更新されないが、その異議には正当事由が備わっていなければならない (第5条、第6条)。借地権者が建物のある借地の使用を継続していることに対し、借地権設定者が正当事由のある異議を遅滞なく述べなかったときは、契約は更新されたものとみなされる (第5条)。これを法定更新といい、法定更新後の存続期間は、更新請求による更新の場合と同じである。建物の存在を法定更新の要件とすることによって、建物が存続しない場合にはそもそも法定更新の対象にならないと改めたわけである。また、更新拒絶の要件である「正当事由」の判断において考慮される事情を具体的に明確化した (第6条) ほか、借地上の建物の滅失と朽廃の区別を廃止し、期間の定めのない借地上の建物が朽廃しても借地権は消滅しないこととした (第7条、第8条)。

キ．特約条項の有無

　増改築を禁止する旨の特約があるときは、その特約は有効であり、地主の承諾がなければ増改築を行うことができない。しかし、増改築の禁止の特約があっても土地の通常の利用上相当とすべき増改築について地主の承諾を得られないときは、地主の承諾に代わる許可の裁判 (借地借家法第17条第2項、旧借地法第8条の2第2項) を求めることができることに留意しなければならない。

ク．契約は書面か口頭か。

　一般に借地契約は書面によって行われることが多いが、口頭での契約に留まる場合もある。口頭である場合においても借地契約の効力自体には違いはないが、当事者間の個人的関係により地代が長く据え置

かれているなど、一般的な借地権との差違がある場合が多いので留意する必要がある。地代の授受がない場合には使用貸借契約となるが、地代が著しく低廉なものに留まっている場合にも、借地契約でなく使用貸借契約とされる場合がある。

また、権利の態様の確認に当たっては借地契約の両当事者に聴取するなど契約内容に間違いがないかどうかについて確認する必要がある。なお、借地借家法第22条の一般定期借地権の場合には書面による契約が要件となり、同法第23条の事業用定期借地権等の場合には公正証書による契約であることが要件となっている。

ケ．登記の有無

借地権は登記をすることによって第三者に対抗することができる。しかし、賃借人は登記請求権を持たない。また、借地権は登記がなくとも建物の登記があれば第三者に対抗することができる（借地借家法第31条）。

コ．定期借地権等（借地借家法第二章第四節に規定する定期借地権等）

借地借家法では、一定の期間が満了すれば借地関係は更新されずに必ず土地が所有者に返還される借地制度、すなわち定期借地権が創設された。定期借地権には、第22条の一般定期借地権、第23条の事業用定期借地権等、第24条の建物譲渡特約付借地権の3種類がある。これら3つの定期借地権は存続期間、利用目的による制限、特約事項、契約の方式、借地関係の終了事由などが異なるので、こうした側面からも借地権の態様を明らかにする必要がある。

『要説』に記載されている借地権と底地の関係については上記のとおりであるが、近年の不動産市場の状況から、評価にあたって今後、検討しなければならない新たな課題も考えられる。

まず、定期借地権については、その制度自体が新しい（創設から20年弱）こともあるが、設定時における契約地代の考え方は、今後の整理が必要である。

一般借地の地代と定期借地の地代の関係については、そもそも定期借地を利用して事業を行う、又は居住するということと、従来型の借地とでは、所有者及び利用者の根本的な借地のとらえ方が異なるようにも思える。定期借地の地代は、当該土地価格のおおむね2％～7％であるという説や、当該借地上で行う事業から逆算して払える賃料＝収益賃料で払える賃料が決まるのであるから、事業によってその水準は異なるという説もある。また、ロードサイド施設であれば、地域や土地価格に関係なく、坪当たり月額1,000円が相場であるという意見もある。また、定期借地の場合の地代は、一般的な不動産の元本（土地）と果実（賃借料）の関係以外の要因により決まるという説もあり、これらの整理・分析が待たれる。

③ 借地権の鑑定評価における総合勘案事項

借地権評価における総合勘案事項については、以下の記載がある。

> **要説** P.266
>
> ……次に掲げる事項を総合的に勘案するものとしている。
>
> (ア) **将来における賃料の改定の実現性とその程度**
>
> 　対象不動産の賃料は、近隣地域及び同一需給圏内の類似地域等における対象不動産と類似の不動産と代替、競争等の関係を通じて相互に影響し合って定まるものであるから、代替可能な他の不動産の賃料の改定の動向及びその程度を判断するとともに、賃料はその契約内容、契約締結の経緯等により極めて個別性が強いものであるので、これら契約内容、契約締結の経緯等の検討を行い、賃料の改定の実現性とその程度を判断しなければならない。
>
> (イ) **借地権の態様及び建物の残存耐用年数**
>
> 　借地権の態様はその借地権に個別性を生じさせ、その価格を個別的に形成する大きな要因の一つである。また、借地権の実質的な存続期間は、建物の残存耐用年数と密接な関係がある。
>
> (ウ) **契約締結の経緯並びに経過した借地期間及び残存期間**
>
> 　借地権設定契約締結の経緯は、その借地権に個別性を生じさせ価

格に影響を及ぼす。

借地権の価格は、借地期間中において自然にその価格が発生する場合があり、また、借地期間の経過に比例して必ずしも減価するものではない。借地残存期間が短くなれば更新料等一時金の額及びこれに関する契約内容を特に考慮しなければならない。

(エ) **契約に当たって授受された一時金の額及びこれに関する契約条件**

預り金的性格を有する一時金は、賃貸借等が継続される期間における実際支払賃料の額に影響を及ぼすのみで借地権の価格を形成するものではない。賃料の前払的性格を有する一時金は、賃貸借等の終了とともに地主から借地人に返済されることはなく、実際支払賃料の額に影響を及ぼすのみならず借地権の価格を形成する要素となるものである。借地権の譲渡等の承諾を得るための一時金は、一般に手数料的なものと解されており借地権の価格を形成する要素とはならない。したがって、契約に当たって授受された一時金については、その額、その性格、これに関する契約条件、社会的慣行等を考慮して個別に判定する必要がある。

(オ) **将来見込まれる一時金の額及びこれに関する契約条件**

借地上の建物の増改築についてこれを制限する旨の借地条件の緩和及び非堅固の建物所有を目的とする借地権の堅固の建物所有を目的とする借地権への変更に伴い一時金の授受等が見込まれる場合には、これらの内容を検討し、借地権の価格又は底地の価格に反映させる必要がある。

なお、借地権の売買に関連して鑑定評価を行う場合には、名義書替料、更新料等の一時金と鑑定評価額との関連及びその負担者を明確にしておくべきである。

(カ) **借地権の取引慣行及び底地の取引利回り**

借地人に帰属する経済的利益は、直ちに市場価値を形成するものではなく、その経済的利益の市場価値は、近隣地域及び同一需給圏内の類似地域等における市場での取引慣行によって左右されるものである。また、底地の取引利回り（還元利回り）は、借地権の還元

利回りと密接な関連があるものである。

(キ) **当該借地権の存する土地に係る更地としての価格又は建付地としての価格**

借地権の価格と底地の価格の合計額は、更地としての価格又は建付地としての価格を超えるものではないので、更地としての価格又は建付地としての価格は借地権の価格の上限値となる。

例えば、定期借地権とその底地について、「地代が高く取れる＝底地価格が高い」ことで「定期借地権価格が（普通借地権価格より）安い」ことになるのか、定期借地権価格と底地価格の合計が更地価格を上回るケースはどのように考えるか等、これら総合勘案事項の内容についても新たな論点は多いと考えられる。

④ **定期借地権の場合**

現行基準では、定期借地権について一般の借地権と区別しているわけではないので、前記(ウ)において定期借地権を含めて検討している。

本項では、鑑定評価以外での取扱いを検証するために、財産評価基本通達を取り上げる。

財産評価基本通達では、定期借地権の評価を区分に応じて別途取り決めているが、ここでは参考までにその算出方法の一部（定期借地権・貸宅地の評価方法）を記載する（実務上では特例計算もある）。

・定期借地権の価額＝課税時期における自用地価額×借地権設定時における定期借地権割合[*1]×定期借地権の逓減率[*2]

[*1]借地権設定時における定期借地権割合：
= （定期借地権設定時の借地人に帰属する経済的利益の総額）
÷ （定期借地権設定時のその土地の通常取引価額（時価））
[*2]定期借地権の逓減率：
= （課税時期における残存期間年数に応ずる基準年利率による複利年金現価率）÷（設定期間に応ずる基準年利率による複

利年金現価率）

・貸宅地の価額＝自用地価額－定期借地権の価額

（２）借家権

　前述のとおり、借家権は法的に市場性が制限されているほか、実際の市場においても取引はなく、「正常価格」は成立しないと考える。

　かかる借家権について、その経済価値を把握する必要がある場合とは、建物所有者が借家人の立退きを図る場合や、再開発事業等を前提とした資産価値を把握する必要がある場合の「限定価格」を求める必要がある場合に限られる。

　この点、現在の鑑定評価基準での記載があいまいになっており、加えて、再開発法等では、鑑定評価上は「限定価格」ととらえるべき価格を「正常価格」として把握しなければならないような規定のままであることで「ズレ」が存在する。

　本項では、借家権についての鑑定評価基準の変遷について、以下で検証することとする。

① **鑑定評価基準における「借家権価格の内容」の変遷**

　前項で、借地権についての現行・鑑定評価基準（平成２年改定以降）と旧基準（昭和44年当時）の差を指摘した。

　借家権についても、現在に至るまで鑑定評価の取扱いは変化しており、借地権同様、まず、これらの変遷についてみることにする（借家権評価の各手法の取扱いについては、借地権以上に大きく変貌していることに留意が必要である。）。

　　ⅰ．**基準以前**

　　　昭和34年：嶋田久吉氏『不動産鑑定評価の基礎知識』（文雅堂書店）によると、「（結果的に）借家権価格は、自用の建物及びその敷地価格の40％～60％」とされている。

　昭和41年：鑑定評価の分野ではないが、借地法・借家法が改定さ

れ、借地権に譲渡性が付与されたのに対し、借家権にはこれを付与する法制がとられなかった（現在の借地権・借家権の原型と考えられる。借家権については、当時、裁判所による許可制度も設けられなかった。）。

ⅱ．**昭和40年基準**

借家権の鑑定評価は、以下の３価格を関連付けて決定するものとされた。

1．借家権価格＝自用の建物及びその敷地－貸家及びその敷地 ｝関連付け
2．比準価格
3．割合法による価格（建物及びその敷地価格×借家権割合）

ⅲ．**昭和45年基準**

当時の基準に以下が明記された。

「借家人に帰属する経済的利益が発生している場合においても、当該経済的利益が市場において慣行的に取引の対象となるには至らず、単なる保有的価値に留まるときには、借家権の価格（正常価格）が発生しているとはいえない（解説）。」

また、このとき立退料等に関して以下の記載に留意する必要がある。

「（立退料、営業権等は）厳密にいえば**借家権の価格を構成するものではなく、借家権の取引に随伴して取引される。**」

この当時の借家権の鑑定評価手法としては、

1．比準価格を標準
2．（正常実質賃料相当額－実質支払賃料）を収益還元した価格を比較考量
3．「自建－貸家」は参考価格

としたことから、手法３．については、それまでの基準と比較すると、手法としての規範性は一歩後退しているが、その理由は不明である。

そのほか、「**割合法適用は困難**であり、参考価格として取り扱うことが適当」となっており、それまで「関連付ける」手

法の一つとされていた「割合法」を、そもそも適用が困難としたうえで、参考価格に留めるようにしている。これも理由は明記されていないので、私見ではあるが、借家権も借地権同様、個別性が強い権利であり、取引慣行や地域性を反映した（標準的といえる）借家権割合を利用することや、これとの比較において個別に修補正することが困難であることが一因ではないかと考える。

また、昭和45年基準には、「一般に借家権の価格といわれるものには、立退料、営業権等をその構成要素として含んでいる場合があるが、これらは厳密にいえば借家権の価格を構成するものではなく、借家権の取引に随伴して取引されているにすぎないものであることに留意する必要がある。（解説P.221）」とし、**鑑定評価における「借家権価格」には、立退料、営業権等は含まれないことを明記している。**

ⅳ．平成3年基準

平成3年の鑑定評価基準改定のうち、借家権に関する部分を要約すると次のとおりである。

1．比準価格　→　標準
2．（自建－貸家）×所要の調整率　→　比較考量
3．借家権割合が求められる場合　→　比較考量

平成3年の基準改正では、前基準では適用困難で、適用しても参考価格として取り扱うことが適当とした割合法を「比較考量」にまで復活させている点が指摘できる。しかし、この間、特に借家を取り巻く社会情勢が変化したとか、借家割合に関するデータが整備された等、借家権評価に関して取り巻く環境が変わったとは思えない。

また、この時点で、昭和45年基準の手法2（（正常実質賃料相当額－実質支払賃料）を収益還元する手法）を削除してい

る点も指摘することができる。

　さらに、不随意の立退きの場合については、以下のとおりアプローチするものとしている。

　　4．（新規実際支払賃料－現行支払賃料）×一定期間＋前払的性格をする一時金の額等 ｝関連付け
　　5．（自建－貸家）×所要の調整率

　なお、平成3年以降にも鑑定評価基準の改正は行われているが、借家権に関する部分は基本的に変わっていない。

② 借家権の鑑定評価

　借家権の鑑定評価については、借地権のように「自用」と「賃貸」で評価方法が区分されていない。

　また、「取引慣行がある場合」についての記載はあるが、「取引慣行がない、又は取引慣行の成熟の程度が低い場合」についての記載はない。

　『要説』では、「取引慣行がある場合における」借家権の鑑定評価の記載は以下のとおりとなっている。

基　準　各論第1章第3節Ⅲ

　借家権の取引慣行がある場合における借家権の鑑定評価額は、当事者間の個別的事情を考慮して求めた比準価格を標準とし、自用の建物及びその敷地の価格から貸家及びその敷地の価格を控除し、所要の調整を行って得た価格を比較考量して決定するものとする。借家権割合が求められる場合は、借家権割合により求めた価格をも比較考量するものとする。この場合において、前記貸家及びその敷地の1．から7．までに掲げる事項を総合的に勘案するものとする。

要　説　P.304

　借家権の取引慣行がある場合とは、借家権が市場において取引されるということを指しているが、取引慣行の有無及び成熟の程度は、都市によって異

なり、同一都市においても地域により異なっている。
　「自用の建物及びその敷地の価格から貸家及びその敷地の価格を控除して得た差額」は、賃貸人及び借家人の双方の保有利益と考えられる。「所要の調整を行う」とは、この保有利益を賃貸借契約の経緯、借家人の貢献度等を考慮し、双方に、適正に配分することをいうものである。
　借家権割合は、借地権割合に比べ明確な形で顕在化していないのが一般的である。
　なお、飲食店舗等の営業用の建物についての借家権の譲渡においては、譲渡人が有する営業上の諸利益も併せて譲渡されることが多い。この場合の譲渡対価には、借家権の対価だけではなく営業権（いわゆる暖簾代）の対価、譲渡人が付加した造作の対価等も含まれていることが多いことに留意する必要がある。

　借家権に「正常価格がない」とすると、再開発事業等の従前資産の「正常価格」は「0」になる。この場合、権利の存在は否定しないが市場価値はないということになる。しかし、後述するとおり、このことをもって借家人に主張できる権利利益がないということを示すものではない。
　また、「取引慣行がある場合」についても、借家権が法律上、貸主の承諾なしに譲渡できないことを勘案すると、「取引慣行」の意味が、貸主の承諾が得られることも「慣行」となっていることを指すと考えられる。
　とすると、このような場合の鑑定評価で「借家権の正常価格」が求められる場合とは、法が要求する「貸主の承諾が得られること」が評価の前提となる「想定条件付きの正常価格」ということになる。
　「取引慣行がない場合又は成熟の程度が低い場合」についてはどのように評価するのかは、基準上に記載がないので、正常価格は「なし」か「0」とみなしていると推定できる。その場合、都市再開発法等に記載がある「近傍同種の建築物又は近傍類似の土地若しくは近傍同種の建築物に関する同種の権利の取引価格等を考慮して定める相当

の価額」は、同法の記載だけをみると、「なし」又は「0」ということになってしまう（後述する）。

③ **立退きに際しての借家権の評価**

以下は、『要説』の引用である。

要　説　P.305

　借家人が長年にわたって居住している場合において、賃貸人から建物の明渡しの要求を受け不随意の立退きを要することとなったときに、明渡しを要求する賃貸人と不随意の立退きをせまられる賃借人間の衡平を図る観点から補償の原理に基づいて把握される経済価値を借家権価格として認識する必要がある。基準では、こうした補償の考え方を取り入れ、前記の通り規定したものである。

　移転費用は、不動産の経済価値とは直接関係なく、借家人が事実上喪失する経済的利益の補償及び利用権の消滅補償の内容が借家権価格を構成していると考えることができるが、喪失することになる経済的利益を直接に評価することは困難であり、借家人が代替建物への入居に要する費用を基準に算定されることが一般的である。

　なお、借家権のうち、賃貸人から建物の明渡しの要求を受け、借家人が不随意の立退きに伴い事実上喪失することとなる経済的利益等、賃貸人との関係において個別的な形をとって具体に現れる価格は、賃貸人による貸家及びその敷地等と借家権との併合に基づく価格と捉えることができるので、限定価格と考えることができる。

　また、『要説』のP.95「2．限定価格　(1)借地権者が底地の併合を目的とする売買に関連する場合」の後段に以下の記載がある。

要　説　P.95

　また、借家権のうち、賃貸人から建物の明渡しの要求を受け、借家人が不随意の立退きに伴い事実上喪失することとなる経済的利益等、賃貸人との関係において個別的な形をとって具体に現れる価格は、賃貸人による貸家及び

> その敷地等と借家権との併合に基づき、相対的に限定された市場における価格と捉えることができるので、借家権の取引慣行がある場合、ない場合にかかわらず原則として限定価格と考えることができる。

　以上のとおり、不随意の立退きの場合の鑑定評価は「限定価格」となる。
　しかし、前述のとおり、都市再開発法等において規定される「借家権価格」は「正常価格」とみなすことができるため、このような場合に依頼される鑑定評価書のなかには「正常価格」として権利価格を評価するケースも認められる。
　「立退料」と「借家権」の関係についても、前述のとおり、過去の鑑定評価基準において、内容は別のものとされた時期はあったものの、現在では、その認識自体がやや薄れ、あるいは「ブレ」ており、これらを混同している鑑定評価も行われているようである（そもそも「立退料」という類型は鑑定評価基準に存在しないのに立退料の鑑定評価書が存在する。）。

④ 借家人が当該貸家及びその敷地を買い取る場合の評価

> **基準**　各論第1章第2節Ⅱ
> 　貸家及びその敷地を当該借家人が買い取る場合における貸家及びその敷地の鑑定評価に当たっては、当該貸家及びその敷地が自用の建物及びその敷地となることによる市場性の回復等に即応する経済価値の増分が生ずる場合があることに留意すべきである。

　借家権の評価とは直接関係ない部分ではあるが、借家人が貸家及びその敷地を買い取る場合について、基準は、「自用」になることで「市場性の回復等に即応する経済価値の増分が生ずる場合」があることを記載しており、この部分が借家人居付きの状況＝借家権であるととらえることができる。

⑤ 定期借家権の場合

現在の『要説』には以下の記載がある。

> **要　説**　P.305
> また、定期建物賃貸借によるものは、期間満了により正当事由の有無を問わず明渡しがなされること、賃貸借期間の制限がないこと、賃料改定特約を定めた場合には借地借家法第32条による賃料増減額請求に関する規定が適用にならないこと、賃借人からの期間内の解約が制限される（居住用の場合は例外あり）こと、契約形式は書面によること等の特徴を有する。なお、定期建物賃貸借契約においては、様々な特約が付されている場合も多いと考えられるので留意する必要がある。

借家権は、借地権ほど権利として確立されたものではないうえに、「定期」の借家権となると、その権利利益は極めて限定的になると考えられる。

定期借家の制度自体がまだ新しいこともあり、その権利利益を鑑定評価で求めるケースは現時点では極めてまれであると考えられるが、今後、契約期間中に不随意の立退きを求められる場合も可能性としてはあり得る。この場合の評価としては、有期の権利利益であることから、残存期間や契約内容等の個別性を総合的に勘案しつつ、普通借家権や残存期間によっては、使用借権等の権利利益との均衡性にも留意しながら評価額の決定・調整を行っていくものと考えられる。

2. 取引の実態

前記1.で借地権・借家権の『要説』の記載内容を検証したが、本項では現実の不動産市場におけるこれらの権利の価格形成の実態について検証する。

（1）借地権

借地権の価格形成の実態について、普通借地権（旧法含む。）、定期借地権、借地権付建物（定期借地権含む。）に分けて検証する。

① 普通借地権

地域や用途によりその慣行の程度は異なるが、現行借地借家法、旧借地法いずれの規定に基づく借地権も不動産取引の対象として、おおよそ一般的に認知された権利である。この点は、建物の堅固・非堅固でも特に変わりはない。

更新料や名義書替料等の慣行が一般化している地域も多く、相場価格が成立し、（更地に対する）借地権割合が形成されている地域も多い。

借地権とその価格を考える場合、契約内容やその後の改定の経緯、地域慣行等、物的事項以外の諸要因、底地との関係等をも考慮する必要があり、これらの要因が借地権の個別性を形成している。そもそも不動産は、物的に個別性が強いが、借地権等についてはこれに加えて権利の態様としての個別性の要因分析ができないと、類似の借地権の事例との比較も困難となる。

借地権の取引態様については、「借地権単独」での取引が慣行化されている地域もないわけではないが、全体からみると事例自体は少ない。

バブル時には、借地権のみ（新ビル建築を目的に旧建物＋借地権を取得し、その後旧建物を取り壊す。）を高額で取得するケースなどが比較的認められたが、現在ではそのような事例は少なく、当時に取得した「借地権」がいまだに"塩漬け"され放置されたままで、その後、地代訴訟等の対象となっている土地もある。

多くの普通借地権は、基本的には既存建物に付随して一体取引されるのが一般的であり、土地所有者から新たに賃貸される創設借地権や非堅固建物から堅固建物への建替えや地主の承諾料支払いを条件に単独取引されるケースはあるものの、その大多数は、事業用、居住用ともに、一体としての取引が多いのが現状である。

また、定期借地制度の普及から、全般的には普通借地に関連する取引や創設は減少傾向にあると認められる。
　なお、投資家等による収益物件の取得時には、借地権等の権利の付着をネガティブに取る傾向は依然残っており、完全所有権と比較してこれをリスクとしてとらえる場合も多い。

② **定期借地権**
　定期借地権の類型には、一般定期借地権、事業用定期借地権、建物譲渡特約付借地権がある。
　現在までに相当数の契約事例は認められるが、制度自体の歴史は浅く、契約期間満了やその時期が近づいた事例が存在しないことから、その時期における実務上の問題が現時点で不明確であることが指摘できる。また、創設事例は多いものの、契約期間途中での売買事例は少ない状況にある。
　制度制定当時からこの制度が普及推進されてきた結果、現在までに一定の普及成果が上がってきたと認められる一方、特に地方においては、制度スタート当初、売れ残りの戸建住宅・マンション等の実質的値下げ処分を真の目的として、この制度を利用した物件も少なからずある。逆に、特に東京都心部を中心に、期間50年の定期借地権付マンションが分譲され、その割安感から相当の競争倍率で売り出された例も少なからずある。
　なお、これらの物件も含めて、定期借地権付マンションや戸建住宅等の事例が、今後、借地期間満了時期に近づいたとき、どのような価格形成をするかについては、現時点では不透明な部分が多く、これらにかかる意見は差し控える。

　　a．**特定の当事者間での取引（併合の場合の限定価格）**
　　借地権における併合のケースとしては、借地権者が底地を取得し、土地の完全所有権者（更地又は建付地の所有者）となるケース、又はその逆に、土地所有者が借地権を買い取る場合が該当する。底地と借地権の経済価値（市場価値）を別々にとらえ、これを合算した額より、一体となる＝土地の完全所有権になることで増分

価値が発生する場合があり、この部分を勘案した価格を鑑定評価では「限定価格」としてとらえる。

b．再開発・建替え等の場合

　再開発事業や建替事業等は、土地・建物所有者、借地権者、テナント等、多数の権利者に合意を取り付け、これを基に事業を進めなければならないことから、個別不動産の市場価値を把握するという視点と、面的・包括的に事業地区内の不動産すべてを把握し、その構成要素として個別の不動産の価値を把握する、又は地区内権利者全般に合意を得られるような衡平・妥当な価値の判定が必要となる。

　この場合、各権利者の資産価値は、個別の権利（借地権・所有権等）の一般市場価値を評価する（＝個別・正常価格を評価する）ほかに、事業が行われることによる一体としての開発メリットをどのように考えるかということが問題になる。

　例えば、一般的な再開発事業の場合、土地については、現況地上にどのような建物や権利が付着していようが、まずは個別地の「更地」としての価値を把握し、これに借地権等が付着している場合には、その価値の範囲内で各権利者で分配するという考え方をとることが多い。一般的に、個別の借地権・底地の価値を合計しても更地価格にはならないため、権利者間で配分された価値は、個別の権利の市場価格とは異なることになる（多くなるか同額となる。）。

　事業者としては、まず、個別の「更地価格」について各権利者に納得してもらう必要があるが、地区内全体の関係権利者全員に対する評価の透明性・衡平性が重要であることはいうまでもない。また、一体開発に対する各画地の寄与度の検討といった一般的な個別評価では考えない事項の検討や調整が必要となる場合もありうる。

　例えば、地区内の「私道」を純然たる「道路敷地」とみるか、「宅地見込地」としてみるか、あるいは「宅地見込地」としての熟成度をどの程度みるかといったことなど、個別単独で「正常価格」を考える場合とは判断が異なる場合がある。

これらによって求められた個別の「更地価格」を基に、関連する権利者等への配分額を考える場合、各画地の当事者の事情は千差万別であり、それぞれの事情を反映した調整を行うことが望ましいが、全体の事業進行を勘案すると、現実的には極めて困難な作業であり、標準的な権利調整割合を事業者が提案し、各当事者間で個別に協議してもらうケースが多い。この合意により、更地価格を基に割合で求めた価格は「正常価格」ではなく、「限定価格」と考えられる（結果的に、正常価格＝限定価格となる場合もあると考えられるが、すべてがそうなるわけではない。）。

　不随意の立退きの場合の普通借地権の評価についても、一般的にその土地の「更地価格」を基に、現行地代や当事者間の過去の経緯等を勘案して価値を案分するという考え方が中心となる。ただし、再開発等で周辺隣接不動産との併合により大きく開発メリットが生じる場合、対象地単独での「更地価格」を案分するにとどまらず、開発メリットのプラスアルファも配分する場合があるが、この場合の「借地権の限定価格」は、単独土地の更地正常価格を上回るケースもありうる。

（2）借家権（価格）
① 一般市場における取引実態
　前述のとおり、現在において借家権の市場取引は実態的に存在しない。
② 定期借家権
　定期借地権同様、新制度スタート以来、あまり時間が経過しておらず、取引事例は認められない。
　そもそも「借家権」の一種であるということのほか、定期借家は、契約期間自体が短く、期間満了により契約が更新されることなく終了するという特徴から、今後についても、市場での売買対象にはならないと考えられる。定期借家の仕組み自体は、オーナー側にとって、所有物件の活用方法を拡大するメリットのある契約形態であるといえる

が、賃借人にとっては一般借家と比較しても大差なく、国土交通省の実態調査によっても、賃貸住宅に占める定期借家契約の割合は、2007年3月時点で5％に留まっているとのことである。

　この制度は、「借り得」といった借家人側に帰属する価値の発生を抑制する働きを有しており、この点がオーナー側のメリットでもある。すなわち、家賃差が生じるリスクが小さい（賃料相場の変動状況が契約賃料に連動させやすい…賃料相場が上がっているときに賃料値上げがしやすい代わりに相場が下がっているときは抵抗しにくい。）。

③ 限定市場での取引実態（併合等）

　所有者とテナントの当事者間で「借家権」を取引するケースは、一般的には想定しにくいが、所有者が老朽化した建物の建替えを計画した場合に、既存テナントの退去を促す場合などのケースが考えられる。

　これは一般的にはいわゆる「立退料」と呼ばれるものであり、その内訳に借家権を含んだ、より広義の対価であると考えられる。

④ 再開発・建替え等の場合の借家権

　③の場合と類似するが、その物件が存する地区内に特定の事業が計画され、その事業の権利者の一人という関係で「借家権」がクローズアップされるケースである。

　この場合は、借家権という権利が存在すると、これに対応する価値が検討されるが、それは、「建物賃借権」という借家人が所有者に対してのみ主張しうる権利を前提とする。しかし、この権利には前述のとおり、一般的な市場価値はない。そのような市場価値のない権利について、不動産鑑定士は、事業を前提とした各権利者の均衡性に配慮しながら「借家権価格」として鑑定評価する（この場合の価格については、「正常価格」に類似する価値≒市場価値と推定できる価値と推定できるが、借家権の正常価格が「0」の場合、どうするのか。各種法令・規則と鑑定評価の価格概念に「ズレ」があると考えられる。）。

3. 評価基準と取引実態のズレ

　以上、みてきたとおり、現行鑑定評価基準の内容は、基本的に旧借地・借家法の時代から大きな変更はなく、現実の市場においては、定期借地権、定期借家権の認知が一般化しつつある一方、借家権の取引は事実上皆無であるにもかかわらず、留意事項や総合勘案事項に一部記載があるものの、具体的な価格形成に及ぼす影響についての詳細な言及はない。

　この点において、不動産市場における借地権・借家権の取引実態と現行鑑定評価基準の取扱いの間に「ズレ」があると考えられる。

Ⅳ 借地権・借家権の鑑定評価実務の実際 ～基準とその運用の「ズレ」～

　不動産鑑定評価で価格評価を行う場合、求める価格の種類には「正常価格」「限定価格」「特定価格」「特殊価格」がある。

　鑑定評価において借地権、借家権の経済価値は「価格」として求められるが、依頼目的及び評価条件に即して求める価格の種類を適切に判断し、明確にしなければならない。

　再開発事業等においては、その事業遂行のために各権利者の合意が得られるよう公平に各従前資産額を求め、これに応じて新資産の配分を決めることになるのだが、都市再開発法においては、この場合の価格は「正常価格」と認められる。

　これまでに、市場において借家権価格が成立しないのに「正常価格」が存在するか？ 不随意の立退きに伴う補償額算定のための借地権・借家権価格は、そもそも「正常価格」であるのか？ などについて考察してきた。

　本項では、鑑定評価実務の観点から、現行鑑定評価基準にある借地権価格・借家権価格を求める場合の「鑑定評価手法」について、現実の評価実務で不動産鑑定士はこれらの手法等をどのように採用し、適用しているのか？ そして手法適用後、各試算価格の調整・鑑定評価額の決定に至るプロセスにおいて、基準と実務の異同について考察するものとする。

1. 鑑定評価基準における鑑定評価手法

（1）借地権
① 借地権価格（正常価格）を求める鑑定評価手法
　a．借地権の正常価格
　　借地権を単独で評価する場合とは、どのような場合か？

現在の取引市場の実態からは、借地権が単独で取引されるケースは少ないと考えられることから、このような評価の依頼目的は、「売買」ではなく、「資産評価」のため、借地権付建物を部分鑑定評価する場合や、「限定価格」を求める場合及び再開発事業における従前資産評価の場合が大半であると考えられる。

　参考までに、現行鑑定評価基準の記載は以下のとおりとなっているが、特に「借地権単独」と「借地権付建物」の評価方法を区別しているわけではない。

> **基　準**　各論第1章第1節Ⅱ3.(1)②
> 　借地権の鑑定評価は、借地権の取引慣行の有無及びその成熟の程度によってその手法を異にするものである。
>
> **要　説**　P.264
> 　借地権の鑑定評価に当たっては、ａ．再調達原価を求めることができないこと、ｂ．借地権は単独又は建物の取引に随伴して取引されること、ｃ．借地権付建物のあげる総収益から借地権に帰属する純収益が求められること、ｄ．借地権の取引慣行が成熟している地域では、借地権割合を把握することができること、ｅ．借地権の価格は賃料差額を要素として成り立つものであること等から、借地権の取引慣行の有無及びその成熟の程度によってその手法を異にすることとなる。
>
> 　ア　借地権の取引慣行の成熟の程度の高い地域
> 　　　借地権の鑑定評価額は、借地権及び借地権を含む複合不動産の取引事例に基づく比準価格並びに土地残余法による収益価格を関連づけて得た価格を標準とし、当該借地権の設定契約に基づく賃料差額のうち取引の対象となっている部分を還元して得た価格及び借地権取引が慣行として成熟している場合における当該地域の借地権割合により求めた価格を比較考量して決定するものとする。

　さらにこれらの各手法について、以下の解説がある。

要説 P.265

　取引事例比較法の適用に当たっては、地域の実情に基づいて個別的要因が標準的な借地権を設定して、これと比較することが有用である。

　土地残余法は、借地権付建物について適用されるものである。土地に係る公租公課については、これに代えて地代相当額を計上する。還元利回りは、借地権が土地に比べ流動性、安定性に劣るものであるので、土地に対するものよりも高くなる傾向にある。また、借地権の態様によっても異なる。

　当該借地権の設定契約に基づく賃料差額のうち取引の対象となっている部分を還元して得る手法は、前記①イの観点から価格を求めようとするものである。手法の適用に当たっては、賃料差額全体を還元するのではなく、賃料差額のうち、借地人に帰属する部分の中で取引の対象となる利益を査定し、その利益が持続する期間に基づいて還元利回りで還元して求める。

　借地権割合により求める手法は、借地権の取引慣行が成熟するに従って借地権の取引価格が借地権割合を基準として判定されるようになるという市場の実態に着目した手法である。この場合の借地権割合は、当該地域の標準的な態様の借地権価格の更地価格に対する割合から当該地域の標準的な借地権割合を把握し、対象不動産の借地契約の内容、契約締結の経緯、経過した借地期間等の借地権の個別性を考慮して適正に修正して求めることとなる。

　なお、建物の取引に随伴して取引の対象となっている借地権及び建物の用に供されている借地権は、その全体の鑑定評価の内訳としてその借地権について部分鑑定評価するものであるので、鑑定評価報告書には、借地権に関するもののほか、少なくとも当該借地上に存する建物の構造、規模、用途、数量、配置の状態等を記載すべきであろう。

　また、借地権も敷地と建物との適応の状態とに関連した減価の必要があることに留意しなければならない。

イ　借地権の取引慣行の成熟の程度の低い地域

　借地権の鑑定評価額は、土地残余法による収益価格を標準とし、当該借地権の設定契約に基づく賃料差額のうち取引の対象となっている部分を還元して得た価格及び当該借地権の存する土地に係る更地又は建付地としての価格から底地価格を控除して得た価格を比較考量して決定するものとする。

　この場合においては、前記アの(ア)から(キ)までに掲げる事項を総合的に勘案するものとする。

|要　説| P.268

　更地又は建付地としての価格から底地価格（正常価格）を控除して得た価格を求める手法の適用に際して底地価格の判定に当たっては、特に賃貸借等の契約の満了等によって復帰する経済価値の増分すなわち、当該宅地の最有効使用が借地条件によって制約されている場合にはその制約が取り除かれることによる最有効使用の実現の可能性、市場性及び担保価値の回復に即応する経済価値の増分の帰属について適正に判断することが必要である。

　また、借地権（賃借権である場合）の第三者との取引において、名義書替料（又は譲渡承諾料）の支払が慣行として成立している地域にあっては、既述のとおり、名義書替料は、手数料的な費用であり、借地権の価格を形成する要素とはならないが、実質的には借地権の対価から支払われることとなるため、借地権の譲渡人の手取額は、名義書替料を控除したものとなる。底地の所有者と借地人間の取引においては、この名義書替料は不要であるので、借地人からみれば、名義書替料相当額を控除した額が借地権価格の下限値となる。

　一方、底地の所有者からみると、借地契約が終了し、又は解消することにより直ちに完全所有権に復帰し、市場性及び担保価値が回復することにより、地主が留保していた契約減価相当分がある場合には、その価値の顕在化等による経済価値の増分が享受できる。さらに、これに名義書替料相当額の全部又は一部と増分価値とを底地の正常価格に加算した額が底地価格の上限値となるので、借地契約の終了等の事由、当事者間

> の個別的事情等を斟酌し、適切に判定すべきである。
>   底地の所有者が借地権の併合を目的とする売買に関連する場合については、借地権の存する土地が完全所有権に復帰することとなり、当該土地に増分価値が生ずることとなるので、第三者が介入する余地がなくなり市場が相対的に限定されることから限定価格となる場合も考えられる。しかし、借地権取引の態様は都市によって異なり、同一都市内においても地域によって異なることもある。底地の所有者が借地権の併合を目的として売買する場合においても、完全所有権に復帰することになることによる増分価値を考慮して取り引きされず、第三者間取引の場合とその取引価格に差異がみられないような場合には、限定価格を求めるべきでないこともあり得るであろう。

b．借地権付建物の場合

借地権付建物は、「借地権を権原とする建物が存する場合における当該建物及び借地権をいう。」と定義され、借地権がその一部を構成する。

前述のとおり、借地権単独と借地権付建物では、基本的に評価方法は変わらない。

評価実務では、高額地代の授受があるときの借地は「価格なし」とするか、借地権部分はマイナスの価値となるような考え方はないかなど、鑑定評価基準・『要説』に明記されていない議論もある。借地権付建物の鑑定評価にあたって手法を適用する場合、例えば一体の収益価格は、結果として土地価格を打ち消すだけでなく、実質的に建物価値を減じているケースもある（試算結果が直ちに鑑定評価額になるわけではない）。

> **基準** 各論第1章第2節Ⅲ
> 1．建物が自用の場合
>   借地権付建物で、当該建物を借地権者が使用しているものについての鑑定評価額は、積算価格、比準価格及び収益価格を関連づけて決定する

> ものとする。この場合において、前記借地権②、アの(ア)から(キ)までに掲げる事項を総合的に勘案するものとする。
> 2．建物が賃貸されている場合
> 　借地権付建物で、当該建物が賃貸されているものについての鑑定評価額は、実際実質賃料（売主が既に受領した一時金のうち売買等に当たって買主に承継されない部分がある場合には、当該部分の運用益及び償却額を含まないものとする。）に基づく純収益等の現在価値の総和を求めることにより得た収益価格を標準とし、積算価格及び比準価格を比較考量して決定するものとする。
> 　この場合において、前記借地権②、アの(ア)から(キ)まで及び前記Ⅱの1．から7．までに掲げる事項を総合的に勘案するものとする。

② 限定価格を求める場合（借地・底地の併合の場合）

　借地権者が底地を併合すると、土地が完全所有権になることで増分価値が生じる場合がある。この場合、借地権者は底地の正常価格より高い価格で買っても経済合理性があるとして、基準では当該価格を限定価格としている。『要説』では、底地の所有者が借地権を買い取るときも同様に増分価値が生じる場合があるほか、限定価格を求めるべきでない場合もあることが記載されている。いずれにしても評価手法としては借地権・底地の正常価格を求め、その後、増分価値の存否、双方への配分率を考えるプロセスを経て、鑑定評価額を求めることになるので、採用する評価手法は正常価格を求める場合と同様となる（配分率の査定は、借地契約の内容、改定の経緯等を総合的に勘案して行うことになる点では、継続賃料評価に類似する。）。

③ 再開発等での鑑定評価

　鑑定評価基準・『要説』では、再開発等における借地権評価を区分する記載はない。

　したがって、求める価格の種類が「正常価格」であれば、前記アと同様の手法を適用し、求める価格の種類が「限定価格」であれば、前記イのプロセスによる価格アプローチとなる。当該事業等に基づく評

価は、「正常価格」となる場合がほとんどであり、これは、例えば、都市再開発法等において従前資産価値の把握に「正常価格」と同じ概念と考えられる価格が記載されていることに関係していると考えられる。

しかし前述のとおり、「正常価格」は、「借地権価格」と「底地価格」の合算では「更地」とならないこと、借地権、底地の価格アプローチに際しては、個別の契約内容等を勘案する必要があること、言い換えると権利の態様の個別性が強いこと等があり、更地価格を借地権者と底地権者で分け合う場合に、それぞれの権利の「正常価格」を単独で評価するだけでよいかについては疑問が残る。実際、割合法を採用し、更地価格に当該割合を乗じることにより、事業地区内の各権利価格を一律に求めて、借地権と底地に配分するケースも多い。

(2) 借家権
① 借家権価格（正常価格）を求める鑑定評価手法

鑑定評価基準には、借家権の正常価格を求める手法としてではなく、「取引慣行がある場合における借家権の鑑定評価額」を求める場合として以下の記載がある。

> **基　準**　各論第1章第3節Ⅲ
>
> 借家権の取引慣行がある場合における借家権の鑑定評価額は、当事者間の個別的事情を考慮して求めた比準価格を標準とし、自用の建物及びその敷地の価格から貸家及びその敷地の価格を控除し、所要の調整を行って得た価格を比較考量して決定するものとする。借家権割合が求められる場合は、借家権割合により求めた価格をも比較考量するものとする。この場合において、前記貸家及びその敷地の1．から7．までに掲げる事項を総合的に勘案するものとする。

正常価格の存否はともかく、豊富な取引事例の収集やそれぞれの事例の「個別的事情を考慮すること」の可否を勘案すると、基準のとお

りに比準価格を求めることは、現実的に極めて困難である。この手法が適用可能であれば、また、その個別事情の分析を客観的・定量的に行うことが可能であれば、「比準価格を標準とする」ことの有用性は高いと考えられるが、これらの適正な運用は難しいと考えられる。

「自用の建物及びその敷地の価格から貸家及びその敷地の価格を控除し、……」の方法については、「自用」がゴーイングコンサーン価格か取壊し最有効価格か、「貸家」が「有期」か「永久」かなど、適用には個別に勘案しなければならない事項も多い。割合法は、国税評価等で使用する標準権利割合を採用するケースも多く、適用自体は容易であり、よく採用されるが、案件ごとの個別性を適正に客観的説得力を持たせて評価することには、課題が多いと考えられる。

② 限定価格を求める場合

『要説』では、「借家権のうち、賃貸人から建物の明渡しの要求を受け、借家人が不随意の立退きに伴い事実上喪失することとなる経済的利益等、賃貸人との関係において個別的な形をとって具体に現れる価格は、賃貸人による貸家及びその敷地等と借家権との併合に基づき、相対的に限定された市場における価格ととらえることができる。」として、借家権の取引慣行がある場合、ない場合にかかわらず、原則として限定価格と考えることができるとしている。

③ 再開発等での鑑定評価

都市再開発法（昭和44年法律第38号）は、権利変換手続において施工地区内の建築物について借家権を有する者で、施設建築物の一部について借家権の取得を希望しない旨の申し出をした者に対しては、近傍類似の借家権の取引価格等を考慮して求めた相当な価額を補償しなければならない旨を規定している。

この内容を鑑定評価の観点から考察すると、「近傍類似の借家権の取引価格等を考慮して求めた相当な価額」とは、「正常価格」と推定できる。しかし、近傍類似の借家権の取引価格が不明の場合、借家権の取引慣行が成熟していない地域等にあって、当該目的のために借家権評価を行う場合、「正常価格」として、「0」又は「価値なし」とす

るか、正常価格ではない概念を前提とした価格を示すのかは、鑑定評価基準・『要説』等においては不明である。

2. 実務における鑑定評価手法適用の実態

　鑑定評価基準における借地権・借家権及びその価格の内容を確認したが、この基準の記載を踏まえて、不動産鑑定士等は実務では実際どのように適用し、対応しているのかを確認する。

　鑑定評価基準が制定された趣旨からすると、評価実務上、基準を尊重し、これに準拠すべきと考えられるが、基準上の手法適用は、現実的には資料入手の困難性や、適用するための細部の留意事項等が少なく、これに言及する文献も少ないことから、一部の不動産鑑定士等を除いて、記載されたすべての手法を適用するケースは少なく、基準上、規範性等の点でやや劣るとされる手法しか方法として採用できない場合があることも事実である。以下では、これらの実態についてみることとする。

(1) 借地権
① 借地権の正常価格
　そもそも「借地権」を権原とした不動産は従来から存在し、慣行的に取引が行われてきた地域が存在する。

　鑑定評価基準では、これらの地域を「取引慣行が成熟した地域」とし、そこでの借地権価格の評価手法が整理されている。

　一方、「取引慣行が成熟していない地域」についても評価手法は示されているが、そもそも「取引慣行が成熟していない」とは、市場規模が小さいということなのか、「市場がない（＝正常価格はない。）」ということなのか、両方を示すのかは不明である。

　しかし、改定後の現行鑑定評価基準では、「合理的な市場が存しない地域」であれば、「正常価格」は存しないことになる（正常価格は

「あるべき価格」ではなく、「ある価格」である。)。

借地権の取引慣行が成熟した地域については、それが「借地権付建物」、「借地権単独」の別はあっても、「正常価格」は存することになる。借地権については、合理的な市場において形成される適正な価値は、法がその市場性を担保しているといえる。この点は、借地権と借家権の相違点である。

② 鑑定評価手法と適用の実態

前述した現行の鑑定評価基準にある各鑑定評価手法について、実際の評価上はどのように適用されているか、適用が困難な場合、それはどのような点に問題があるかについて検討する。

以下では、私見であるが、実務上、手法適用が容易又は有用な場合は〇、手法が適用できる、あるいは有効ではあるが、何らかの条件が必要な場合を△、手法適用は実務上困難な場合、あるいはその手法の有用性が低いか不明である場合を×としている。

　ａ．取引事例比較法（比準価格）：△

　　取引慣行が成熟している地域にあって、規範性の高い取引事例の収集が可能であれば、当手法による試算価格（比準価格）の実証性・規範性は高いと考えられ、その適用は有用となる。不動産鑑定士にとっても馴染みのある手法であるが、適用の可能性については困難な点も多いのが実情である。例えば、事例の契約内容や改定の経緯、事例に内在する事情等は個別性が強いものが多く、これらの内容の把握が可能であればよいが、一般的には、これらが不明確である場合が多く、適用はできても規範性に劣る、又はそもそも適用を見送るケースも多いのが実態である。それは、各要因についての修補正や定量化のためのデータ等が少ないことが主要因である。

　ｂ．土地残余法（収益価格）：〇

　　当手法は、対象地（借地権）上に最有効使用建物の建築・賃貸を想定し、複合不動産から得られる純収益のうち、借地権に帰属する純収益部分を還元利回りで還元して収益価格を試算する手法であり、純収益・還元利回り等の査定が適正に行える場合で、収益性が

重視される地域や土地の種別の場合は、説得力を有する理論的手法であるといわれる。

　一般的には、採用する想定数値により、試算価格が変動することに留意しなければならないが、近時の鑑定評価基準における収益還元法の精緻化の流れから、データの整備やリスクの計量化は論理的に行うことが比較的可能になってきたといえる。

　c．賃料差額還元法：△

　適正地代と現行地代の差額を求めるにあたって、適正地代の査定が適正に行えるか、又は借地人に帰属する部分をどのように判定するかは、定性的な判断にとどまるため、手法自体は適用可能であっても、恣意性の入る余地が高い試算賃料という点が指摘できる。この点は継続賃料評価における差額配分法の適用における論点と類似する。

　d．借地権割合法：△

　相続税路線価の標準割合＊や地元ヒアリング等による「割合」を基に査定した割合を更地価格に乗じて求めるのであるが、対象不動産の契約内容等の個別性の反映が難しい。割合を乗じて求めるという意味では簡便な方法であり、実務的に利用頻度は高いが、地域における「標準権利割合」としての把握ができても、個別価格を求めるうえでは限界がある。鑑定評価基準上、この手法は「比較考量」にとどまる手法とされているが、実務の実態上は、この手法が中心的な適用手法となり、価格決定の中心に位置づけられている側面を有することは否めない。

　e．更地価格──底地価格：△

　この手法の考え方は、「借地権価格＋底地価格＝更地価格」という考え方が基になるが、基準に記載されているとおり、「借地権価格＋底地価格＜更地価格」であるので、基準上もあくまで参考（あるいは上限値）としての位置づけでしかない。ただし、適用は容易であるため、実務上での活用は多い。

　＊そもそも、財産評価基準で定められた各地域の借地権割合はどのようにして決

まるのか？ 毎年、指定されたその地域の精通者（通常は不動産鑑定士や不動産業者）の意見を求め、各税務署がその標準割合を判定するのであるが、国税の評価員が借地権割合の意見書を提出し、ほぼこれにより決まっているようである。評価員が判定する権利割合の意見とはどのようなものかというと、定性的な分析や理由によるものが多いようである。

③ 基準に記載された鑑定手法は、実際の実務で適用されているか

以上のとおり、基準に記載された鑑定評価の手法は、実際の実務での適正な運用には何らかの条件が存在し、また、割合法といった適用容易な手法については、適用は容易である反面、規範性の点で劣るという点が指摘できる。しかし、簡易な手法のみを重用（あるいはそれだけを適用）し、評価額を決定しているケースも少なからずある。基準上は比較考量にとどまるはずの「割合法」が、実務では事実上、最もよく使われ、尊重されているのである。

(2) 借家権
① 借家権の正常価格

現時点において借家権の正常価格は成立しない。

借家権についても、借地権同様、近年、「定期借家権」等の新しい形での契約が可能となり、不動産市場においてもこれらの権利形態を活用した新しい不動産事業が広がりをみせつつある。

しかし、権利としての多様性はあるものの、いずれの形態も、オーナーの承諾なしの売買は禁じられるなど、法律上、その「市場性」は原則として認められておらず、現行基準上の合理的な市場において形成されるであろう市場価値である「正常価格」、現行基準で定義された「ある価格」は成立しない。

この点において、借地権と借家権は全く異なる特性を有するのである。

② 鑑定評価手法と適用の実態

前述した現行の鑑定評価基準にある各鑑定評価手法について、実際の評価上はどのように適用されているか、適用が困難な場合、それはどのような点に問題があるかについて検討する。

また、借家権については「正常価格が成立しない」としたが、基準で正常価格を求める手法として規定されていることとの関係についても整理・検討するものとする。

　a．取引事例比較法（比準価格）：×

　　事例がないので、適用は事実上不可能である。

　b．自建敷地──貸家敷地：×

　　適用は簡便であるが、最近の都心部の複合不動産の鑑定評価においては、「貸家価格＞自建価格」となるケースが多いこととこの手法の考え方との整合性に疑問がある。「貸家価格＞自建価格」ではマイナス、又は「借家権価格0」となる場合が出てくることになる。

　　現況が最有効使用にない既存建物の場合、自建価格＝取壊最有効価格（更地－建物取壊費用）となる。

　　同様のケースで貸家の場合は、建物が古い、容積未充足などの要件が重なると、相当低い現行収益に起因して評価額は低くなるが、単年度の現行純収益を永久還元するのは行き過ぎとなる。この場合、収益還元法の適用は、建物残存耐用年数までは低収益、その後、最有効使用建物へ建替えするという考え方に基づいたDCF法を適用する、あるいは有期還元法を適用して収益価格を求めるなどが考えられるが、想定が多く、実際の試算には、恣意性に留意しなければならない。また、この場合、即時現行建物取壊しを前提とした価格と、現行建物・賃借人・現行賃料を前提とした収益価格との差額が理論的な借家権価格と考えられるが、これを正常価格とするかどうかは、前述のとおり法的観点から否定的に考える（ただし、限定価格としては成立すると考える。）。

　c．借家権割合──適用の容易さ：○、有用性：△

　　適用は簡便であるが、借地権同様、個別の権利の事情を反映しにくい。相続税の財産評定による割合を機械的に適用するのが実態である。また、その割合自体の決め方も、定性的な判断が中心で説得性のある評価プロセスから導かれているものではないと認められ

③ **基準に記載された鑑定手法は、実際の実務で適用されているか**

借地権の場合と同様、実務上は他の評価手法が適用できず、割合方式のみ適用する場合が多いようである。「借家権割合」の根拠と、個別の権利の特性をどのように反映させるのか不明な点が多い。

④ **再開発等の事業における鑑定評価**

鑑定評価において、不随意の立退きや再開発事業等を前提とした借家権の評価を行う場合がある。

この点、基準に以下の記載がある。

> **基準** 各論第1章第3節Ⅲ
> さらに、借家権の価格といわれているものには、賃貸人から建物の明渡しの要求を受け、借家人が不随意の立退きに伴い事実上喪失することとなる経済的利益等、賃貸人との関係において個別的な形をとって具体に現れるものがある。この場合における借家権の鑑定評価額は、当該建物及びその敷地と同程度の代替建物等の賃借の際に必要とされる新規の実際支払賃料と現在の実際支払賃料との差額の一定期間に相当する額に賃料の前払的性格を有する一時金の額等を加えた額並びに自用の建物及びその敷地の価格から貸家及びその敷地の価格を控除し、所要の調整を行って得た価格を関連づけて決定するものとする。この場合において当事者間の個別的事情を考慮するものとするほか、前記貸家及びその敷地の1．から7．までに掲げる事項を総合的に勘案するものとする。

上記は、特に「正常価格」「限定価格」等の特定の価格概念を前提とした手法の紹介ではない。「所要の調整」を行うことと、その場合の総合勘案事項は、貸家及びその敷地の総合勘案事項を準用することとされているが、その所要の調整の具体的内容は不明である。

3. 鑑定評価基準とその運用のズレ

　以上でみてきたとおり、鑑定評価において適用すべきとされる手法と実務で実際に適用する（できる）手法には「ズレ」がある。また、そもそも評価依頼目的と求める価格の種類の関係について、鑑定評価基準と他の法令等の規定に「ズレ」がある。

　次項以降では、借地権・借家権に関連した他の法令等との関係における「ズレ」について、「不随意の立退き」と借地権・借家権を検証することとする。

V　立退きと借地権・借家権
　　～権利補償の考え方の「ズレ」～

　再開発事業やビル建替等を進めるために、オーナーがテナントや借地権者等へ対価（一般には立退料と呼ぶ。）を授与することによって、不随意の立退きを迫るケースがあり、不動産鑑定士は、これらに関連した借地権・借家権の評価依頼を受ける場合がある。

　立退料と呼ばれる対価は法律上に規定されたものではないが、その金銭の有する意味は一般に、「オーナーの不完全な正当事由を補完する対価である。」とされている。しかし、その立退料の内容自体が確定的なものになっているわけではない。そこで、まず本項では、立退料についての整理と確認を行う。

1. 立退料とはなにか？

　そもそも法律上に「立退料」についての明確な規定はない。
　民法（新法）では、「財産上の給付をする旨の申し出」の定め（民法601条、621条）があり、これが「立退料」とも考えられるが、旧法にはこれを推定できる箇所は存在しない。すなわち、従来から「立退料」に法的な裏付けはなかったのである。

　　＜参考＞
　　　　民法第601条：賃貸借は、当事者の一方がある物の使用及び収益を
　　　　　　　　　　相手方にさせることを約し、相手方がこれに対して
　　　　　　　　　　その賃料を支払うことを約することによって、その
　　　　　　　　　　効力を生ずる。
　　　　第621条：第600条の規定は、賃貸借について準用する。
　　　　第600条：契約の本旨に反する使用又は収益によって生じた損
　　　　　　　　害の賠償及び借主が支出した費用の償還は、貸主が

返還を受けた時から1年以内に請求しなければならない。

「立退料」が法律上の言葉でないため、その内容については諸説が存在するが、各規則や書物等から、その定義はおよそ一定の枠内にとらえることができる。しかし、その枠内にあっても、①賃貸人と賃借人の合意の上に成り立つ立退料と、②賃貸人がその金額を賃借人に支払うことによって賃借人の意思に反して賃貸借契約を終了させるという法的効果を有する立退料が存在し、これらを性格の異なる別のものとする考え方がある。

本章においては、この二つの考え方の是非については論ぜず、立退料は「家主の正当事由を補完する働き（＝額）」があるものとして、以下のとおり定義することとする＊。

"立退料は「法的保護（正当事由）を補完する役割＋現実的解決（例えば、時間短縮等）」であり、その内訳は、「通損（算定可能な費用）と権利補償（借地権・借家権）」である。"

＊立退料については、「当事者間の合意の上に成り立つ立退料」と「賃貸人が賃借人の意思に反して賃貸借契約を終了させるという法的効果を有する立退料」は性格が異なるとして、これを分けて考えるべきとする意見がある。筆者は、不随意の立退きの場合は、これを構成している借地権価格及び借家権価格を「正常価格」ではなく、そもそも特定の当事者間に成立する経済価値＝「限定価格」あるいは「特別価格」として明記すれば実務で対応できると考えている。すなわち、「特定の当事者間に生じている事情＝総合勘案事項」として、当事者間の配分において考慮すればよいと考えている。

そもそも、現実の不動産賃貸借契約においては、当初の不動産賃貸借契約書に「立退料」の約定が前もって記載されるケースはまずなく、むしろ「借家人が明渡し時に立退料その他の名目を問わず、一切の金員の支払いを請求しない。」と定められている契約のほうが存在する。では、契約書に約定されず、民法・旧借家法にも規定のない「立退料」がなぜ授受されるのか？　それは、紛争の早期解決のため**の実際的な解決方法**であるからである。

例えば、旧借家法では、家主が解約申入れをする場合、「自ら使用することを必要とする場合その他正当事由」が必要となるが、この正当事由が不十分な場合には、立退料がその補完の役割をすることになる。

　また、法的に家主に十分な正当事由があっても、現実に借家人が居座った場合等について、早期解消策として（本来なら払わなくてもよいはずの）「立退料」の支払いが、家主の将来の経済的損失を回避する役割を果たすことにもなる。

　このような場合について、「立退料は、家主の正当事由を補完する働き（＝額）」とする判例もある。

　立退料の概念を図示すると、次のとおりである。

＜立退料の概念図＞

（0％）	法で認めた立退きが可能な貸主の正当事由	（100％）
貸主の（法上は不十分な）正当事由		立退料（正当事由を補完する働き）

　上記「立退料」の具体的な内容は、以下のとおりと把握できる。

　　① 立退きによって賃借人が支払わなければならない移転費用の補償
　　② 立退きによって賃借人が事実上失う利益の補償（いわゆる居住権、営業権）
　　③ 立退きにより消滅する利益権の補償（いわゆる借地権・借家権）

　なお、これらの内容を借地の場合、借家の場合に分けて具体的に例示すると、以下のとおりとなる。

＜借地の場合＞
　引越し費用・移転費用（①）
　建物買取り又は移転補償（②）

借地権価格の補償（③）

営業補償（②）

生活上の利益喪失、精神的補償（②）

借地の返還により賃貸人が得るであろう開発利益の配分（③）

＜借家の場合＞

引越し費用・移転費用（①）

家賃の差額等補償（①）

造作買取又は費用償還額の補償（②）

借家権価格の補償（③）

営業補償（②）

生活上の利益喪失、精神的補償（②）

開発利益の配分（③）

2. 立退料が支払われる場合の具体例

（1）一時使用の土地賃貸借の場合

　この場合、原則的には立退料は不要となるはずである。

　それでも「一時使用」について当事者間で争いがある場合など、一定の解決に時間を要するケースでは、貸主側が立退料支払いによる紛争の早期解決にメリットを感じて支払いが行われるケースもある。この場合の立退料は、土地の利用権（＝一時使用権）の性格上、前述の②〜③の価値はほとんどないから、その内容としては設備の撤去・残材処分、引越し費用等が中心になり、金額は少額になると考えられる（前記「立退料」の内容では①だけが該当すると考えられる。）。

　このケースを図で示すと次のとおりとなるが、これは、本来、不要な対価であるにもかかわらず、早期問題解決のために支払われる立退料というやや不可解な（あるいは理不尽な）金銭であるということができる。

＜概念図（一時使用の場合）＞

（０％）	法で認めた立退きが可能な貸主の正当事由	（100％）
	本件の場合の地主の正当事由（ほぼ100％）	

貸主の正当事由を補完する立退料はほぼ不要（ほぼ０％）

（２）契約存続期間中に立退きの理由がない場合

　このケースの典型例は、いわゆる「地上げ」のケースである。

　法的側面からは、貸主から「立退き」を求める正当理由は存在しないので、借主の自由意思による退去以外、基本的には問題解決（立退き）が不可能なケースである。

　貸主側に「正当事由」が全くない、又はほとんど存在しない状態であるにもかかわらず、①同様、問題の早期解決のために、当事者間の話合い（オーナーの申し出）により、一定金額で借主の合意を得て、「立ち退いて」もらう場合である。

＜概念図（貸主に正当事由がない場合）＞

（０％）	法で認めた立退きが可能な貸主の正当事由	（100％）
本件の場合の貸主の正当事由（ほぼ０％）		

貸主の正当事由はほとんど認められないので、立退料ですべてを補完しなければならない（ほぼ100％）

　この場合の「立退料」の内容は、前記①〜③すべての内容が含まれると考えられるが、大規模再開発を行う場合等、貸主側が大きな利益を得る場合には、協力する賃借人にも開発利益の一部を還元するということも考えられる（この場合も、③は「限定価格」等と考えられる。）。また、現実的に、開発利益を上乗せするぐらいの金額でなければ、問題の早期解決はできない場合が多いと考えられる。

(3) 賃借人側に債務不履行がある場合

① 賃借人の債務不履行とは？

a．地上権の場合

地上権の場合、借地人の債務不履行とは以下の場合を指す。
- ・民法第266条による2年以上の地代の支払いを怠った場合
- ・土地に永久の損害を生ずべき変更を加えた場合
- ・土地使用上の約束に違反した場合

b．土地賃借権・借家権の場合

土地賃借権・借家権の場合、賃借人の債務不履行とは、賃料の不払い、使用方法違反等をいう。

② 立退料支払いの可否

賃借人に債務不履行がある場合、立退料支払いは基本的に不要である。

ただし、現実問題、債務不履行による裁判で勝訴等は明らかな場合であっても、いったん係争になると、解決には時間を要することから、あるいは、債務不履行自体が明らかとまではいえない場合等においては、所有者は立退料支払いによる早期決着を図る場合がある（ただしこの場合の立退料の支払いは、債務不履行や立退きの有無についての裁判所の判断を補完する要素とはならないことに留意すべきである。）。

この場合の立退料は、債務不履行の程度によって、建物撤去・移転費用のみの場合から借地権価格まで考慮に入れる場合まで考えられる。

＜概念図（借地人側が債務不履行の場合）＞

(0%)	法で認めた立退が可能な貸主の正当事由	(100%)
個別の正当事由（借地人の債務不履行によって被る不利益の内容により幅がある～100%）		
	立退料で補完する内容いかんによる	～100%

(4) 期間満了による借地権・借家権の消滅の場合
① 法律の定め
　定期借地・定期借家を除いた一般借地・借家は、基本的に貸主側に「正当事由がある場合」でなければ、権利の消滅、立退きは請求できない（旧借地法4条、借地借家法5条、6条）。
② 実務上の処理
　貸主側はいったん「正当事由なし」と判断されれば、法律を背景とした強制執行等による立退きを強要する道は閉ざされるので、あとは賃借人の承諾を得て、任意に立ち退いてもらうしか方法はない。すなわち、立退料支払い等による賃借人の合意を得る方法だけが残されることになる。

　また、仮に貸主側に何らかの「正当事由」があったとしても、実際上、借主側にも何らかの「正当事由」が存する場合もあり（次表＜正当事由の判断に使われる事情＞参照）、この場合の「立退料」は、その利害調整のための現実的な貸主の「正当事由の補完要素」としての役割を担うことになる。

＜正当事由の判断に使われる事情＞

貸主の事情		借主の事情
自己使用（居住・営業）・第三者（親族等）の使用の必要性	↓立退料は利害調整の役割を担う↑	自己の必要性
生計事情		生計事情
建物の改築・修繕・新築の必要性		賃借物件の必要性
売却又は有効利用（高層化など）の必要性		従来の経緯（借主の貸主に対する背信行為等）
立退料・移転先の提供		借主の破産など
賃貸借に入った事情（権利金の有無、近隣との賃料比較等）		
貸主の破産、貸主に変更があった場合など		

この場合の立退料は、具体的事情によってそれぞれ個別に金額を算定しなければならないが、事案によって事情はさまざまな場合が考えられる。

　<概念図>

（0％）	法で認めた立退きが可能な貸主の正当事由	（100％）
貸主の（法上は不十分な）正当事由	立退料（正当事由を補完する働き）	

←相互事情の調整で動く→

（5）定期借地権・定期借家権の場合

　定期借地権とは、契約期間満了時に更新がなく、借地権設定者（地主）の異議に正当事由の有無が問題とされない借地の類型である。（借地借家法22条～24条）

　したがって、定期借地契約の場合は、期間満了時に立退料なしで土地の明渡しを求めることができる（ただし、建物譲渡特約付借地権（新法24条）の場合は、地主が地上建物を相当の対価で買い取ることになる。）。

　現在までに係る事例は知らないが、今後、定期借地・定期借家の制度が成熟し、事例数が増加すると、契約期間途中に当該権利に基づく借主が不随意の立退きを迫られるケースの発生も考えられる。

　契約残存期間との関連で、立退料の授受が生じるケースも可能性としてはあるが、その場合も前記一時使用のケースと類似した内容になると考えられる。

　<概念図>

（0％）	法で認めた立退きが可能な貸主の正当事由	（100％）
	個別事案の貸主の正当事由（ほぼ100％）	

原則立退料はない

3. 勘案すべき「具体的事情」の例

　立退料算定にあたって勘案すべき賃貸人・賃借人各々の具体的事情としては、以下の例が考えられる。

（1）賃貸人側の事情
　・年齢、経歴、職業等
　・資産、経済状態
　・健康状態
　・家族の構成、年齢、職業、収入、健康状態等
　・（賃貸人が法人の場合）設立時期、資本金、業種、業績、従業員等
　・対象不動産に対する事情（土地建物の状態、建物経過年数、近隣状況等）
　・賃貸借契約の内容（開始日、期間、賃料、一時金、更新状況、居住用・営業用、契約事情、周辺賃料との差　等）
　・賃貸借中の状況（使用状況等）
　・立退き請求後の交渉経過（調停等の経過を含む。）

（2）賃借人側の事情
　・年齢、経歴、職業等
　・資産、経済状態
　・健康状態
　・家族の構成、年齢、職業、収入、健康状態等
　・（賃借人が法人又は営業者の場合）設立時期、資本金、業種、業績、従業員等
　・対象不動産に対する事情（土地建物の状態、建物経過年数、近隣状況等）

4. 立退料と借地権・借家権の関係

（1）立退料の実質的な意義

　妥当な立退料の額はいくらなのかについては、貸主・借主の契約関係をめぐる一切の事情に影響される。

　立退料の要否及びその額を決定するためには、貸主と借主の具体的事情の内容いかんによるので、例えば、借家であれば、賃貸家屋の構造・規模・賃貸期間の年数、家賃の額、敷金・礼金の有無などを基準として、算術的な方法で立退料としていくらが妥当かを普遍的な算式によって算出することは事実上困難である。

　すなわち、家主と借家人との間で家屋の立退きをめぐる紛争が生じた場合に、その事案が類似しているからと特定の裁判例を引用して、その結論を現実の紛争にそのままあてはめることは危険であり、あくまでも正当事由の有無及び立退料の額を判断する一つの資料として参考にしながら、当該案件についての個別性を具体に考えるべきである。

　賃借人に法的に対抗できる「正当事由」と「立退料」の関係を改めて図示すると次のとおりである。

＜概念図＞

（0％）	法で認めた立退きを促すことが可能な貸主の正当事由	（100％）
貸主の（法上は不十分な）正当事由		立退料（補完する働き）

　立退料は、広義には「土地又は建物の使用者ないしは権利者に対し、その土地又は建物の立退き（明渡し）を求めるにあたって支払われる金銭、その他の代替物」といえる。また、借地、借家の当事者間での授受を考えると、立退料とは、「賃貸人（地主又は家主）が賃借人（借地人又は借家人）又は転借人に対し、借地又は借家の立退きを求めるにあたって、賃借人又は転借人の移転による不利益を補償する

主旨で支払われる金銭、その他の代替物」といえる。しかし、この立退料という文言自体は、前述のとおり借地・借家法で制度化されたものではない（ただし、新借地借家法の条文上、立退料の概念の一端が認められる部分はある。）。しかし、法律上定まった内容があるわけではないといえども、土地収用法等には、移転補償料等としての「補償」の規定は存在する。

　立退料が法律上定まった制度でないため、実務で立退料を考える場合には、以下の二点が頭を悩ませる。
　①　（立退料の）概念を明確にする拠り所がほしい。
　②　いかなる債権が存在し、立退き側にいかに請求権が発生するか不明。

　これらの問題には、現在も確定した考え方は存在せず、諸説が唱えられている。
　家主の「正当事由」の存在が明らかな場合等にあっては、立退料の支払いがなくても、法律上は立退きを迫ることは可能であるが、この場合、裁判所に立退きの判決をもらい、強制執行するまでの時間と労力を考えると、どのようなケースであっても、立退料を支払ってでも早期解決を望むという貸主を不当であるとはいえない。すなわち、<u>立退き不能の場合を除いたすべての場合に、立退料の支払いが必要となる可能性が考えられる</u>のである。

　このような性格を有する立退料の内容は、次の三つに大別することができる。
　(ア)　立退きによって賃借人が支払わなければならない移転費用の補償
　(イ)　立退きによって賃借人が事実上失う利益の補償（いわゆる居住権、営業権）
　(ウ)　立退きにより消滅する利益権の補償（いわゆる借地権・借家

権)

　これらのうち(ア)(イ)は、いわゆる「通損補償」、(ウ)は「権利補償」と呼ばれるものであり、明確に区分できるが、これらの具体的な内容は以下のとおりである。

① **賃借人が支払わなければならない移転費用の補償としての立退料**
　　・引越しにかかる費用（梱包、運送、保険、分解取付調整、住所変更諸届、移転通知費用等）
　　・移転先取得のために支払いを要する費用（敷金、権利金、保証金、不動産業者への仲介料等）
　　・従前賃料から移転先において増加した賃料差額（厳密には、従前の賃料と移転先の賃料との差額に補償月数を乗じた額から中間利息を控除した額）　など
② **賃借人が事実上失う利益補償としての立退料（居住権・営業権）**
　　・居住権の補償…ただし、この権利は精神的な要素を含むため、一定の算定式により金額を出すことは一般的には困難である
　　・営業権の補償…算定可能（移転先で従前営業と同一内容の設備で営業開始するための費用、休業期間中の損失、新規営業による減収分の補償　等）
③ **消滅する利用権の補償としての立退料（借地権・借家権）**
　(ウ)の内容は、本来、なお存続すべき利用権が、何らかの事情により途中で消滅を強制された場合の補償で、いわゆる「借地権」、「借家権」といわれるものである。
　しかし、「借地権」と「借家権」は、前述のとおり大きな違いが認められる。
　　ⅰ.借地権…　法律により譲渡性が認められている。法的にも物権化が進んでいると考えられる（市場性を法律が担保していると考えられる。）。
　　ⅱ.借家権…　法律では、無断譲渡を契約の終了原因とするなど、この権利の一般的な譲渡性を制限する一方、賃貸人が建物所

有権を第三者に移転した場合には、賃借人は対抗できるとする規定があるなど、一面において物権的効力の側面を付与している。借地権については法が市場性を担保しているのに対し、借家権では法が市場性を制約している。

　立退料の構成要素を上記のように分類した場合、(ア)(イ)の算定方法やその考え方については、比較的整理されているが、(ウ)については、この借地権と借家権の権利としての違いを踏まえた実務上の再整理が必要であると考える。

（2）立退料算定と借地権価格・借家権価格との関係
① 立退料と借地権

　借地権に関する立退料は、土地の賃借人又は地上権者に対し、この土地の立退きを求めるにあたって支払われる金銭その他の代替物といえる。

　立退きにあたって借地権を考慮するケースでは、通常、土地上に借地権を権原とする建物が現存するので、立退料算定にあたってまず求める借地権の正常価格は、実務上「借地権付建物」の部分鑑定評価として求めることになる。

　しかし、立退料が、特定の「土地の賃借人又は地上権者に対し、この土地の立退きを求めるにあたって支払われる金銭その他の代替物」であり、当事者の個別事情を勘案して授受されるとすると、その基礎となる「借地権価格」も「正常価格」ではなく、特定の当事者間で合理性を有する「限定価格」（あるいは「特別価格」）になると考えられる。

　前述のとおり、立退料の構成要素三つのうち、(ア)(イ)は費用としての算定が比較的容易であり、客観的ともいえる反面、個別の事情は反映できない（又はしない）特性を有する。

　一方、(ウ)の借地権・借家権については、当事者事情を勘案した調整価格、「限定価格」とすれば、これを基に算定された立退料は、前述

の定義とも合致することになる。

借地において立退料が問題となる場合は、おおよそ以下に大別される（借家の場合も同様）。

①公共事業による収用等の場合
②賃貸人側の事情による立退きの場合

この場合、現存する建物に関する補償は、前述の立退料(ア)(イ)で勘案することになる。

② 立退料と借家権

借家人に対する立退料の場合も、基本的には借地権の場合と同様であるが、前述のとおり、借家権は権利としての性格は借地権と異なり、法がその市場性を制約していることもあって、「正常価格」はそもそも成立しない。

しかし、権利自体の存在は法で認められており、市場価値がなくても、貸主に対する一定の価値は有する。これらの借家権とその価格についての性格を踏まえて、その立退料を勘案すると、査定の基礎となる借家権価格については、借地権と同様、「正常価格」ではなく、「限定価格」として求めるべきであると考える。

（3）立退きにおける鑑定評価基準と関連法との関係

立退料を算定する際に、その基になる権利（借地権・借家権）の存在とその価値（価格）がいくらであるかの判断が必要となるが、権利の有無については法に基づき判定できるとして、その価値（借地権価格・借家権価格）は、具体的にどのようなものであるかについてはあいまいな部分も多い。

一般にこれらの権利（借地権・借家権）は、実際に授受されている現行賃料が安いか高いかに左右されるといわれ、賃貸借の対象となっている不動産の価値に対して実際の賃料が安い場合、借主はいわゆる「借り得」があり、この利得が継続すると見込まれる期間に即応して、その権利の価値（価格）が生じるとされる。

この場合、借主が「得」をしている分だけ貸主は「損」であり、立

退きにあたっては、「得」が大きい借主のほうが、より多くの立退料をもらう"二重得"となる（具体的な例示としては、同一テナントビル内の複数テナントへの立退料支払いを想定した場合、（他の条件がすべて同一とすると）安い賃料しか払ってこなかったテナントが、高い賃料を払ってきた別テナントより立退料が多い、という場合がある。）。

このケースでは、従来、賃料値上げ要請に協力的であったテナントより、非協力的で不経済であったテナントが得をすることになり、立退き料を支払う側の感覚との「ズレ」が生じる場合がある。

この点からも、不動産の鑑定評価を行う側は、不随意の立退きに伴う借地権・借家権の鑑定評価で求める価格は「正常価格」ではない別の価格概念、例えば、「限定価格（特定の当事者間においてのみ経済合理性が認められる価格）」、あるいは「特別価格（一般的に市場性を有しない不動産について、その利用現況等を前提とした不動産の経済価値を適正に表示する価格）」と明確にして、評価すればよい（あるいはすでにそのようにしている。）と考える向きが多いのであるが、都市再開発法等の法令では、この場合の価格の概念は「正常価格」であるとしているように読める。

＜参考＞：都市再開発法
（宅地等の価額の算定基準）

第80条 第73条第1項第3号、第11号又は第12号の価額は、第71条第1項又は第5項（同条第6項において読み替えて適用する場合を含む。）の規定による30日の期間を経過した日における近傍類似の土地、近傍同種の建築物又は近傍類似の土地若しくは近傍同種の建築物に関する同種の権利の取引価格等を考慮して定める相当の価額とする。

2 第76条第3項の割合の基準となる宅地の価額は、当該宅地に関する所有権以外の権利が存しないものとして、前項の規定を適用して算定した相当の価額とする。

（補償金等）
　第91条　施行者は、施行地区内の宅地若しくは建築物又はこれらに関する権利を有する者で、この法律の規定により、権利変換期日において当該権利を失い、かつ、当該権利に対応して、施設建築敷地若しくはその共有持分、施設建築物の一部等又は施設建築物の一部についての借家権を与えられないものに対し、その補償として、権利変換期日までに、第80条第１項の規定により算定した相当の価額に同項に規定する30日の期間を経過した日から権利変換計画の認可の公告の日までの物価の変動に応ずる修正率を乗じて得た額に、当該権利変換計画の認可の公告の日から補償金を支払う日までの期間につき年６パーセントの割合により算定した利息相当額を付してこれを支払わなければならない。この場合において、その修正率は、政令で定める方法によって算定するものとする。

　『要説』では、不随意の立退きの場合の評価について、「限定価格として求める場合もある。」という消極的な表現をするが、借家権については、事実上正常価格が存在しないうえ、法的にも市場性が制約されていること、借地権と借家権で求める価格の種類が異なることは均衡をなくすこと、不随意の立退きに関連する所有権以外の権利価格を求める場合は、必ず当事者が限定されること、などを考えると、このような記述では十分とはいえない。

　鑑定評価を行う側としては、不随意の立退きに伴う借地権・借家権の鑑定評価で求める価格は、「正常価格」ではない別の価格概念、例えば「限定価格（特定の当事者間においてのみ経済合理性が認められる価格）」、あるいは「特別価格（一般的に市場性を有しない不動産について、その利用現況等を前提とした不動産の経済価値を適正に表示する価格）」と明確にしたほうがよい（あるいはすでにそのようにしている不動産鑑定士もいる。）と考える。

　一方で、再開発法等の法令では、この場合の価格の概念は「正常価格」であるとしているように読め、この点、関連法の権利価格の記述部分についても変更を検討すべきではないかと考える。

以上、立退料算定のプロセスを再検証し、不随意の立退きの場合に求める借地権価格・借家権価格を考察したうえで、鑑定評価における価格の種類と権利補償に関する法律との価格概念の「ズレ」について指摘したものである。

Ⅵ 鑑定評価基準への提言
～改定により顕在化した価格概念の「ズレ」～

　以上のとおり、借地権と借家権について、その権利内容、市場性、鑑定評価基準と運用、補償の考え方等における「ズレ」について検討してきた。

　本節では、これらの「ズレ」のうち、借地権・借家権の評価に関連するだけではなく、もっと広範囲の鑑定評価に関連する事項として、最近の改正により、定義が改めて明らかにされた「価格概念」が評価に及ぼす影響について、改めて検証するものとする。

1. 鑑定評価基準改定の変遷と正常価格の定義の改定

(1) 鑑定評価基準改定の変遷

　昭和44年に三つの基準（不動産の鑑定評価基準、宅地見込地の鑑定評価基準、賃料の鑑定評価基準）が一本化される形でまとめられた不動産鑑定評価基準（いわゆる、旧基準）は、その後の社会経済の変化を踏まえ、平成2年に現行基準の原型が設定された。

　それ以降、基準は3回の改正を経て現在に至っているが、それぞれの主な要旨・改正点は以下のとおりとなっている（『新・要説不動産鑑定評価基準』（改訂版）　まえがきより引用）。

【平成14年改正の主なテーマ】
① 新たな評価ニーズに対応した価格概念のあり方
② 収益還元法の体系的整理
③ 対象不動産の属する市場や市場参加者の特性等に関する市場分析の重視
④ 三方式を等しく尊重して試算価格又は試算賃料を調整するという考え方の再検討

⑤ 経済的・法的・物理的な物件調査（デューデリジェンス）

【平成19年一部改正とその概要】

「証券化不動産の価格に関する鑑定評価の実務指針」及び「証券化対象不動産の価格に関する鑑定評価手法上の留意事項」の作成・発表

＜基本的観点＞

① 証券化対象不動産の鑑定評価が鑑定評価依頼当事者だけでなく、広く社会一般の投資家等に重大な影響を及ぼすことを十分に理解し、不動産鑑定評価制度に対する社会的信頼を一層確保すること。
② 証券化対象不動産の価格は、将来キャッシュフローの現在価値として把握される収益価格を重視して判断されることから、とりわけ建物を中心に、そのキャッシュフローに影響を与えるリスク要因のチェックが必要となってきた。そのため、価格形成要因の分析にあたり、他の専門家との連携や他の専門家の調査結果を十分吟味して活用していくことが求められる。

＜主な改正事項＞

① 具体的適用範囲
② 証券化対象不動産の確認
③ エンジニアリング・レポートの取扱いなどの明確化
④ DCF法の収益費用項目の統一と適用過程の明確化

【平成21年の一部改正の概要】

①「総論第8章 鑑定評価の手順」に「第2節 依頼者、提出先及び利害関係等の確認」が加わった。これにより、鑑定評価の依頼に当たり、依頼者に次の事項についての意思の確認を行うことが必要である。

　Ⅰ 依頼者及び鑑定評価書が依頼者以外に提出される場合における当該提出先
　Ⅱ 関与不動産鑑定士又は関与不動産鑑定業者に係る利害関係等

② 「総論第9章　鑑定評価報告書」の「第2節　記載事項」に次の事項が加わった。
- Ⅷ　関与不動産鑑定士又は関与不動産鑑定業者に係る利害関係等
- Ⅸ　関与不動産鑑定士の氏名
- Ⅹ　依頼者及び鑑定評価書が依頼者以外に提出される場合における当該提出先の氏名又は名称

（2）「正常価格」の定義の改定とその明確化

平成15年1月1日より施行開始された改定後の不動産鑑定評価基準等について、改定点の骨子は以下のとおりである。
① 価格概念の明確化
② 収益還元法の体系的整理
③ 市場分析の重視
④ 試算価格の調整の意義等の明確化
⑤ 物件調査の拡充
⑥ 鑑定評価報告書の記載事項の充実

このうち、「①価格概念の明確化」において、正常価格の定義について、以下のとおり明文化されている。

＜価格概念についての変更点＞

（現行基準）		（新基準）
○定義 合理的な市場で形成されるであろう市場価値を表示する適正な価格	定義を明確化 →	○定義 市場性を有する不動産について、現実の社会経済情勢の下で合理的と考えられる条件を満たす市場で形成されるであろう市場価値を表示する適正な価格

この点、今回改正において正常価格の定義が変更された理由（特に現実の社会経済情勢の下での価格であることが強調されたこと、正常価格の成立要件が詳細に記載された趣旨について）の解説として、「不動産鑑定評価基準　不動産鑑定評価基準運用上の留意事項　研修会テキスト」（国土交通省・㈳日本不動産鑑定協会）P.15に以下の記載がある。

1. 今回の改定において、正常価格の定義の変更を行ったが、その趣旨は、従前の概念自体の変更をしたのではなく、それを明確化したものである。
2. 不動産鑑定評価で求めるべき価格は、現実の社会経済情勢から乖離したいわゆる「あるべき価格」であるとの主張がしばしばあったが、今回の改定により、不動産鑑定評価で求めるべき価格は、現実の社会情勢を所与とした上での市場及び市場参加者の合理性を前提とした市場で成立する価格、すなわち「ある価格」であることを明確にしたものである。
3. また、正常価格の成立要件を詳細に規定した趣旨は、これまで曖昧だった合理的な市場の要件を整理するとともに、昨今の新たな鑑定評価ニーズに対応し、㈳日本不動産鑑定協会の実務指針上「特定価格」として分類される事案が増加していることを踏まえ、それとの対比上、正常価格の成立要件をより明確化したものである。

　以上のとおり、**鑑定評価によって求める価格（正常価格）は「あるべき価格」ではなく、「ある価格」である**ことが明確化されることになった。

　平成14年以降の改定は、不動産の鑑定評価に対するニーズの多様化・高度化を背景として施されたものであるが、これらは主として、不動産市場の大きな変化、すなわち「不動産を活用した証券化市場の急速な進展とその後」への対応という側面が強い。

すなわち、証券化商品の信頼性・透明性の向上のために、不動産の鑑定評価の質を高め、公正中立的な立場から客観的・合理的に評価することがいままで以上に求められるようになったことへの対応であるということができる。

　この点、これら一連の基準改定は、証券化対象不動産に関わる内容に限定されているとも受け取れるが、平成14年改定に関しては、不動産鑑定士にとってふだんから最も鑑定評価において馴染みがありながら、それまでは定義自体があいまいであった「正常価格」について価格概念が明文化されたことで、証券化対象不動産に関する評価だけではなく、一般の鑑定実務にとっても大きな意義がある内容となっている。

　以下、テキスト「不動産鑑定評価基準等の改定点の概要　1．価格概念の明確化」（P.2）を引用する。

(1)　改正の趣旨
　○　鑑定評価における中心的な価格概念である「正常価格」について、しばしば定義があいまいに解釈される傾向にあることから、不動産市場の特殊性を踏まえ、その定義を明確化する。
　○　鑑定評価に対するニーズの多様化・高度化に伴い、社会的要請から、正常価格と乖離する条件下での経済価値を求められるケースが増加しており、こうした評価ニーズに対応する価格概念について整理する。
(2)　改正のポイント
　○　正常価格、特定価格、特殊価格を以下のように明確化した。（正常価格の部分のみを抜粋）

　そもそも正常価格は、従来、「合理的な市場で形成されるであろう市場価値を表示する適正な価格」とされていたものが、改正により以下のとおりの定義になったものである。

「正常価格とは、市場性を有する不動産について、現実の社会経済情勢の下で合理的と考えられる条件を満たす市場で形成されるであろう市場価値を表示する適正な価格をいう。」

この改定以前は、「正常価格」の定義については、解釈の相違から「あるべき価格」であるとする説と、「ある価格」であるとする説が併存していた。

本書では、この改定による従来の鑑定評価の妥当性の検証や批判を目的とするものではなく、改定部分と改定されなかった部分のうち、借地権・借家権に関する部分について、今後の評価にあたっての一提案を目的とするものである。

2. 鑑定評価で求める借地権価格・借家権価格

これまでにみてきたように、借地権と借家権は同一の法律を根拠としながら、市場性の点では大きく異なる特性を有する権利である。借地権は、現実の市場においても（新規設定時以外で借地権単独取引が行われているケースを筆者はあまり知らないが）単独あるいは建物に付随した取引の対象となっている地域が存在する一方、法律が市場性を制限している借家権については、現実に公開市場における取引も認められない状況にある。

しかし、いったん、賃借人が賃貸人又は事業主体等から不随意の立退きを求められると、借地権、借家権は権利としては当然に存在が認められるほか、特定の当事者に対して、価格の大小はあっても価値が発生する点では同様となる。そしてその経済価値は、例えば、再開発法では「正常価格」で補償すべきとされていることから、依頼を受けた不動産鑑定士は、「正常価格」として借地権価格・借家権価格を評価し、あるいは「立退料」の正常価格を求めている場合もある。

「正常価格」が「市場価格」であり、「ある価格」だとすると、「借家権価格」の「正常価格」は、現在の基準では成立しないのであるか

ら、不随意の立退きの場合の補償では「借家権」は補償する必要なしか、価値なしとなってしまう。

これらを整理するには、再開発法等に定められた借地権・借家権の「正常価格」の部分を「限定価格」とするか、あるいは「正常」を消すか、何らかの整合性をとる必要がある。不動産鑑定士は、価格の種類を定めず評価を行うことはできない（条件付の評価は可能であるが、その場合はその旨を明記する。）。

この点、正常価格概念の改正前は、借家権が法的保護を受けることをもって、理論的に価値があるとし、正常価格が成立するという意見も存在する。

しかし、①法的に市場性が制限されている点、②現実に市場取引がない点を考えると、現行では借家権の正常価格は「0」となるはずである。

3. 借地権価格・借家権価格と改定「正常価格」とのズレ

それでは、再開発等において借家権の補償は「0」とするのかというと、前述のとおり、借家権の正常価格は「0」でも、特定の当事者間における限定価格として価値があるとする整理がよいと考える。

正常価格がないのに限定価格が成立するのかという意見もあるが、限定された当事者間において、その契約内容や賃料改定の経緯等を勘案し、限定的な価値を判定するということは、継続賃料評価に類似しており、違和感はないし、「法的利益」や「場所的利益」といった観点は、正常価格評価で織り込むことができなかった場合でも、限定価格の評価では織り込める場合があってもよいのではないかと考える。また、この考え方は、借地権の場合も同様であるとしても差し支えないと考える。

この点、すでに評価実務でこれらの案件を処理した不動産鑑定士にとっては、当然検討してきたことと感じられるかもしれないが、現行

の鑑定評価基準の借地権・借家権の評価、あるいは求める価格の種類の記述をみると、やや内容が薄いこと、あいまいであることにより、その認識に「ズレ」が生じていると考える。

おわりに

　以上のとおり、現行の鑑定評価基準は、その改定の結果、評価手法や価格概念等にズレが生じ、実務者の取扱いや解釈にも一部ブレが生じていると考えられる。

　変化が進む市場（一般公開市場や証券化不動産市場等）に対応するべく、改定が進められた不動産鑑定評価基準ではあるが、既存分野とこれら改正部分との間で結果的に不整合が生じており、これら法、基準、実務、市場のそれぞれについての「ズレ」を調整するためには、鑑定評価基準における既存部分の追記・見直し等が急務であると考える。その際、鑑定評価と周辺法（例えば都市再開発法等）との整合性も広域的に検討する必要があり、鑑定評価基準の分野だけはなく、法律や各種規定との関係性も考える必要がある。

　鑑定評価基準は、社会のニーズに的確に対応するために、市場の変化等に合わせた追加・修正が随時行われてきた。特に近年、不動産証券化市場の急拡大もあって、これに即応した内容の充実が目覚ましいところである。一方、既存評価に関連する部分については、一部を除いてさしたる変更はなく、結果、従来はあいまいであった部分で一部「ズレ」が生じていると考えられる。

　また、本書では触れなかったが、わが国の鑑定評価基準は、米国の鑑定評価基準を参考として作成されているが、例えば、価格の種類や価格概念、評価（appraisal）と価格査定（assess）の区別など、日本の鑑定評価基準と米国の評価基準にも一部「ズレ」が生じているのではないかと感じる部分もある（そもそも日本の（要説）不動産鑑定評価基準は、「The Appraisal of Real Estate」の約半分の分量であり、

「ズレ」というより、内容の問題かもしれない。）。

　わが国における鑑定評価実務の実態と、これからの鑑定評価の国際化の潮流等を考えると、今後の評価基準の内容の充実は一層重要であると考えられる。

　鑑定評価基準は、不動産鑑定士自身が実務の基準とすべきものであるとともに、社会の変化に応じた改良を加えていくものである。そしてそれは、理論と実務の両方に支えられたものであり、同時に社会の変化に応じて変わっていくものでもあり、固定的なものではないはずである。時に生じる「ズレ」については、不動産鑑定士自身が運用面で適宜弾力的に解釈・適用し、その限度を超えると思われる「ズレ」については、問題提起して解決を図っていかなければならないものであると考える。

　近年、不動産鑑定士の資格制度が変更になり、経験のないままに不動産鑑定士登録を経て実務に携わる人数も増えている。これらの新しい鑑定士たちは、実務経験が少ない分を各種の研修や講義で補いながら実務経験を重ねていくことになるが、日常業務においては鑑定評価基準・要説が最大のよりどころとなっている。しかし、前述のとおり、現行基準や要説にあいまいな部分や解釈が大きく分かれる部分があっては、社会全体に対する鑑定評価制度の信頼も揺らぎかねない。

　本章では、借地権・借家権の評価に関して、評価・基準・実務を中心とする最近の「ズレ」についての考察を行ったが、これらの見直しの是非については、実務者である不動産鑑定士が、受け身ではなく主体となって積極的に参画し、議論すべきであり、社会に信頼され、評価される鑑定評価を目指して、筆者自身もさらに意見を発信していきたいと考えている。

第 7 章

補償における賃貸人と賃借人間の利害調整としての借家権価格

はじめに

　前章までは、賃貸借にあたって創設される借地権・借家権といった部分的不動産権の、権利そのものの法的側面やその経済的利益、ひいては価格の評価法について述べてきた。本章では、賃貸人（以下「家主」という。）と賃借人（以下「借家人」という。）の間における補償としての、また利害調整としての借家権価格について述べることとする。

　借家権とは、建物の賃貸借契約から生じる借家人の権利をいうものであり、借地借家法によって保護された権利である。期間を定めて建物の賃貸借をした場合、当事者が借家関係を終了させようとすれば、期間満了の1年前から6カ月前までの間に相手方に対し契約を更新しない旨の通知をしなければならない。さらに、この通知をしただけでは契約は終了せず、解約にあたっての正当事由が具備されていなければならない。借家権は、民法の規定のみによる賃貸借の時からみれば、借地借家法の規定に基づく整備によりその権利の存在は強固なものとなったが、建物の所有を目的とする借地権と比較すれば、その権利の強さに差が生じるのはやむを得ないことは前章までに指摘したとおりである。こうしたことは取引市場においてそのまま具現化される。すなわち、借地権が借地権付建物として一般市場で取引されることはあっても、借家権が一般市場で取引されることはまず皆無といってよいだろう。

　東京や大阪の繁華街において、借家権的取引が存在することは文献等で紹介されているが、これは借家人が建物内に造作した工作物等を賃貸人が買い取っても同業種の借家人に賃貸できるケースがまれであるため、造作を含めて借家人が同業種の第三者に譲渡することを認めた慣行であるとする説もある。すなわち、借家人の施した造作費等、投下資本の回収を保障するものであり、財産的価値としての借家権価格とはいえないとするものである。

現実において借家権価格を査定する評価業務の多くは、市街地再開発事業において家主と借家人との間における土地・建物価額の配分の必要性からの要請であったり、ビル建替え等に伴う立退料査定としての要請である。

　一方、平成3年に制定された借地借家法は11年に改正され、定期借地制度に加えて、定期借家制度が導入された。この制度は、正当事由がなければ契約は更新され続けるという基本的な制度（いわゆる普通借家）に加えて、建物賃貸借の期間を定める場合、賃貸借が更新されないという内容の特約を締結すれば、正当事由がなくても期間の到来により契約が終了するという制度である。

　このように、借地・借家関係の実態が時代の流れとともに変化している昨今にあって、この章では、借家に対する法制度の改正の概要、不動産鑑定評価基準改定の概要を整理し、公共事業における借家人への補償の考え方、市街地再開発事業における借家権評価の実務、ビル建替えにおける立退料の一部としての借家権評価の実務等を紹介することとする。

I 借地・借家法制の変遷

　日本の法制度では、土地と建物は別の不動産として扱われる。他人の土地に建物を建て、居住したり店舗として営業するという土地利用がされる場合、地主から土地を借りる借地という概念が生じる。もともとこういう借地関係は民法で律せられてきたが、賃貸借の場合は契約自由の原則が認められていることから、地主が土地を返してほしいときには借地人はいつでも土地を返さなければならないというような契約がなされることもあったり、また、借地人が借地権付建物を第三者に譲渡しようとする場合、地主の承諾が必要なことから、地主の意向によりその換価性が問われる状況が生じた。こうした実情から、借地に関する特別法として大正10年に「借地法」が制定された。また、借家関係でも同様に契約自由の原則から居住や営業活動の安定に問題が生じると考えられたことから、「借家法」が同時に制定された。

　借地権は土地が売却され、新しい地主から借地権を否定されることが生じたため、借地上の建物が登記されていれば新地主にも借地権を主張できる対抗力が存在するとした「建物保護ニ関スル法律」（いわゆる建物保護法）が明治42年に制定された。

　借地・借家制度については時代の変化に対応して、その内容が改定されてきた。再度その法制度の移り変わりについて整理しておく。

1. 大正10年（1921年）「借地法」「借家法」制定

制定当時の借地法では、
① 存続期間を定めたこと及びその期間が満了した時に借地人が地主に契約の更新を請求できることとした。さらに地主が更新を拒絶した場合には、地主に建物を買い取るよう請求することができることとした。

② 借地権の譲渡を地主が承諾しない場合には、借地人から借地権を譲り受けた者は地主に対し建物の買取り請求ができることとした。
③ 地代の額が時間経過等事情変更により相当でなくなった場合は、各当事者から相手方に増減の請求ができることとした。

借家法も同様に、
④ 期間が満了し借家人が使用を継続する場合には、家主から遅滞なく異議が述べられないと契約は更新され、また、期間の定めがない場合は家主が解約の申入れをした後6カ月を経過しないと賃貸借関係が終了しないこととした。
⑤ 借家関係が終了するにあたって、借家人は家主の同意を得て建物に備え付けた造作の買取りを請求することができることとした。
⑥ 家賃について時間の経過等事情変更が生じた場合、増減を各当事者から相手方に請求ができることとした。

2. 昭和16年（1941年）「借地法」「借家法」の改正

「借地」に関しては存続期間の保証があっても期間満了により地主が更新を認めない等に対する保護が十分でないという認識から、期間満了時に建物がある場合には、地主側に明渡しに伴う正当事由がなければ原則として契約が更新されるという制度に改められた。

「借家」に関しても期間満了の6カ月前までに更新拒絶の通知がないと、契約が更新されるとともに更新拒絶に正当事由が必要であると改正された。

3. 平成3年（1991年）「借地借家法」制定

日本経済の発展に伴い、都市における土地、建物の利用が高度化・複雑化したことに対応して借地法・借家法の全面見直しが検討され、平成3年に成立した「借地借家法」では、従来の「借地法」「借家法」及び「建物保護ニ関スル法律」を一本の法律に統合した。

① 借地関係では、更新の適用を受けない定期借地権の設定、借家関係では、一時的転勤等やむを得ない事情がある場合（賃貸人の不在期間の建物賃貸借）や建物に取壊しの予定がある場合等、決められた期限で契約が終了する制度が定められた。

② 普通借地の場合、借地の存続期間は当初30年、更新後1回目20年、以後は10年とされた。また、借地・借家関係において正当事由の内容について、地・家主が自らその土地・建物を使用する場合というように事項を明確にした。

③ 自己借地権の設定が認められたこと。借家人の造作買取請求権について、当事者の合意で破棄できること。借地権上に建っている建物の借家人がその期間の満了を知らなかったときは、借家人を保護することとした。

4. 平成11年（1999年）改正

平成11年改正では、借家関係において定期借家制度が導入された。定期借家制度は、正当事由がなければ契約は更新され続けるという基本的借家制度に加えて、建物賃貸借で期間を定める場合、賃貸借が更新されないという内容の特約を締結すれば、正当事由がなくても期間が満了すれば賃貸借契約が終了するという制度である。

また、建物賃貸借について期間が20年までとされていた最長期間制限が撤廃されたことなどが主な改正点である。

以上でみてきたように、借家に関して改定されてきた法制度については借家権の保護の面での大きな変化はないが、借家関係については契約更新の制度があること、家主側から借家契約について解約を申し入れる場合は正当事由が必要とされる点に留意しておかなければならない。

Ⅱ 不動産鑑定評価基準改定の変遷

不動産鑑定評価基準も、時代の変遷に伴い過去数回の改定が行われた。そのうち、借家権評価に関する部分についてその考え方・評価手法の変遷をみてみよう。

1. 昭和40年制定施行（昭和39年 3 月25日答申）の鑑定評価基準

昭和40年施行の鑑定評価基準では、借家権評価につき、次のように規定されていた。「借家権の鑑定評価額は、当該建物及びその敷地の価格から当該貸家及びその敷地の収益価格を控除した額及び比準価格並びに当該建物及びその敷地価格に近隣における借家権割合を乗じた価格を標準とし、前記(1)イに掲げる事項(注１)を総合的に比較考量して決定するものとする。なお、この場合において契約後あまり時期を経ていない借家権を鑑定評価するときは、契約にあたって授受された権利金等及びこれに関する契約条件等を考慮して得た額を特に考慮するものとする。」

(注１)
(イ) 現行家賃及び将来値上げ又は値下げの見込みとその実現性
(ロ) 契約にあたって授受された権利金等及びこれに関する契約条件
(ハ) 既往借家期間及び残存期間並びに建物の残存耐用年数
(ニ) 近隣の又は同類型の借家の取引慣行並びに取引事例及び取引利回り
(ホ) 借家人に譲渡する場合を想定する場合において、借家権取引の慣行が成熟している近隣の建物及びその敷地の価格に対する借家権価格の比率
(ヘ) 借家の目的、契約の形式、登記の有無、転借か否かの別
(ト) 金利水準及び不動産価格の推移動向

基準は借家権の正常価格を求める手法として上記のように規定したが、いくつかの疑問が生じる。そもそも借家権の取引価格が市場において存在するのか、さらに借家権割合なるものが熟成しているのかという問題である。借家権の売買が仮に存在したとしても、立退料としての借家権であったり、営業設備に投下した資本の回収や営業権等を含んで取引されたケースだったのではないだろうか。したがって、借家権価格としての正常価格取引事例が存在することはまず皆無といっていいのではないか。

こうした実情からみれば、比準価格や借家権割合を乗じた価格を取引事例から求めることは困難である。また、当該建物及びその敷地の価格から当該貸家及びその敷地の収益価格を控除した額が借家権の価格だとすれば、最有効使用が可能な自用の建物及びその敷地の価格概念と貸家及びその敷地の価格概念が同一視されていることとなり、実際の市場における価格概念とは異なることとなる。

この鑑定評価基準の考え方につき、恩師である谷澤潤一先生（㈱谷澤総合鑑定所創業者）は、当時出版された『鑑定評価基準の研究』（著者：大野喜久之輔・谷澤潤一共著、発行：㈱文雅堂銀行研究所、昭和40年5月5日初版）において、次のような見解を述べておられる。

「鑑定評価の実践において、しばしば遭遇する複雑な問題は、借家権が賃借権であるため、家主の借家権売買に対する承諾がなければ借家権があってもその価格が形成されないということである。すなわち、民法612条によれば賃借権は賃貸人の承諾がなければ賃借人の意思のみでは譲渡したり、転貸することが出来ないことになっており、無断で賃借人が賃借権を譲渡した場合には賃貸人は、ただちに契約を解除することが出来ると一般的には解されている。したがって借家権に価格が発生する場合は、賃貸人の都合で明渡しの請求があったときや、賃貸人の借家権譲渡の許可があった場合においてのみで、この点は鑑定評価に際して問題を限定する必要がある。すなわち、借家権価格の鑑定評価の依頼があった場合、その借家権は譲渡可能な状態にあ

るものかどうか、いわゆる名義書替料をいくら納入すれば家主が譲渡を認めるか等、借家権価格の存在し得る条件を限定しなければその価格は把握できない。」

すなわち、当事者間における合意を前提とした場合に求められる権利価格の査定はあっても、市場価値としての権利の価格を求める場合は、市場性が認められる状況かどうかの判断を的確に把握したうえでなければ安易に正常価格の査定ができないことを示唆されている。

当然といえば当然であるが、基準が作成された時代背景の状態での指摘として、敬服する示唆である。

2. 昭和45年改定施行（昭和44年9月29日答申）の鑑定評価基準

前記のような内容が問題となったのかどうかは定かでないが、鑑定評価基準の内容は次のように改定された。

「借家権とは、借家法が適用される建物の賃借権をいう。借家権の価格とは借家権の付着している建物について借家人に帰属する経済的利益（一時金の授受に基づくものを含む。）が発生している場合において慣行的に取引の対象となっている当該経済的利益の全部又は一部をいう。借家人に帰属する経済的利益とは、建物（及びその敷地）の経済価値に即応した適正な賃料と実際支払賃料との乖離及びその乖離の持続する期間を基礎にして成り立つものをいう。借家権慣行及び借家権の取引慣行の有無とその成熟の程度は都市によって異なり、同一都市内においても地域によって必ずしも一様ではない。また一般に借家権の価格といわれているものには、立退料、営業権等をその構成要素として含んでいる場合があることに留意しなければならない。借家権の鑑定評価額は、比準価格を標準とし、当該借家権に係る不動産の正常実質賃料相当額から実際支払賃料を控除した額を還元して得た収益価格を比較考量して決定するものとする。この場合において前記二の（二）に掲げる事項(注2)を総合的に比較考量するものとする。」

(注2)
- (a) 将来における賃料の改定の実現性とその程度
- (b) 契約にあたって授受された一時金の額及びこれに関する契約条件
- (c) 将来期待される一時金の額及びこれに関する契約条件
- (d) 既往借家期間及び残存期間並びに建物の残存耐用年数
- (e) 貸家及びその敷地の取引慣行及び取引利回り
- (f) 借家の目的、契約の形式、登記の有無、転借か否かの別

鑑定評価基準の改定を受けて『解説 不動産鑑定評価基準』(編著：鑑定評価理論研究会、発行：㈱住宅新報社）では、次のような解説がなされている。

① 「借家人に帰属する経済的利益が発生している場合においても当該経済的利益が市場において慣行的に取引の対象となるには至らず、単なる保有的価値に留まるときには借家権の価格（正常価格）が発生しているとはいえない。したがって借家権の価格とは、借家人に帰属する経済的利益が発生している場合において慣行的に取引の対象となっている当該経済的利益の全部または一部をいうものであるから、近隣地域および同一需給圏内の類似地域における借家権慣行および借家権の取引慣行の有無とその成熟の程度に十分留意しなければならない。」

② 「一般に借家権の価格といわれているものには、立退料、営業権等をその構成要素として含んでいる場合があるが、これらは厳密にいえば借家権の価格を構成するものではなく、借家権の取引に随伴して取引されているにすぎないものであることに留意する必要がある。居住用建物の借家権は普通の意味の財産権とは著しく異なり、家主と借家人の経済的事情等により左右される浮動的な要素をもっている。また営業用建物の借家権は借家人が当該借家権の対象となった建物の営業諸設備に投下した資本の回収ならびに営業権等を伴って取引される場合が多いので注意しなければならない。」

③ 「借家権の取引慣行は一般に未成熟であり、借家人に帰属する経済的利益が市場で価格として実現する部分は当該経済的利益の

一部である場合が多い。したがって借家権に係る不動産の経済価値に即応した適正な賃料と実際支払賃料との乖離及び乖離の持続する期間を基礎にして成り立つ経済的利益の現在価値、即借家権の価格としたのでは借家権の価格が過大評価されるので、これにより求められた収益価格は比準価格を検証する意味で比較考量すべきものとされ、借家権の鑑定評価額は比準価格を標準として求めるものとされている。」

④ 「借家権の鑑定評価の手法には借家権に係る建物及びその敷地の自用の建物及びその敷地としての価格から、当該貸家及びその敷地の価格を控除する方法並びに当該自用の建物及びその敷地としての価格に借家権割合を乗ずる方法が考えられるが、この場合においては契約期限の満了等によって賃貸人に帰属する市場性の回復等に即応する経済価値の増分についての判断が困難であり、また借家権は極めて個別性が強いため借家権割合により適正に価格を求めることは困難であること等の理由により、これらにより求められた価格は参考価格として扱うことが適当であろう。」

昭和45年の改正では最初に作成された基準に対し、借家権価格の定義がより限定され「借家人に帰属する経済的利益が発生している場合において慣行的に取引の対象となっている当該経済的利益の全部又は一部をいう」と定義された。また、その経済的利益とは、建物及びその敷地の経済価値に即応した適正賃料と実際支払賃料との乖離及びその乖離の持続する期間を基礎として成り立つものとし、自用の建物及びその敷地価格から貸家及びその敷地価格の収益価格を控除した価格とする、元本価格に着目したものから賃料差額に着目した手法に変わった。

また、借家権取引慣行等における借家権価格には、立退料、営業権等を含んでいることに留意しなければならないとし、取引の価格が必ずしも正常価格ではないことを指摘しているが、その評価手法には変化がみられない。このことは前記でも述べたように、借家権評価に対する考え方が定まっていなかったからだろうか。

3. 平成3年改定施行（平成2年10月26日答申）の鑑定評価基準

平成3年の改定では次のように変更された。

「借家権とは借家法が適用される建物の賃借権をいう。借家権の取引慣行がある場合における借家権の鑑定評価額は、当事者間の個別的事情を考慮して求めた比準価格を標準とし、自用の建物及びその敷地の価格から貸家及びその敷地の価格を控除し、所要の調整を行って得た価格を比較考量して決定するものとする。借家権割合が求められる場合は、借家権割合により求めた価格をも比較考量するものとする。この場合において前記貸家及びその敷地の (a) から (f) までに掲げる事項(注3)を総合的に勘案するものとする。さらに、借家権の価格といわれているものには、賃貸人から建物の明渡しの要求を受け、借家人が不随意の立退きに伴い事実上喪失することとなる経済的利益等、賃貸人との関係において個別的な形をとって具体に現れるものがある。この場合における借家権の鑑定評価額は、当該建物及びその敷地と同程度の代替建物等の賃借の際に必要とされる新規の実際支払賃料と現在の実際支払賃料との差額の一定期間に相当する額に賃料の前払的性格を有する一時金の額等を加えた額並びに自用の建物及びその敷地の価格から貸家及びその敷地の価格を控除し、所要の調整を行って得た価格を関連づけて決定するものとする。この場合において当事者間の個別的事情を考慮するものとするほか、前記貸家及びその敷地の (a) から (f) までに掲げる事項(注3)を総合的に勘案するものとする。」

(注3)
- (a) 将来における賃料の改定の実現性とその程度
- (b) 契約に当たって授受された一時金の額及びこれに関する契約条件
- (c) 将来見込まれる一時金の額及びこれに関する契約条件
- (d) 契約締結の経緯、経過した借家期間及び残存期間並びに建物の残存耐用年数
- (e) 貸家及びその敷地の取引慣行並びに取引利回り

(f)　借家の目的、契約の形式、登記の有無及び転借か否かの別

　この改定を踏まえ、『要説不動産鑑定評価基準』（編著：㈳日本不動産鑑定協会鑑定評価理論研究会、発行：㈱住宅新報社、1991年5月初版）によれば、借家権評価の考え方が詳細なものになっており、次の点に留意すべきとしている。

(1)　借家法においては建物引渡しによる対抗要件の具備、正当な理由のない解約の制限、造作買取り請求権等の権利が保証されており、借家人は、そこに長期間居住し、又は営業することによって生活上、営業上の種々の利益を受けることになる。借家権の経済価値は、借家法を始めとする法令等によって保護されている借家人の社会的、経済的ないしは法的利益により形成されているものといえるが、借家権は、賃貸人の承諾なく第三者へ譲渡し得ないものであり、居住用建物の場合については有償で借家権を取得して居住しようとする者は一般に存在しないので居住用建物の借家権は、交換市場において市場価値を形成することはほとんどないと思われるが、営業用建物の場合には市場価値を形成している場合もある。

(2)　借家権の経済価値として具体的に認識される場合は、
　　㈲　賃貸人から建物の明渡しの要求を受けた際、借家人が不随意の立退きに伴い事実上喪失する経済的利益の補償を受けるとき
　　㈹　公共用地の取得に伴い損失補償を受けるとき
　　㈼　都市再開発法において、施設建築物の一部について借家権の取得を希望しない旨の申し出をした借家人に対して、当該借家権の補償がなされるとき
　など、借家権は立退きに関連して取り扱われることが多い。

(3)　立退料は、借家人が事実上喪失する経済的利益の補償及び利用権の消滅補償の内容が借家権価格を構成していると考えられるが、この喪失することになる経済的利益を直接に評価することは困難であり、借家人が代替建物への入居に要する費用を基準に算定されることが一般的である。

(4) 交換の対価である価格は、利益を生み出す元本の価値として把握されるが、借家権価格は借家法等により保護されている借家人の社会的、経済的ないしは法的利益の経済価値を総称するものといわれるように利益を生み出す元本というほどのものが明確な形で存在していないので、喪失する利益の補償、すなわち補償の原理の観点から借家権の経済価値を把握せざるを得ない場合が多いことに留意しなければならない。

平成3年の改定基準では、借家権の取引慣行がある場合と前置きしたうえで比準価格の採用を明記し、借家権割合の適用も借家権割合が求められる場合に限定した規定とされている。さらに自用の建物及びその敷地価格から貸家及びその敷地価格を控除し、所要の調整を行って得た価格を比較考量すると改定された。この所要の調整とは、自用の建物及びその敷地価格と貸家及びその敷地価格差額のすべてが借家権価格を構成するものではなく、家主との適正配分を意味しているものと考えられる。借家権が市場において一般的に取引される権利ではなく、不随意の立退きに伴う立退料の一部として取引されるケースが多く、それに伴う借家権価格の実態に着目したものであろうか。

4. 平成15年改定施行（平成14年7月3日答申）及び平成19年改定施行（平成19年4月2日答申）の鑑定評価基準

平成15年、19年改定の鑑定評価基準においては、借家権に関わる部分については、平成3年の借地借家法の制定を受けて、「借地借家法が適用される建物の賃借権をいう。」と改定された。

また、『新・要説不動産鑑定評価基準』（編著：㈳日本不動産鑑定協会 調査研究委員会 鑑定評価理論研究会、発行：㈱住宅新報社、2010年5月改訂版）によれば、平成3年改定による前記3.の留意事項のうち立退料の規定をはずし、「借家権価格は利益を生み出す元本というほどのものが明確な形で存在していないので、喪失する利益の補償、すなわち補償の原理の観点から借家権の経済価値を把握せざるを

得ない場合が多いことに留意すべき」とした。

5. まとめ

　鑑定評価基準変更の内容及び解説等に述べられた見解を述べてきたが、ここで再度その要点を整理すれば以下のようになる。

昭和40年施行 … ①「当該建物及びその敷地価格－当該貸家及びその敷地の収益価格」
②「比準価格」
③「当該建物及びその敷地価格×借家権割合」
で得られた価格を標準とし、家賃の改定、建物残存耐用年数、契約内容等を比較考量して決定することとした。

昭和45年施行 … ①「比準価格」を標準とし
②「(当該借家権に係る不動産の正常実質賃料相当額－実際支払賃料額)を還元した収益価格」
を比較考量して決定することとした。
　借家権の定義をし、借家権の価格とは借家人に帰属する経済的利益が発生し、それが市場において慣行的に取引の対象となっているものであることを明記した。

平成3年施行 … 借家権取引の慣行がある場合の評価方法と取引慣行がなく、賃貸人から建物の明渡しの要求を受け不随意の立退きに伴う場合の評価方法に分けて規定。
〔取引慣行がある場合〕
①「比準価格」を標準とし
②「自用の建物及びその敷地の価格－貸家及びその敷地の価格」に所要の調整を行って得た価格
を比較考量して決定することとした。

〔不随意の立退きの場合〕
① 「当該建物及びその敷地と同程度の代替建物等の賃借の際に必要とされる新規の実際支払賃料－現在の実際支払賃料」×「一定期間」＋一時金の額
② 「自用の建物及びその敷地の価格－貸家及びその敷地の価格」に所要の調整を行って得た価格
③ 「借家権割合が求められる場合はその割合により求めた価格」を比較考量

を関連づけて決定することとした。

　昭和40年制定時の鑑定評価基準では、求める借家権の価格が第三者取引の場合か、当事者間の取引によるものかの区別はなされていないが、市場で取引される価格が前提となっているように思える。自用の建物及びその敷地の価格と貸家及びその敷地の収益価格の範囲内に求めるべき借家権価格が含まれ、比準価格及び自用の建物及びその敷地価格に借家権割合を乗じて得た価格を勘案して決定するものであるが、借家権の取引事例が存在せず借家権割合の慣行も存在しない場合、自用の建物及びその敷地と貸家建物及びその敷地の収益価格の差額について、契約にあたって授受される権利金、建物残存耐用年数、家賃の改定状況等によって、家主と借家人への配分を行うことになろう。前述のように、谷澤先生もこうした事情から、借家権価格の存在しうる条件を限定しなければその価格は把握できないことを指摘している。

　昭和45年改定の鑑定評価基準では、借家権の価格の根拠をさらに明確なものとして規定している。

　すなわち、借家権の価格とは、借家人に帰属する経済的利益が発生している場合において、慣行的に取引の対象となっている経済的利益の全部又は一部をいうとし、建物及びその敷地の経済価値に即応した適正な賃料と実際支払賃料との乖離及び乖離の持続する期間を基にした賃料差額を還元した価格と、比準価格による手法を規定した。

　前記の昭和40年制定基準では、比準価格のほか、自用の建物及びそ

の敷地の価格から貸家及びその敷地の収益価格を控除した額及び自用の建物及びその敷地の価格に権利割合を乗じた価格を関連づけて得た価格とされているが、貸家及びその敷地の価格と借家権の価格の合計額は必ずしも自用の建物及びその敷地の価格と一致しないため、控除方式並びに割合方式が削除されている。

　平成3年改定の鑑定評価基準では、借家権の取引慣行がある場合の借家権評価の手法を規定するとともに、賃貸人から建物の明渡しの要求を受け、借家人が不随意の立退きに伴い喪失することとなる借家権評価手法を規定した。また、平成3年改定の基準では、借家権の取引慣行がある場合について賃料差額還元方式をはずし、借家権の取引慣行がない場合における借家権の鑑定評価として、当該建物及びその敷地と同程度の代替建物等の賃借の際に必要とされる新規の実際支払賃料と現在の実際支払賃料の一定期間に相当する額に、一時金の額を加えた額を求める補償の考え方を取り入れている。

Ⅲ　借家権の財産価値について

　既述のように、借家法及び借地借家法によって借家人の居住・営業等の継続を保護する規定が整備されてきた。その要点は、借家関係を解消しようとする場合、定期借家契約を除き、家主から一定期間に契約更新の拒絶をしないと自動更新されること、また、更新拒絶をする場合はその拒絶に対する正当事由が必要であること等である。不動産鑑定評価基準の変遷をたどれば、借家権評価の手法は徐々にそのニーズの変遷を反映し、手法がより具体的となってきている。そもそも借家権の交換価値が市場で形成されるであろうことは皆無といってもいい。借家権取引の実態に対し、不動産鑑定士　横須賀　博氏も「賃貸市場に借家権割合は存在するか」（Appraisal & Finance 2009.8）と題した論文においてこの点を指摘している。

　「鑑定評価基準においては借家権の取引慣行がある場合の評価手法として借家権の価格を求めることとしている。しかし、昨今、借家権そのものの正常価格を求めるとする評価依頼は皆無に等しいばかりでなく、現実の賃貸市場に借家権の取引そのものが存在しない。」

　また、㈳東京都不動産鑑定士協会、研究研修委員会がまとめた「借家権と立退料」（平成21年3月）においても、借家権の取引慣行がある場合の借家権の鑑定評価の機会は極めて乏しいことを指摘し、さらに不随意の立退きがある場合の借家権の鑑定評価は、第三者間の市場を前提とした正常価格ではなく、貸家及びその敷地の所有者が借家権を購入するという市場限定に基づいて、限定価格を求めるものであることを指摘している。居住用建物の借家権を市場で取引することなどはまずないであろうし、営業用建物の借家権についても特殊なケースの場合に限られ、そこから正常な借家権価格を把握するのは容易ではない。しかし、他方で借家権に対して何らかの金銭が支払われるケースは多い。例えば、

　1．公共用地の取得に伴って支払われる借家人補償

２．市街地再開発事業において借家権消滅希望申出がなされた場合に支払われる対価
　３．ビル建替えに伴い発生する立退料のうちの借家権価格
などである。

　不動産鑑定士に対してその金銭的対価の鑑定評価を求められるケースも上記のような案件が大半であろう。不動産鑑定評価基準もこうした実態に即し改定がなされており、前記にもみられるようにその評価内容としては、正常価格としての借家権評価に加えて、当事者間における不動産価値の配分や、補償的色彩を有する借家権価格の査定方法にも言及しているのである。

　よって、ここでは当事者間における利害関係の調整としての借家権にまつわる対価の算定手法等について論じることとし、公共事業における借家人への補償の考え方、市街地再開発事業における借家権の扱い及びその評価手法、ビル建替え等に伴う立退き補償としての借家権の扱い及びその評価手法の順で、それぞれの内容について述べてみる。

Ⅳ 公共事業における借家人補償と借家権価格

　公共事業における用地取得にあたって、その土地上に建物が存在し借家人が賃借している場合、その借家人に対してどのような補償がなされているかについて述べる。内容については、「公共用地の取得に伴う損失補償基準」において次のような定めがされている。

1. 公共用地の取得に伴う損失補償基準の内容

　公共用地の取得にあたって正当な補償を行うべく昭和37年6月に「公共用地の取得に伴う損失補償基準要綱」が閣議決定された。これを実施するため「公共用地の取得に伴う損失補償基準」「同基準細則」が定められ、運用されている。この基準、細則において借家人に対する補償費算定を次のように規定している。

〔借家人に対する補償〕
第34条　土地等の取得又は土地等の使用に伴い建物の全部又は一部を現に賃借りしている者がある場合において、賃借りを継続することが困難となると認められるときはその者が新たに当該建物に照応する他の建物の全部又は一部を賃借りするために通常要する費用を補償するものとする。
　　2．前項の場合において従前の建物の全部又は一部の賃借料が新たに賃借りする建物について通常支払われる賃借料相当額に比して低額であると認められるときは、賃借りの事情を総合的に考慮して適正に算定した額を補償するものとする。
細　則
第18条　基準第34条（借家人に対する補償）は次により処理する。
　　1．本条第1項の賃借りを継続することが困難となると認められるとき

とは次に掲げるときとするものとする。

㈠　建物の移転先を残地以外の土地と認定したとき、又は建物の移転工法として構内再築工法を認定したとき。ただし、移転後の建物で賃貸借を継続することが確実であると認められるときはこの限りではない。

㈡　建物の移転先を残地と認定し、かつ建物の移転工法として構内再築工法以外の工法を認定した場合において新たな一時金の支出が伴う等従前の契約条件の著しい変更が確実であると認められるとき。

2．本条第1項の補償額は次の㈠及び㈡に掲げる借家の際に要する一時金の区分に応じて、㈠及び㈡に掲げる式により算定した額を標準として定めるものとする。ただし、当該地域において一時金を支払う慣行のない場合は補償しないものとする。

㈠　賃貸借契約において借家人に返還されないことと約定されている一時金。

標準家賃（月額）×補償日数

標準家賃：従前の賃借建物に照応する建物（従前の建物が狭小なため当該地域に照応する建物がないと認められる場合は当該地域に存在する借家事例を勘案の上、20％の範囲内で借家面積を補正した建物とすることができるものとする。この場合において借家人が高齢である等の事情があるため生活圏が限定され当該生活圏外への転居が著しく困難と認められるときは、当該生活圏において従前の居住を継続するのに社会通念上相当と認められる規模の建物（借家面積を40％増加補正した建物を限度とすることができるものとする）の当該地域における新規賃貸事例において標準的と認められる月額賃料とする。

補償月数：従前の賃借建物に照応する建物の当該地域における新規賃貸事例において標準的と認められる一時金の月数とする。

㈡　賃貸借契約において借家人に返還されることと約定されている一

時金。

(標準家賃（月額）×補償月数－従前貸主からの返還見込額）×

$$\frac{(1+r)^n-1}{(1+r)^n}$$

標準家賃及び補償月数：㈠に定めるとおりとする。

従前貸主からの返還見込額：現賃借時に支払われた一時金の額のうち、建物の移転による契約終了に伴い貸主から借家人に契約上返還されることとなる金額をいう。ただし、現賃貸借契約終了後において修繕費等原状回復に要する費用又は借家人の債務の不履行が存在する場合において、それらについて貸主が借家人に返還しないこととなる金額は返還見込額に含めるものとする。

r：年利率

n：賃借期間

従前の賃借建物において賃借りを継続したであろうと認められる期間であって10年を標準とする。

3．本条第2項の補償額は次式により算定する。

(標準家賃（月額）－現在家賃（月額））×12×補償年数

標準家賃：従前の賃借建物に照応する建物の当該地域における新規賃貸事例において標準的と認められる月額賃料とする。

補償月数：別表第5（家賃差補償年数表）の区別による範囲内で定めるものとする。ただし、別表第5により難い特段の事情があると認められるときは、各区分の補償年数を1年の範囲内で補正することができるものとする。

別表第5　家賃差補償年数表

従前の建物との家賃差	年数
3.0倍超	4年
2.0倍超3.0倍以下	3年
2.0倍以下	2年

2. 公共事業において借家人補償が採用される理由

　公共事業において必要とされるのは土地の取得であり、上物の建物は支障物件であることから権利を取得するのではなく、代替地に移築するという考え方を原則としている。そのため当該建物を賃借する借家人に対しては、他に従前と同等の建物を借りる場合の必要経費の補償を行うことが上記の考え方である。借家権は建物に付随する権利であることから、代替地に移築した建物に移転をすれば、借家状況は継続できる。

　公共事業の借家人補償はこの考え方に基づき、借家権価格による買取りを思考していない。しかし、家主が代替地に建物を再建する義務はない。その場合、借家人の移転先が確保されないことには生活再建が図れないこととなる。その内容は、①近隣に適当な代替地がない、②賃貸人が建物を再築しない、あるいは③再築しても建物の同一性が保たれない、④今までの賃貸借条件での契約がなされないなどの理由であり、借家人補償の必要性と内容が定められるところとなった。

　一方、移転困難な場合の建物等の取得及び移転料多額の場合の建物等の取得にあたっては、当該借家権を消滅させなければならず、基準118条の「建物等に関する所有権以外の権利の消滅に係る補償」として、当該借家権価格に相当する額を補償することとされている。例えば、マンション等多くの区分所有から構成される建物等を移築するこ

とに対して全員の同意がとれない場合は、建物移築による借家権の継続は困難となる。借家権の買取り補償はそうした状況が想定されており、いわば例外規定である。この借家人補償については、家主に対する補償額のうちから支払われるものではなく、上積み補償となっていることから、家主の財産については減額されることはない。この考え方に対して、過去、建設省（現国土交通省）と会計検査院との間において議論があった。

すなわち、会計検査院は、借家人の使用権能によって敷地は制約されていることから、家主の有する土地に関する権利の評価においては、その分マイナスすべきではないかと指摘している。これに対し建設省は、収用する土地の評価は更地評価と決められており、従前の建物を移転させるためには、土地を更地として評価しなければ損失を完全に補填しえないと主張する。この議論は、家主の補償が二重補償となっているのではないかというものであって、公共事業の補償において借家人に対する補償に言及しているものではないが、借家権という概念に対価を付与するものであるかないかを考えるうえでは興味深い。

(注) 会計検査院と建設省による借家人補償にまつわる議論（損失補償要論抜粋）

会計検査院

「最近の市街地における借家契約をみると、ときにはかなり高額な権利金の授受が行われている実態があります。この場合の権利金の性質を考えてみますと、借家権を譲渡権利にまで高めているということができると思います。また起業者から立退きを求められたときのように、いわば不可抗力的に立退くときは、その既に家主に支払った権利金を返還してもらえるのではないかと考えられます。このような借家権の性質は土地に対して権利を有するといえる程強力なものであって土地代金の一部を構成するものとみることができ、当然に土地価格についての控除主義をとるべきではな

いでしょうか。言いかえれば、家主が借地人である場合に、家主のもつ借地権は借家人の利用権によって制約された不完全借地権とでもいうべきものであって、借家人の利用権に制約されない借地権と同様の評価を行うことはその借地権の実質の経済価値以上に評価して補償することとなって借地人（家主）に不当利得を許すことになるのではないかと思われます。補償基準は、このような実態を考慮することなくすべての借家人補償について画一的に取り扱っているきらいがあり、個別にそれぞれの借家の実態を考慮した適正な補償を行っていないことにはならないでしょうか。」

建設省
「法的にみて借家権は土地に対する権利ではありません。借家人がその借りている建物の用益のために合理的な範囲でその敷地を使用することは認めますが、これは家屋を使用する権利の附随的効果として発生するものであって借家人が敷地について独立の用益権者である地位を取得しているものではありません。このことは土地収用法においても同様であって、「土地に関する所有権以外の権利」のなかには借家権に基づく敷地利用権能は含まれないものと解されており、したがって補償基準においてもこれと異なる解釈や取扱いを行うことは困難であると考えます。」

会計検査院
「近時借家権は土地に関する独立の用益権にまで慣行上高まってきているものと考えていますが、法律論はしばらく置いて経済的な見地に立って借家権を考えてみると、敷地はまさしく借家人の使用権能によって制約されています。ですから家主のもつ「土地に関する権利」の評価にあたって幾分マイナスすべき要素があると思います。この考え方は評価論としては正しい核心をもっているのではないでしょうか。またこのことを裏書きするものとして次のようにも説明することができます。家主は借家人から権利金を貰っています。借家人は借家人補償を受けてどこかへ行ってしまいます。家主は土地に関する権利の対価と建物の移転料とで代替地を求め建物を建てて新たに別の借家人を入れることになるでしょう。その際再び新借

家人から権利金を受け取ることができます。家主は公共事業にかかったために権利金一回分を不当に利得することになります。ところがわれわれのいうように家主の「土地に関する権利」の評価で借家人によって制約されている要素を控除すれば辻褄が合うことになると思いますが。」

建設省

「検査院は評価論で考えられていますが、用地補償の問題は評価論だけでは解決できません。Ａ所有の土地に建物を建ててＢに賃貸している場合を例にとってみましょう。Ａには土地の100％の対価と建物の移転料を、Ｂには借家権の対価としてではなく通損として「借家人補償」をそれぞれ補償します。検査院の考え方からすればＡに対して100％の土地代金を補償することが不当になります。借家人Ｂの土地利用権能によって制限された土地として何％かを控除した残りの部分をＡに補償することになります。しかしこのことは補償基準要綱7条2項と衝突します。というのは移転主義の考え方から土地の評価にあたりその土地に移転すべき建物があるときでも建物がないものとして土地の正常な取引価格によるものとされているからです。このことは土地収用法においても同様に扱われており、収用される土地と同等の更地を他に求め、その上に従前の建物を移転させるためには収用される土地を更地として評価しなければ損失を完全に補填し得ないことになってしまいます。また、権利金についてですが、家主が権利金を得たことが土地代の一部を得たとはいえないと思います。権利金の発生事由は多種多様であって家賃の前払いの性質を有する場合もありますし、あるいは土地建物の需要と供給の関係から生ずる場合があり、その他諸種の経済的な力関係の集積として慣行化されてきているのであり、権利金の性格を一律に断ずるとはできないと考えられます。したがってＡの受け取る土地代金から権利金相当分を控除するというような考え方はでてこないと思います。」

会計検査院

「古い建物を移転する場合のように建物の時価よりも移転料が多額とな

る場合に買取が認められていますね。このことと移転主義とはどんな関係にあるのでしょうか。移転主義も建物の時価が限度となっているということは補償といえども経済原則が支配しているのではないでしょうか。つまり移転主義も物件の客観的価値の範囲内でのみ働くのではないでしょうか。」

建設省
　「拡張収用の場合をおっしゃっていますが、この拡張収用の可能性となる前提としてその物件の価格を補償すれば代替建物が必ず取得できる。即ち需要と供給がうまくいっているという社会的実態があることが基礎となっているものと考えています。今の時代は代替建物の市場はきわめて狭いので、この基礎がありません。したがって移転料が多額になる場合でも従前の生活機能を保持させるために建物の価格を上回って移転料を補償することもやむを得ない場合があると考えています。」

　公共用地の取得の場合、家主は土地は更地としての価格で、また、建物については他の代替地に移設する費用が補償されることが基本となっている。借家人に対しては、賃借りを継続することが困難と認められるときは他の建物を賃借りするために通常要する費用が補償される。新たに賃借りする建物の賃料相当額が現在の賃料相当額を上回る場合は、その差額の一定年分が補償される。一般公共事業において、借家という権利に対しては他の代替物件を賃借するにあたっての差額賃料を補償する借家人補償が基本とされる。このことが補償費の二重払いではないかと指摘されていることは前述のとおりである。
　借家人補償の必要性については前述したが、筆者はさらに次のような考え方も前提となっているのではないかと思っている。すなわち公共事業で取得が必要とされるのは土地であり建物の取得は必要としない。もともと木造建物が多いわが国では建物の移築が可能であり、その移築に要する費用が補償される仕組みとなっている。移築する方法は建物を解体し、再使用可能な材料は運搬され、補足材を使って再築

する工法が考えられてきた。この工法の採用にあたって建物が解体されれば、建物が建物でなくなり建物に附随する権利である借家権は解消される。もし借家権が消滅するなら、借家人に対して補償する根拠がなくなることから借家権の補償ではなく、生活再建の必要性による借家人補償として規定されてきたのではないかと考える次第である。

　第3章で述べられている、米国における不動産賃借権の補償の考え方は、日本における公共用地の取得にあたって支払われる補償を考えるうえで大変参考となる。ぜひ再読いただきたい。

V 市街地再開発事業における借家権評価

　市街地再開発事業は、昭和44年に制定された都市再開発法を根拠規定とした公共事業として全国各地において数多く計画・実施されてきた。ここでは、その市街地再開発事業において借家権の扱いがどのようになされているか、その評価について実務上どのように考えられているかなどについて述べることとする。

1. 法に規定する借家権の扱い

　市街地再開発事業は、権利変換という手法により、事業施行前の土地・建物の権利を事業施行後の土地・建物の権利に等価で置き換え、権利者の生活再建を図るとともに、その地区に適した土地の高度利用により都市機能の更新を図る事業である。
　都市再開発法は、当事業における借家権の扱いについて次のように規定している。

＜都市再建開発法第77条第5項＞
　権利変換計画においては、第71条第3項の申出をした者を除き、施行地区内の土地に権原に基づき建築物を所有する者から当該建築物について借家権の設定を受けている者（その者がさらに借家権を設定しているときは、その借家権の設定を受けた者）に対しては、第1項の規定により当該建築物の所有者に与えられることとなる施設建築物の一部について、借家権が与えられるように定めなければならない。ただし、当該建築物の所有者が第71条第1項の申出をしたときは、前項の規定により施行者に帰属することとなる施設建築物の一部について、借家権が与えられるように定めなければならない。

＜都市再開発法第71条第3項＞
　施行地区内の建築物について借家権を有する者（その者がさらに借家権を設定しているときは、その借家権の設定を受けた者）は、第1項の期間内に施行者に対し、第88条第5項の規定による借家権の取得を希望しない旨を申し出ることができる。

　上記の法に規定する借家権の扱いに関し、『都市再開発法解説』（監修：国土交通省都市・地域整備局市街地整備課、発行：㈱大成出版社）において、次の内容が記載されている。
　「借家権者は、権利変換計画において従前の家主に与えられる施設建築物の一部について借家権が与えられるが、その借家権の取得を希望しなければ、その旨を申出ることができる。借家権の取得を希望しない者に対しては、その地方に借家権取引の慣行があって当該借家権に財産価値が認められるときは、第91条の規定により、その価額に評価基準日から権利変換計画の認可の公告の日までの物価変動率を乗じて得た額に権利変換計画の認可公告の日から補償金を支払う日まで年6分の利息相当額を附して支払われる。」
　また、法第91条に規定する関係権利者に支払われる補償金について、施行通達（「都市再開発法の施行について」昭和44年12月23日建設省都再発第88号、建設省都市局長・建設省住宅局長から都道府県知事・指定都市の長宛）は次のように定めていた。
　「市街地再開発の施行に伴い、権利変換を希望しない旨の申出をし、又は借家権の取得を希望しない旨の申出をして施行地区外に転出する者等に対しては、その者が施行地区内に有していた宅地、借地権、借家権等の資産の価額を事業計画の決定等の公告の日から起算して30日を経過した日（以下「評価基準日」という。）における取引価格等を考慮して評価し、これに利息相当額を附した補償金を支払うこととなるが、借家人又は家主が転出する場合における家主の資産の評価については次のようになること。
　(イ)　家主が転出する場合に、家主に補償すべき資産の価額は家主の

有している宅地、借地権又は建築物の評価基準日における価額から借家人の有している借家権の評価基準日における価額を控除した価額であること。
(ロ) 借家人のみが転出する場合に、家主の資産として権利変換を受けることとなる資産の価額は、(イ)と同様に家主の資産の価額から借家権の価額を控除した価額であること。なお、(イ)の場合において借家人が転出しないときは、施行者が従前の家主に代わって借家人の家主となるが、この場合、標準家賃の額の確定にあたっては当該借家人の有している借家権の価額に応じて必要な補正を行う必要があること。」

2. 市街地再開発事業における借家権の扱いについて

　市街地再開発事業における借家権の扱いについては、上記のように借家人が新たに建設される施設建築物に残りたい場合は、家主が権利変換を受ける区分所有床に借家状況を継続できること、また、従前の家主が事業区域外に転出する場合は、事業施行者が従前の家主に代わって借家継続をさせなければならないことを法が保障している。
　一方、借家人が再開発ビルに借家の継続を希望しない場合、施行者に対し借家権消滅希望申出をすることにより借家権消滅に対する補償がなされることになる。この補償に対し、都市再開発法制定後に出された局長通達による控除主義は、さまざまな議論を呼んだ。(1)一般公共事業と市街地再開発事業における借家人に対する補償の考え方を異ならしめたこと、(2)借家人補償と借家権価格が併存するのか、(3)一般公共事業では借家人に対して家主負担がないのに市街地再開発事業で控除することに矛盾はないのか、等々である。㈳再開発コーディネーター協会においても借家人に対する補償の扱いについて議論があり、村越博哉氏よりその内容につき、会報誌に「市街地再開発事業における借家人に対する補償——控除主義採用の背景について——（再開発

研究10号、平成6年3月発行)」と題して論文が掲載されている。

　この問題に関してどのように考えればよいのであろうか。市街地再開発事業の現場においては借家人補償を行ったケース、借家権価格として家主財産から控除したケース、また、両者を併用したケースが混在している。

　筆者は、この問題については控除主義が妥当とする見解を有している。以下の内容は、市街地再開発事業の現場において、家主の土地・建物資産額に対して借家権価格として一定割合の控除を行いたい旨、地権者の方に説明に伺った時の家主さんと筆者のやりとりであるが、それを紹介して筆者なりの考え方を述べてみたい。筆者が権利割合分の額を家主さんの資産額から控除することを説明したことに対して、家主さんは次のように主張された。

　「私は借家人さんが望む再開発ビルの床に権利変換を受ける。そしてその床を借家人さんに貸して今までどおりの賃貸借を継続したいと思っているが、しかし、聞けば借家人さんは転出したいと言っているそうですね。私は借家を継続する意思があるのに借家人さんが勝手に転出したいと言うのなら、私の財産額を配分する必要はないと思う。なぜ借家権割合分を控除する必要があるのか。」

　筆者はこの内容に対して次の解答をした。

　「法では、借家人さんは家主さんの意向に関係なく借家権消滅の希望を施行者に出せるようになっています。この借家権消滅希望申出書が出されれば、施行者は借家人さんに対し補償をしなければなりません。この補償をどのように考えるかです。施行者が借家人さんに借家権消滅の補償をすれば、家主さんの資産額は借家権の存在しない更の資産額に復帰するのでしょうか。借家人さんが家主さんの権利変換床に借家権を継続する意向を主張されれば、今までどおり借家権の付着した資産となることを考えれば、借家人さんが転出する場合のみ、借家権の無い資産に変わるとは思えません。すなわち、家主さんの資産には、従前の借家人さんから借家権を買い取った施行者が新たな借家人として家主さんの資産に借家権を継続していると考えるのが妥当と

思われます。しかしながら、施行者は事業が終了すれば解散します。よって、その前に借家権を処分することが必要となります。その借家権を第三者に売却すれば、家主さんに迷惑をかけることも考えられます。そのため、施行者はその借家権を家主さんに買っていただく、すなわち従前の借家権を最初から家主さんに買ってもらうことが、借家権割合による資産額配分の考え方です。」

　家主さんはさらに次の主張をされました。

「考え方はわかるが、私は別の所有物件が一般公共事業によって買収された。その時は借家人さんへの補償は事業者が借家人補償を行っており、私が負担をしていない。なぜ市街地再開発事業では私が負担しなければならないのか。」

　筆者はそれに対し次の解答をしました。

「一般公共事業では土地を取得することが目的であり、建物は取得の対象ではないので移築させる考え方です。借家人さんは、代替地を取得された家主さんにその土地に建物を移築してもらい今までどおり借家人さんに貸してもらうことが望ましいのですが、家主さんが必ずそうされるかは不明です。また、建物を移築させるにあたって解体されれば建物でなくなり、法的に借家権が消滅するという考え方もあります。よって事業者は、借家人さんに対し現在と同等の建物が賃借できるよう借家人補償を行います。しかし、市街地再開発事業では、現在の場所に再開発ビルが建設されますから、代替の場所が明確となり、そのビル内に借家が継続されることを保障しています。そのため、家主さんが権利変換を希望され、借家人さんがその床に借家を継続されることを希望すれば、従前と同様の借家状況を継続することは可能ですし、家主さんが転出を希望されれば、施行者が家主さんに代わって賃貸床を用意し、借家継続をさせなければならないと法が規定しています。このように、市街地再開発事業は権利の裏付けを法によって規定し、借家の継続、解消を明確にしていることが、一般公共事業と大きく異なる点です。」

　筆者は、市街地再開発事業においては上記のような考え方から、控

除主義を採用することが妥当と判断している。あくまで家主と借家人との間における資産額の配分である。

なお、市街地再開発事業における権利割合査定の実際については、以下で述べるとおりである。ご参照いただきたい。

3. 市街地再開発事業における借家権配分割合について

　市街地再開発事業を施行する区域内には、多数の権利が存在する。土地の所有権・借地権・建物所有権・借家権等々である。事業では、これらの権利の価額を把握し、新たに建設される再開発ビルの土地・建物（以下「床」と称する。）の権利に等価で置き換える「権利変換」手法を採用する。その際、借家権は家主の有する建物に附着する権利であることから、再開発ビル内に残留する場合は家主が権利変換として受け取る床に借家権が継続され（家主が転出する場合は、施行者が所有する床に借家権を継続させなければならない）、借家権者が再開発ビルへの残留を希望しない場合は、施行者が借家権消滅の補償をしなければならないことは前述した。

　一方、借家の状況はさまざまである。店舗としての利用、事務所としての利用、住居としての利用等のほか、木造建物・非木造建物の差異、入居年数の差異、家賃等の差異等が存在し、さらに借家に至った家主との関係が介在する。こうした状況下において、個々の借家権価格を査定し、家主・借家人双方の同意を得ていくことは大変な困難を極める。そこで事業の多くは店舗・事務所・住居等の用途別に標準権利割合を求め、その権利割合による権利配分額を基に、個別事情について家主・借家人双方での話し合いにゆだね、借家権価格を決める方法を採用しているケースが多い。

　また、市街地再開発事業における借家権割合は、家主の有する従前資産額を家主と借家人の両当事者間で配分することが目的であり、第三者への売買を前提とするものではない。そのことから、借家権割合

を査定するうえで、家主と借家人との間における感情に留意することが必要である。

仮に家主と借家人が近所づきあいであることから低廉な家賃で貸していた場合、家賃差が大きいことを理由として借家権への配分価格が多くなれば、家主は怒るであろうし、逆に賃料交渉に素直に応じ、家主の意向に沿って賃料を高く支払ってきた借家人に賃料差がないことから、借家権への配分が低くなれば納得されにくいであろう。

再開発事業での標準権利割合査定は、こうした実態への説明が求められる。ここでは、そうした実態に対応した配分方法について、その考え方を述べてみたい。

4. 標準借家権割合査定の手法

（1）権利割合の基礎価格

市街地再開発事業地区内には、自己所有の土地に建物を建設し借家させているケースと、他人の土地を借地し建物を建設し借家させているケースが存在する。その場合、前ケースでの家主の従前資産額は、更地価額に建物価額を加えた額となる。また、後者の場合は借地権価額（更地価額×借地権割合）に建物価額を加えた額となり、家主の従前資産額はケースによって異なることとなる。借家人にとっては、いずれのケースも同様の権利として扱うことになることから、借家権価格を求める基礎価額は、借地権価額に建物価額を加えた額になる。土地価額をなぜ更地価額とするのかについては、権利者が再開発ビルに入居を希望せず地区外に転出を希望した場合の補償として、一般の公共事業と同様の対応と考えているからであろう。

市街地再開発事業では、上記のように家主の従前資産のうち土地は更地価額として評価され、建物が存在することによる建付減価等は考慮されないことが大半のケースである。そうした意味では、標準借家権割合は土地の開発利益を含んだ配分案といえるかもしれない。な

お、標準権利割合を求めることが基本となることから、借家権配分の基礎となる従前資産額は、借家利用における最頻値の土地・建物価額となる。

（2）標準権利割合査定の手順

次に、家主の資産額を家主と借家人に配分するうえでの手順について述べることとする。

① 家主に帰属する価格の査定

家主資産から得られる賃料収入に基づく収益価格を求めるものであり、現行支払賃料に一時金の運用益を加算した額から経費を控除した額を、建物残存耐用年数による有期還元した価格を求める。

② 借家人に帰属する価格の査定

次に、借家人に帰属する経済的利益を基にした収益価格を求めるものであり、当該建物（及びその借地権）の適正賃料と現行支払賃料の差額を、建物残存耐用年数による有期還元した価格を求める。

③ 家主の有する従前資産総額の把握

前記参照。

④ 差額の配分

①で求められた価額と②で求められた価額の合計額は、③の価額を下回ることが多い。その差額を家主と借家人にどのように配分するかが、標準権利割合査定の問題となる。

当該不動産の適正賃料と現行支払賃料の差額が借家人に帰属する経済的利益であるなら、その差額を基礎とし、建物残存耐用年数等を参考とし有期還元した価格が求められる。この場合、現行支払賃料が適正賃料に近ければ借家人に帰属する価格は小さくなり、逆に現行支払賃料が適正賃料から乖離して低ければ、借家人に帰属する価格は大きくなる。一方、家主に帰属する価格はこの逆となる。

この借家人に帰属する経済的利益を資本還元して得た価格と賃料収入から得られる家主の収益価格の合計額が、借家人配分前の家主の従前資産額に満たない場合は、この差額を家主・借家人にどのような考

え方で配分するかが検討されなければならない。現行の賃料が適正賃料に比して低ければ、借家人に帰属する元本が多くなり、適正賃料に近づけば少なくなる手法を前提としている。

　家主の場合はその反対となる。このことは家主・借家人の感情からすれば逆の考え方となることは前述した。よって、ここでは現行の実際実質賃料と適正賃料の差を賃料達成率として把握し、その達成率によって差額を配分する手法を提案しておきたい。賃料達成率とは、実際実質賃料を適正賃料で除した率である。実際実質賃料が適正賃料に近いほど高い達成率となり、その賃料を支払ってきた借家人への配分は多くなるという考え方である。

　これを図示すれば次のようであり、家主・借家人の感情にも合致するものではないかと思われる。

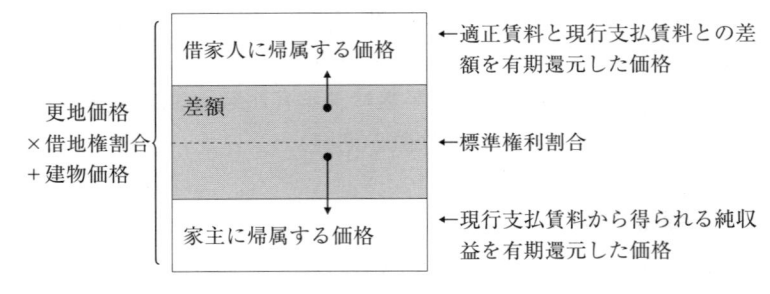

更地価格
×借地権割合
＋建物価格
｛
借家人に帰属する価格	← 適正賃料と現行支払賃料との差額を有期還元した価格
差額	← 標準権利割合
家主に帰属する価格	← 現行支払賃料から得られる純収益を有期還元した価格

　この標準権利割合が定められれば、個々の借家条件の差異に基づく個別補正については、家主・借家人間の話し合いにゆだねてまとめていくことになろう。当事者での話し合いがつかない場合は、地区内の平均的賃料、建物の利用状況、借家期間、借家に至った経緯等、個別事情をヒヤリングのうえ、専門的な立場での権利割合を提示していくことになろう。

VI　ビル建替え等に伴う立退き補償としての借家権評価

1.　立退き補償における借家権の扱い

　近年、ビル建替えやリニューアルに伴い、テナント立退き補償額算定のニーズが高まってきた。借家の状況は、居住・営業等の違いに加え、低層木造の借家、中高層ビルの借家等、形態・借家条件等はさまざまであり、それらの借家権価格の求め方を一律に論じることは困難である。

　ここでは、中高層のビルの建替えにあたって、ビル内に存在する店舗等代替え先の選定が困難な借家を前提とし、その借家権価格査定の手法について提案を試みるものである。テナント立退き補償にあたっての補償項目は、おおむね次の項目に分類されるが、本稿では借家権価格の算定について述べることにする。

> 補償項目の概要
> (1)　借家人補償額又は借家権価格
> (2)　内装・工作物等の補償
> (3)　動産移転料
> (4)　営業補償
> (5)　移転雑費

　立退き補償については、法学者、裁判官、弁護士等多くの専門家から、建物の明渡しに対する正当事由の考え方、建物明渡しに対する立退料の考え方についての法的見解が示されている。

　借家権は賃貸人の承諾がなければ譲渡しえない権利であるため、取引市場において市場価値を形成することはほとんどありえないが、賃貸人から建物の明渡しの要求を受け、不随意の立退きに伴い喪失する

こととなる経済的利益等として、賃貸人との関係において表面化する。

すなわち、立退料の一部として借家権価格の提供が問題となるのは、建物の賃貸人が賃貸借契約の更新を拒絶したり、解約の申入れをするなどして、土地・建物の明渡しを求めた場合が多い。

解約申入れは「建物の賃貸人及び賃借人が建物の使用を必要とする事情のほか、建物の賃貸借に関する従前の経過、建物の利用状況及び建物の現況並びに建物の賃貸人が建物の明渡しの条件として又は建物の明渡しと引換えに建物の賃借人に対して財産上の給付をする旨の申出をした場合におけるその申出を考慮して、正当の事由があると認められる場合でなければ、することができない。」と規定されている（借地借家法28条）。

これによれば、立退き補償は正当事由の補完的要素として求められるものであり、そのうちに含まれる借家権価格の補償は、借家権の消滅に対する対価として把握され、第三者に譲渡される場合の対価ではないことは前述のとおりである。

2. 借家権評価の前提

不随意の立退きに対する補償については、公共用地の取得に伴う損失補償等の考え方を基本とし、現在の居住、営業の状況を継続できる内容を前提とした補償費を算定する例が多い。その内容とは、引越料、移転期間中の営業休止補償、内装・工作物等に対する補償、移転雑費のほかに、他所で新たに借家する際に増額する家賃負担補償等、移転にあたり必要とされる経費の補償を行うことである。

他所で新たに借家する際の家賃負担補償としては、現在借家をしている当該建物と同程度の建物を賃借可能ならしめるために、新たな移転先の賃料と現行賃料とに差額が生じる場合、その家賃差額を一定期間補償するとする考え方、すなわち借家人補償といわれるものであ

る。この補償の考え方は事務所、マンション等移転にあたっての代替物件が豊富に存在するケースについては合理的であり、現実的な対応が可能となる。しかしながら、店舗、銀行、クリニック等営業場所が限定されるであろう用途については、現況と同程度の立地条件の場所に代替えとして移転可能な賃借物件が少ないのが実情であろう（ましてや、立退きにより補償額が得られるのならば、現況場所よりも立地条件が良い場合に移転先を求めることも考えられ、この場合には家賃差額が拡大するから、借家人間の補償額に多寡が生じることも考えられる。）。

不随意の立退きに伴う借家権に対する補償は、当事者の清算行為である。本稿では、上記のように他所に移転先を確保することが困難と認められる借家につき、家主が借家権を消滅させる対価として借家権価格をとらえ、その評価手法を述べてみたい。

3. 借家権価格の求め方

(1) 借家権評価の手法について

鑑定評価基準では「借家権の価格といわれているものには、賃貸人から建物の明渡しの要求を受け、借家人が不随意の立退きに伴い事実上喪失することとなる経済的利益等、賃貸人との関係において個別的な形をとって具体に現れるものがある。この場合における借家権の鑑定評価額は、当該建物及びその敷地と同程度の代替建物等の賃借の際に必要とされる新規の実際支払賃料と現在の実際支払賃料との差額の一定期間に相当する額に賃料の前払的性格を有する一時金の額等を加えた額、並びに自用の建物及びその敷地の価格から貸家及びその敷地の価格を控除し、所要の調整を行って得た価格を関連づけて決定するものとする。」と規定している。

前者の考え方は、借家権という権利が利益を生み出す元本というほどのものが明確な形で存在していないところから、不随意の立退きに

伴い喪失する利益を補償するという補償の観点から、経済価値を把握しようというものである。

　後者は、自用の建物及びその敷地価格が貸家及びその敷地価格を上回るから、その差額に借家権という権利価格が存在するが、その差額全体が借家権価格ではなく、賃貸人と借家人双方の保有利益と考えられることから、双方に適正に配分するというものである。地価が右肩上り、賃料も右肩上りの状況においては、法により守られた借家の賃料の粘着性により、新規賃料と継続賃料に乖離が生じ、この乖離額が借家の借り得を生み、借家権の対価を発生させるという考え方から導かれたものといえる。地価や賃料が下がり新規賃料と継続賃料の間に乖離がなくなれば、対価が発生しないということになる。このことは代替物件の賃料が下がれば、立退きを余儀なくされる借家人にとって、賃料負担の損失がなくなることから、補償をしなくても合理的という考え方に思える。こうした考え方によれば、現行賃料が低いほど借家権の対価が多く、家主にとっては受取り賃料総額が低い借家人に対して多額の借家権対価が発生することになり、家主の賃料値上げに素直に応じ高い賃料を支払ってきた借家人に対しては、借家権の対価が少ないということになる。現行賃料が高い・低い、借家年数が長い・短いの差が存在する多数の借家人に対する立退き補償にあたって、この考え方を採用するのは果たして妥当なのであろうか。家主の主張に応じて高家賃を支払ってきた借家人より、主張に応じず低家賃を支払ってきた借家人の補償が多くなるような根拠づけは、家主感情・借家人感情からみれば全く逆のように思えてならない。

　以上の考え方から、著者は、ビル建替えにあたって求める借家権の価格は、不動産の価値に対する権利割合方式を提案したい。この考え方は、借家権の価格が賃料差額等による経済的利益の発生を根拠とするという前提に立つことに対し、不動産の価値が家賃収入の額で形成されるのであれば、家賃額の支払いを通して不動産の価値形成に借家人が貢献していることになるのであるから、借家人の貢献度は家賃の多寡、年数の多寡が考慮されることが妥当ではないか、との考え方を

前提とするものである。すなわち、不動産鑑定の手法が取引事例比較法から収益還元法へと移行してきた昨今、不動産の価値は賃料を介して形成されるものであり、借家人は支払う賃料及び借家継続の年数を通して、不動産価値の形成に寄与しているとみなすものである。その計算式は、以下のとおりである。

> 計算式
> 土地価格×借地権割合×標準借家権割合×年数補正
> ＋建物価格×標準借家権割合×年数補正

（2）土地価格について

　ビルの現行賃料及びビルの現状の維持経費を基に、ビル一棟の収益価格を求める。空室については周辺区画の賃料とのバランスを考慮のうえ、想定賃料とする。一棟の収益価格から建物積算価格を控除したものを土地価格とする。この土地価格を階層別・位置別効用比により配分したものを、各テナント部分における対象床の土地価格とする。

（3）建物価格について

　現況建物の現在価格を求め、土地価格と同様、階層別・位置別効用比により配分したものを、各テナント部分の建物価格とする。

（4）階層別・位置別効用比について

　各テナント部分の実質賃料比によるものとする。この考え方は、借家権価格査定の基礎となる土地・建物の価格は、賃料の高いテナント部分ほど高くなるというものであり、賃料を介して不動産の価格が求められるのなら、その貢献度を測る手法として実質賃料比とすることが妥当ではないかという考え方である。

（5）借地権・標準借家権割合について

　相続税財産評価に示される借地権割合とする。相続税財産評価に示される権利割合は、地元精通者等が検討された割合であること、及び底地の相続を受けた地主の税対策も考慮に入れた割合となっているものであり、この割合を基とすることは借家人に損失を生じさせるものとはいえない。

（6）年数補正について

　借家権価格の基礎となる土地・建物価格に借家権割合を乗じて個別区画の借家権価格を求める場合、賃料単価が同じ区画であっても入居年数の違いが反映するものでなければ、不動産価値の形成に寄与する貢献度合の違いが求められない。

　例えば、入居年数10年のテナントと1年目のテナントの貢献度は違うはずであり、それに対応するものとして年数補正によって補正しようとするものである。

　具体的案件では、相続税評価等による借家権割合は30年以上の入居テナントで30％とし、借家権価格の計算を行っているケースがある。ビルの性格・入居にあたっての条件等検討し、次の（7）の検証を踏まえて、適正な割合を査定することが必要である。

（7）前記計算式によって求められた借家権価格の妥当性の検証方法について

　上記手法によって求められた借家権価格の妥当性を検証する方法として、家主が過去受領した賃料総額の何パーセントが借家権価格として査定されているかをチェックすることを提案しておきたい。

　5年目のテナントと10年目のテナントでは家主側の受取り賃料総額が異なる。借家権割合により求められた借家権価格が、一定率に収斂しているなら年数補正の妥当性が検証されるというものである。立退きにあたってどれくらいの借家権価格の支払いになるかは家主によっては気がかりであり、かつテナント間のバランスがとれていなければ

交渉にあたっての決意が異なってこよう。

　家賃差を前提とした借家人補償の考え方や賃料差額還元方式による借家権価格の求め方は、借家の継続年数等は考慮されない。古くから入居する借家人の賃料が、新しく入居する借家人の賃料より高いという前提が崩れたなら、この方式で計算された補償額は、家主が受け取った賃料総額を上回った補償費になる可能性を有する。家主が賃料として借家人から受け取った金額以上に補償費の負担をすることが妥当なのであろうか。不随意の立退きにあたってその適正の尺度をどこに求めるかである。筆者は、家主が受け取った賃料総額の範囲内においてその補償額が定められる方式が公平ではないかと考えている。ご批判を賜わりたい。

Ⅶ 定期借家権について

　前項までは公共事業における借家人への補償の考え方、市街地再開発事業における借家権評価の考え方、ビル建替え等における立退料としての借家権評価の考え方など、総じて賃貸人と賃借人との間における利害調整としての借家権の扱いについてその考え方を述べてきた。その内容は、更新制度が認められる普通借家に対してである。ここでは平成12年3月1日以降の契約対象となる定期借家権について触れておきたい。

　定期借家権とは平成12年3月1日から施行された「良質な賃貸住宅等の供給の促進に関する特別措置法」によって創設された「契約期間満了により終了する借家権」のことをいう。この定期借家権の導入により、転勤で数年後に戻る予定の自宅や、数年後に取壊しが決まっているアパートやビルの賃貸が可能となった。期間満了において借家人が確実に退去することになることから、期間・利回り確定の投資商品として不動産証券化も行いやすくなり、不動産流通化が促進されると期待されている。以下、定期借家権に関する法の内容についてその概要を再論しておく。

1. 定期借家契約

　従来の借家契約では、正当事由がない限り家主から更新拒絶ができなかったが、定期借家契約では、契約期間が満了すれば確定的に借家契約が終了する。これほどの強行規定であるがゆえに、契約は、最低限期間満了により契約の更新がない旨を定めた公正証書等書面により行わなければならず、口頭のみによる契約は排除されている。

　契約期間が1年未満の場合は必要としないが、1年以上の契約の場合は、期間満了の1年前から6カ月前までの間に契約終了についての

通知を義務づけた。この通知を義務づけたのは賃借人に契約終了に対する注意を促し、再契約の交渉や代替物件確保のための期間を確保するためとされる。また、定期借家契約の期間は1年未満の契約も有効であり、20年を超える期間でも可能である。

2. 定期借家契約の中途解約

定期借家契約は、契約において期間を定め、その期間が満了すれば契約が終了する強行規定であり、原則として中途解約は認められないと解される。例えば、借家人の立場からみれば、10年間という期間で契約すれば10年間は借りなければならず、仮に一方的都合で中途解約したい場合は、残りの期間に対する賃料を支払わなければならないということである。ただし、次のような場合は、1カ月前に申入れをすることによって中途解約が認められている。
① 200m²未満の居住の用に供される物件で、転勤・療養・親族の介護等やむを得ない事情により生活本拠として使用することが困難となった場合
② 200m²以上の居住用物件の場合は、中途解約の特約があり、その特約に該当する場合

貸主側からの中途解約は、いかなる事情があろうと借家人の同意無しでは困難と解されている。

定期借家と従来の借家とを比べての最大の違いは、解約にあたって補償の必要性がないこととされる。確かに、民間ビルの建替え等に関しては、期間満了により借家関係が終了するのだから、その期間を待てば立退きに要する補償の必要はない。しかしながら、公共用地の取得に伴い建物の明渡しを求める場合、補償についてどのように考えるのだろうか。

例えば、10年間の定期借家契約で5年を経過している場合、事業の進捗を契約終了まで待つことはできないだろう。さすれば、同等の代

替物件への移転を前提とし、前記の借家人補償を行うことになるものと考えられる。

　では、契約期間が短い場合（例えば1年未満）、前記と同じように考えるのか、期間終了まで事業の進捗を待つのか、いずれにしても借家人の生活再建を図ることを前提に、その対策を検討しなければならない問題である。

　市街地再開発事業の場合はどうであろうか。権利変換を受けた家主床に借家権を継続する場合、家主が転出した際の施行者床に借家権を継続する場合は、家賃をどのように決めるのか（定期借家契約では家賃の増減請求権がないことから、現状の家賃を所与とするのか）等の検討以外、さほど問題はないと考えられるが、借家権消滅にあたっての補償については、従来の借家契約を前提とした割合を基に、契約期間の残期間等による補正を行うこととするのであろうか。これらの内容については事例が存在しない現状では、軽々に結論を出すことができない。

　今まで述べてきた内容は、家主から借家人に対して契約の更新を拒絶した場合の借家権に対する補償的価格の考え方である。定期借家契約では、その逆の現象も生じる。例えば、借家人が店舗利用として20年の定期借家契約を締結したとしよう。店舗の営業成績が順調に伸びれば何の問題も生じないだろうが、不況等により売上げが伸びず、賃料の支払いが困難になったとしたら、借家人は借家契約を中途で解約したくなるであろう。定期借家契約では、居住の用に供し、やむを得ない事情が存在する場合は、例外的に中途解約を認めることがあるが、店舗利用の場合は解約できない。借家人は、契約満了までの支払うべき賃料を基に、損害金としての金銭支出を余儀なくされることになるものと思われる。これから定期借家契約が増えてくれば、定期借家権について、従来の借家契約と異なり、不随意の立退き等に対しての補償の必要性がないというだけでは済まない問題が生じてくる。

　運用にあたって、後日問題を起こさないためにも、特約条項の定めが求められてくるであろう。公共用地の取得や市街地再開発事業等の

公共事業は、民間ビルの建替え等、家主・借家人の関係者だけの意思でスケジュールが決まるものではないし、権利価格の配分や、補償費の額についても、契約の合理的な査定がなされなければならない。長期の定期借家契約を締結する場合、こうした内容に対しての対応として、事業スケジュールの変更等に対しての特約条項を盛り込むことが考えられる。米国でも前記のとおり、収用の場合に備えての特約があることが述べられている。日本でも早晩生じる問題であろう。研究を続けていきたい。

著者紹介

大野　喜久之輔（おおの　きくのすけ）
1930年、大阪市生まれ。
1953年、神戸経済大学経済学科（現、神戸大学経済学部）卒業。
神戸大学名誉教授、広島市立大学名誉教授、経済学博士（神戸大学）
日本学術会議会員（18期）、ロシア東欧学会副代表理事、㈳日本不動産学会常任理事などを歴任
現在、㈳日本不動産鑑定協会名誉会員
【主な著書】
『賃料の研究』（谷澤潤一氏と共編）税務経理協会、1967年
『新鑑定評価基準の研究』（谷澤潤一氏と共著）文雅堂銀行研究社、1971年
『ロシア市場経済への遠い道』有斐閣、1993年
『継続賃料鑑定評価を再考する』住宅新報社、2006年

仲肥　照暁（なかひ　てるあき）
1970年、㈱谷澤総合鑑定所入社。
2010年4月より取締役副社長に就任、現在に至る。
入社以来、再開発事業に関与。従前・従後資産評価のほか権利変換計画作成、事業のコーディネート等に従事し、関西圏のほか広く関東・九州等の事業を手掛ける。
不動産鑑定士、再開発プランナー
蛍池駅西地区市街地再開発審査委員（1997年～2003年）、泉府中駅東第一地区市街地再開発審査会委員（2007年～2010年）、府営住宅建替事業における民間活力の活用委員会委員（2007年～2010年）、香里園駅東地区市街地再開発審査委員（2007年～現在）などを歴任
現在、㈳再開発コーディネーター協会理事
【主な著書】
『都市再生・街づくり学』（共著）創元社、2008年

嶋田　幸弘（しまだ　ゆきひろ）
1995年、㈱谷澤総合鑑定所入社。
2010年2月より東京本社企業戦略部部長に就任、現在に至る。
不動産鑑定士、不動産証券化協会認定マスター
【主な著書】
『賃料評価の理論と実務』（共著）住宅新報社、2006年

転換期にある借地権・借家権の評価と補償

2011年7月25日　初版発行

著　者　大野喜久之輔
　　　　仲肥照暁
　　　　嶋田幸弘
発行者　中野博義
発行所　㈱住宅新報社
編集部　〒105-0003　東京都港区西新橋１－４－９（TAMビル）
（本　社）　　　　　電話（03）3504-0361
出版販売部　〒105-0003　東京都港区西新橋１－４－９（TAMビル）
（本　社）　　　　　電話（03）3502-4151
　　　　　　　　　　http://www.jutaku-s.com/
大阪支社　541-0046　大阪市中央区平野町1-8-13（平野町八千代ビル）　電話（06）6202-8541㈹

印刷　亜細亜印刷㈱　　　　　　　　　　　　　　　　Printed in Japan
落丁本・乱丁本はお取り替えいたします。　　ISBN978-4-7892-3394-1　C2030